早稲田大学
ビジネススクール
客員教授
ILD 代表
大島 洋 著

管理職の心得

リーダーシップを立体的に鍛える

ダイヤモンド社

はじめに

　この日本で、「安全で安心な社会」への要求が拡大していると感じているのは、私だけだろうか。逆から見れば、安全で安心な社会の実現が困難になってきているという体感値が高まっているのかもしれない。

　企業の世界に目を向ければ、かつてのように、まじめに堅実に働くことで安定した地位と収入が得られる時代は過ぎ去り、結果責任の重圧の中、先が見えないまま日々仕事に追いかけられる現実が立ちはだかっている。

　とりわけ、いわゆる中間管理職を中心とする管理職層は、上司も部下も自分では選べないという制約の中で、上からのプレッシャーと下からの突き上げの不安を感じながら、切迫した状況に追い詰められているケースが少なくない。安全で安心な安定した会社生活は、現代の管理職にとっては、今や幻想となってしまった。

　管理職になりたくない若者が増えているのも、こうした先輩管理職の姿を目の当たりにしているからではないだろうか。ビジネス誌のアンケートによれば、管理職になりたくないと思う一般社員は、「絶対になりたくない」「あまりなりたくない」を合わせて54.1％、

実に半数を超える。その理由として、「管理職の仕事にやりがいを感じない」と答えた人は51.9％に上る（日経ビジネス「特集：管理職が壊れる」2008年11月6日号、日経BP社）。

　こうした厳しい現状に対してなんとか抗おうと、これまでの枠組みの中で必死に働き、耐え忍んでいる管理職は少なくない。確かに、あきらめずに努力を続けることは、貴いことだ。しかし、一過性の出来事であればまだしも、昔の時代に戻ることのない不可逆的な変化だとすれば、がんばりによって一時的にしのぐことはできても、いずれ限界が訪れることは目に見えている。

　実際、好むと好まざるとにかかわらず、グローバル化の流れは、国籍を超えた企業間の激しい競争を生み出し、かつて有効だった日本企業の種々の慣行に一層の見直しを迫っている。国内市場は既に飽和状態にあり、今後、着実に人口の減少と高齢化が進んでいくとすれば、日本という閉じた市場で、企業が実現できることはますます限られていくことになるだろう。

　生き残りを果たしていくためには、さらなる業務効率化だけでは足りない。そうそう画期的なイノベーションを果たせないとすれば、日本の多くの企業は、大幅な人件費削減によるコスト圧縮や売上拡大へ向けたグローバル展開を半ば強制的にでも加速させるなど、地球規模での変化の荒波に乗り出していくことが避けられないのではないか。

　こうした動きが本格化すれば、管理職の置かれる状況は、今以上に厳しいものとなるに違いない。人材の多様性が高まれば、さまざまな価値観に基づく主張のぶつかり合いが頻繁に起こり、コミュニケーションの難易度は格段にあがっていくだろう。また、効率化圧力が高まり、人材の流動化が進めば、部下の忠誠心の維持はおろか、

殺伐とした職場の常態化さえ、待ち受けているかもしれない。

では、企業の管理職は、このような現実をどのように受け止め、対処していけばよいのだろうか。それでも変化の嵐が過ぎ去ることを信じて、今のまま耐え続けるのか。それとも覚悟を決めて、未知の世界に挑んでいくのか。

本書は、企業の管理職が、これまでにない変化の中で生き残っていくために必要な視点を、主として人と組織を預かる管理職としての立場に焦点をあてて、提示したものである。タイトルにある「管理職の心得」とは、21世紀という未知なる変化の時代における新たな「管理職の心得」であり、そこでの中心テーマは、副題に示した「リーダーシップを立体的に鍛える」ことだ。

本書の対象となる主たる読者は、言うまでもなく企業の管理職である。本書で示した視点を活かして、管理職ひとりひとりが自分の姿を一歩立ち止まって見つめ直し、変化の担い手として生き残っていけるようリーダーシップを磨いていくことが、ここで目指したいゴールである。そうすることで、管理職として欠くことのできない力量が身についてくるに違いない。同時に、管理職から経営者へとさらに上の役割を目指そうとする人にとっては、経営者として一層重要となるリーダーシップの基盤を築く上でも有益なものとなるだろう。

一方で、本書は、以下の方々にも、ぜひ手にとって読んでもらいたい。

第一は、これから管理職を目指す若手のビジネスパーソンだ。そこには、ビジネススクールで学ぶMBAプログラムの学生も含んでいる。こうした人々にとって、管理職へ向けての備えとして、本書

の視点を早い段階で理解しておくことは、これからの未知の変化の時代を生きていく上で有効である。

　第二は、管理職を支援し、育成する立場の人々だ。具体的には、企業の人事部門や経営管理部門の実務家、そして、上司として管理職を育成する立場にある企業のエグゼクティブ層である。環境変化に伴い、これまで成功してきた管理職のモデルが通用しない現実の中で、管理職が何に悩み、どこにつまずいているのか。これからの時代に生きていくために、管理職が備えるべき新たな視点とは何か。これらの問いを見つめ直し、管理職に対する効果的な支援と育成を行うために、本書を活用いただきたい。

　本書が、日本の管理職が厳しい現実を乗り越え、未来の担い手として、自らの殻を破るような成長を果たす上での一助になれば幸いである。

大島 洋

管理職の心得
リーダーシップを立体的に鍛える

目次

はじめに……i

第1章
管理職にはリーダーシップが本当に必要か

1 管理職の仕事〜その閉塞感と打開の糸口……2
- 💭一生懸命働いても、忙しくなるばかりです……2
- 行き詰まりを感じている管理職たち……4
- 管理職とは何か……5
- 管理職の仕事とは……6
- マネジメントの担い手……7
- なぜマネジメントなのか……9
- マネジメントの限界……10
- 打開の糸口……13
- ✏POINT……17／振り返り……18

2 これからの企業組織と、もうひとつの管理職の役割……19
- 💭上からの指示が出ないので動けません……19
- トップへの淡い期待と幻想……20
- リーダーシップの担い手……23
- リーダーシップとリスク……24
- リスクをとることの効用……25
- 2つの選択肢……27
- ✏POINT……28／振り返り……29／自己診断……29

第2章
管理職がリーダーシップを考えるためのフレームワーク

1 リーダーシップの有効性は何で決まるか……34

● 前の職場では、多くの部下に慕われていました……34
リーダー側の要件だけでは決まらない……35
リーダーシップの成立とは……36
リーダーを決めるのは誰か……38
● 業績回復とともに求心力が失われています……39
リーダーとフォロワーに影響を与えるもの……40
リーダーシップ有効性の決定要素……43
✒ POINT……45／振り返り……46

2 管理職として、リーダーシップを発揮するために必要な視点……47

押さえるべき3つの視点……47
自己のあり方……50
他者との関わり方……50
組織との向き合い方……51
もうひとつのテーマ、自己開発の視点……52
✒ POINT……52／振り返り……53／自己診断……53

第3章
自己のあり方を考えるための視点

1 なぜ、人はあなたに従うのか〜パワー（影響力）の源泉をとらえるための視点……58

● 最近の若手社員は、言うことを聞いてくれません……58
なぜ、部下は上司に従うのか……59
なぜ、上司と部下の力関係が逆転するのか……61
あなたの部下は、あなたに従うか……63
パワーは、どこから生まれるか……64

ポジションパワーとパーソナルパワー……67
　　ポジションパワーの衰退……68
　　新たなパワー基盤の構築……71
　　パワーは強大なほどよいか……73
　　✐POINT……73／振り返り……75

2 行動の癖と他者へのインパクト～ 自分の行動を見つめる視点……76

　　●結果を出すことで、これまでの成功を築いてきました……76
　　行動の癖……77
　　リーダーシップ理論にみる2つの行動パターン……78
　　仕事志向行動のインパクト……80
　　関係志向行動のインパクト……81
　　仕事志向行動と関係志向行動の両立……82
　　行動の癖の把握とその矯正……85
　　✐ポイント……85／振り返り……86

3 行動を支えるスキルとマインドセット～ 行動実現のための要件を備える視点……87

　　●わかっているのですが、できないんです……87
　　なぜ、やるべき行動ができないのか……88
　　管理職の行動を支える知識とスキル……92
　　コンセプチュアルスキルとビジネスへの情熱……95
　　●それでも、われわれは挑戦します……99
　　リーダーシップマインドセット……100
　　リーダーシップマインドセットの根源……103
　　✐POINT……104／振り返り……105

4 自分の感情と行動の落とし穴～ 自分を客観視する視点……106

　　●どうして、あんなことをしてしまったのだろう……106
　　なぜ、後になって間違いに気づくのか……108
　　感情の罠～ゆがんだ感情、ゆがんだ思考、ゆがんだ行動……111
　　自分の感情認識と感情が思考に与える影響……113
　　当事者としての自己を見つめるもうひとりの自分……115
　　✐POINT……117／振り返り……117

第4章
他者との関わり方を
考えるための視点

1 人を動かすアプローチの基本……120

💭 この人に頼まれると、断れません……120
他者に対する基本姿勢……121
人間の普遍的傾向を活かす……123
💭 あの人とは、馬が合いません……126
人はみな同じという思い込み……128
相手を変えるか、自分を変えるか……130
人による違いを活かす……131
リーダーに求められる多芸性……134
✏ POINT……137／振り返り……138

2 行動を変えるコミュニケーション……139

💭 会議で言ったはずじゃないか……139
コミュニケーションの基本要素……140
💭 理屈はそうなんですが、納得できません……142
なぜ、人は理屈だけでは動かないのか……144
話し手と聞き手、どちらが主役か……145
支援的コミュニケーションにおける信頼……148
コミュニケーションの偏り……149
指示か、支援か……151
✏ POINT……153／振り返り……154

3 仕事の任せ方……155

💭 うちの部長は、いちいち口を出すんです……155
効果的な任せ方とは……157
任せることのリスクとリターン……159
裁量範囲を決めるための判断軸……162
なぜ、適切に仕事を任せられないのか……164
任せることの効用……167
✏ POINT……168／振り返り……169

第5章
組織との向き合い方を
考えるための視点

1 チームのつくり方……172
💬みなが勝手なことばかり言って、話がまとまりません……172
チームとは……174
効果的なチーム……176
なぜ、チームとして機能しないのか〜プロセスの問題……178
なぜ、チームとして機能しないのか〜取り巻く組織環境の問題……181
✎POINT……183／振り返り……184

2 なぜ、組織をつくるのか……186
💬私には、知らない部下がたくさんいます……186
あなたは何人を率いることができるか……187
てことしての組織……188
なぜ、組織は機能不全を起こすのか……192
組織を機能させる管理職の取り組み……193
✎POINT……196／振り返り……196

3 よい組織、悪い組織の見分け方……197
💬職場の雰囲気はよいのですが、赤字が続いています……197
職場から見たよい組織、経営から見たよい組織……198
戦略実行を支える組織とは……200
組織構築の考え方……200
環境変化と企業変革……203
変革で変わらないもの……207
✎POINT……209／振り返り……210

4 2つの組織モデルとリーダーシップのあり方……211
💬部長のおかげで、好業績です……211
変革期に生まれるカリスマ……213
統率型リーダーシップの落とし穴……215
落とし穴への対処……217
💬私の組織では、みながリーダーシップを発揮しています……218

支援型リーダーシップ……219
　　支援型リーダーシップの前提条件……222
　　リーダーシップと組織のあり方……222
　　管理職から見たリーダーシップと組織のあり方……226
　　✎POINT……228／振り返り……229

第6章
現状からのさらなる飛躍へ向けて

1 なぜ、優れた管理職がつまずくのか……232
　　💬どこで歯車が狂ったのでしょうか……232
　　変化する強みと弱み……234
　　💬儲けることは難しい……236
　　つまずきに対する備え……237
　　非連続的に変化する管理職の要件……239
　　どうすれば、自分を正しく認識できるか……240
　　どうすれば、自分の開発課題を克服できるか……244
　　✎POINT……244／振り返り……245

2 自分の成長を導く経験からの学習……246
　　💬順調だった私の職歴が、今ではあだとなっています……246
　　人は、どのような経験から多くを学べるか……248
　　現在の自分は、いかにして築かれたか……251
　　成長＝経験機会×学習能力……252
　　✎POINT……256／振り返り……257

あとがき……258

補　管理職がリーダーシップを立体的に鍛えるための読書案内……263

参考文献……266

第1章
管理職にはリーダーシップが本当に必要か

1 管理職の仕事～その閉塞感と打開の糸口

> 日本企業において、日常の業務遂行の中で管理職が抱える切迫感や閉塞感が深まっている。とりわけ、中間管理職の中で、その深刻さは増大している。はたして、打開への糸口はあるのだろうか。

一生懸命働いても、忙しくなるばかりです

　昇進して3年、首都圏営業部の支店で業務課長を務める鈴木は、このところ何かと仕事上のストレスを感じることが多かった。特にこの春、社長が交代し、全社的な優先課題として顧客志向の徹底という方針が示されてからは、これまでにはなかった組織内部の小さな問題が頻繁に起こり、その解決に振り回される日々が続いていた。

　中でも時間をとられているのが、仕事のやり方をめぐる担当者間の軋轢への対応だ。問題は、たいてい「お客様のためだ。そこを何とか頼むよ」といった販売課からの新たな要求に端を発していた。こうした要請はどういうわけか社内規程から外れたものが多く、ほとんどの場合、問題の解決には支店内だけでなく、本社への確認や調整が必要だった。また、業務課の中では、販売課および本社との間で頻発する対立への不満が募りは

じめていて、部下のモチベーションを維持するために費やすコミュニケーションの時間もばかにならない。一方、支店長の気持ちは対外的な事柄に向いていて、鈴木が抱えているような組織内の問題には無関心だ。

　鈴木は課長としてのあり方を、若い頃の上司だった佐藤の姿から学んだ。佐藤は、物事がうまく運ぶようにしっかりと手はずをととのえ、部下に的確に仕事を指示し、計画どおり物事が進むよう常に仕事の進捗に目配りをするのが得意だった。また、鈴木は部下が起こしためんどうな問題に対しても、決して逃げずに正面から対処する佐藤の姿勢に感銘を受けていた。

　佐藤は常々「上司から自分に下りてきた仕事について、段取りに十分時間をかけ、計画どおり仕事が進むように行動するのが課長の仕事だ」と言って、緻密に準備を行い、大きな脱線に至る前に問題を把握し、軌道修正を行い、仕事を着実にこなしていった。

　鈴木は、自分が課長になってからは、こうした佐藤のやり方に倣って仕事を進めてきた。また、部下の問題だけでなく会社の上層部や他部門からの無理難題についても、自らの時間がとられることもいとわず、対応への努力を惜しまないできた。その甲斐あって、これまで鈴木は「君は、頼んだ仕事を、いつも着実に予定どおりこなしてくれるから安心だ」と、どの上司からも厚い信頼を得ていた。

　しかし、さすがの鈴木にも、限界が近づいていた。あらかじめ準備に時間を割いても、予想外の問題が頻繁に発生し、計画どおり物事が進まない。また最近起こる問題の多くは、これまで経験したことのない類のもので、解決の方法も手探りだ。そ

の結果、こなすべき仕事は日々増える一方で、改善の兆しが一向に見えない。この半年というもの、一生懸命働き続けても、仕事は忙しくなるばかりだ。連日の深夜残業を終え、帰宅の途についた鈴木の姿には、疲労の色が全身からにじみ出ていた。

　そんな中、新たな問題が鈴木に降りかかった。部下のひとりが、辞めたいと言ってきたのだ。事情を聴くと、膨大な定型業務とあちこちで起こるトラブルの処理に追われる毎日で、このような後ろ向きの仕事の連続では、将来への希望が持てないという。翻意を促そうとしたが、既に転職先は決まっていて、本人の決意は固かった。「ただでさえ人が足りないのに、さらに部下がひとり減ってしまったら、課の仕事はどうなってしまうのか」。鈴木は、出口のないトンネルに奥深く入り込んでいくような感覚にとらわれていた。

　献身的な努力にもかかわらず、鈴木が報われないのは、どこに問題があるのだろうか。

行き詰まりを感じている管理職たち

　働いても、働いても、仕事が増えるばかりで、一向に楽にならない。部下の不満は募り、職場の雰囲気は暗くなる一方だ。何かおかしいと感じながらも、日々、降りかかってくる仕事をさばくのに精一杯で、ただ忙しさの中で毎日が過ぎていく。そこに残るのは、何かに追い立てられているような切迫感と、どこまでも先の見えない閉塞感だけだ。管理職として、このような状況に直面したことはないだろうか。

　思い起こせば、一昔前までは日本企業の管理職といえば、どっし

り座って部下に命令を出したり、承認を下したりするイメージが強かった。支店長や部長といった上級管理職に至っては、朝からゆったりと新聞を眺めている姿さえ見られた。だが、今日では激しい競争を繰り広げる企業の管理職に、こうした余裕のある姿を見ることはできない。業績へのプレッシャーの中で、途切れることのない問題に日々対処し続ける姿の方が一般的だ。課長クラスをはじめとする中間管理職においては、疲弊感や徒労感を通り越し、あきらめの雰囲気が漂っていることさえ少なくない。

なぜ現代の管理職はこれほどまでに忙しく、かつ、行き詰まりを見せているのだろうか。そもそも管理職とは何か。昔と今とでは、何が違うのか。はたして打開への糸口はあるのだろうか。これらの問いを考えながら、今日の管理職が直面する問題の本質を探っていこう。

管理職とは何か

そもそも管理職とは何か。日常の会話の中では、管理職という言葉は、いろいろな意味で使われる。ある時は、組織上特定の職位を意味し、ある時は、これらの職位に就いている人々を指す。また、組織上の部下を持つ人を想定する場合もあれば、部下はいなくても一定の職位レベル以上にある人々全体を管理職層として指し示す場合もある。管理職として想定される職位レベルも、係長といった初級管理職から部長といった上級管理職までさまざまだ。

また、管理職の代わりにマネジャーという言葉を使うケースも見られるが、英語でマネジャー (Manager) という言葉が意味する対象範囲は、企業幹部である経営者層を含む場合もあり、使われる場面によって、日本語の管理職よりさらに広い。

このように、管理職という言葉の意味するところは、使われる文脈を抜きにして語れない。

本書では、こうした言葉の上での混乱を避けるため、特別なことわりのない限り、「企業において、一定の権限とともに、組織あるいはチームを預かることを組織上公式に規定された管理者としての地位にある人」を管理職と呼ぶことにしよう。

すなわち、ここでいう管理職とは、組織において公式に部下を率いる管理者の総称であり、一般に企業で使われる役職でいえば、いわゆる中間管理職と呼ばれる層を中心に、主として課長クラスから部長クラスまでの部下を持つ管理職が、これに該当する。

管理職の仕事とは

では、管理職の仕事とは何か。当然のことながら、個々の管理職が行う具体的な仕事内容は一律ではない。なぜならば、企業の管理職の行う仕事内容は、職位以外の要因によっても異なってくるからだ。第一に、業界や戦略の違いなど事業特性によって、会社全体として行うべき業務内容に違いが生じる。たとえば、製造業とサービス業を比較すれば仕事の内容が異なるのは明らかだ。第二に、組織の規模や形態、あるいは、職務機能によっても異なってくる。たとえば、大企業では中小企業に比べ各人の仕事は細分化されやすいし、営業と技術では仕事内容は大きく違う。

にもかかわらず、管理職の職務は、その職位に共通した大きな特徴を持っている。ひとつは、経営者側の立場で活動することを前提に権限と責任が付与され、企業全体の成果創出を目指す行動が求められるという点だ。すなわち、自分の所属する組織やチームのことだけではなく、企業全体の最適解について考えることが要求されて

いる。もうひとつは、個人としてではなく自らが率いる組織あるいはチームとして成果を出すために、部下の活動への関与が求められるという点だ。つまり、管理職は、自分のことだけでなく、部下のことも考えなければならない（図1-1）。

管理職の職務は、「管理職という職位に与えられた公式の権限のもとに、組織あるいはチームを通じて、企業目標を達成するための諸活動を行うこと」に他ならない。平たくいえば、管理職は企業目標の達成へ向けて部下を通じて業務を遂行することが求められている。

マネジメントの担い手

このように、部下と会社という相反しがちな2つの立場に目を配りながら、企業目標達成のために、組織、チーム、あるいは部下を率いて職務を遂行するのが管理職だ。ここで、管理職が職務遂行のために行う活動をマネジメントと呼ぶとすれば、その特徴とは何だろうか。

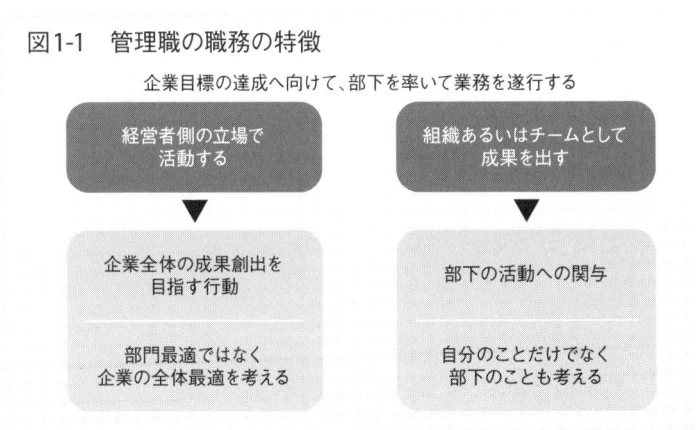

図1-1　管理職の職務の特徴

古くアンリ・ファヨールは、マネジメント活動の普遍的な機能を5つに整理した。この概念は、今日でもマネジメント機能の基本要素を理解する上で有用だ。その機能とは、計画（Planning）、組織化（Organizing）、命令（Commanding）、調整（Coordinating）、統制（Controlling）である。これを現実の管理職の仕事の実態で考えると、「計画を立て（計画）、体制や業務分担を決め部下に仕事を割り振り（組織化と命令）、必要な調整と問題解決および軌道修正を行う（調整と統制）こと」と整理できるだろう。マネジメントとは、これら5つの機能を果たすことで、計画どおり物事が進むように管理を行うことに他ならない（図1-2）。

　こうして鈴木のケースを見ると、与えられた課題に対し、計画を立て、部下に指示し、その進捗を管理することで、着実に業務をこなしていく上司の佐藤は、まさにマネジメントに長けた管理職の典型である。もともと管理職とは、その名のとおり「マネジメントの

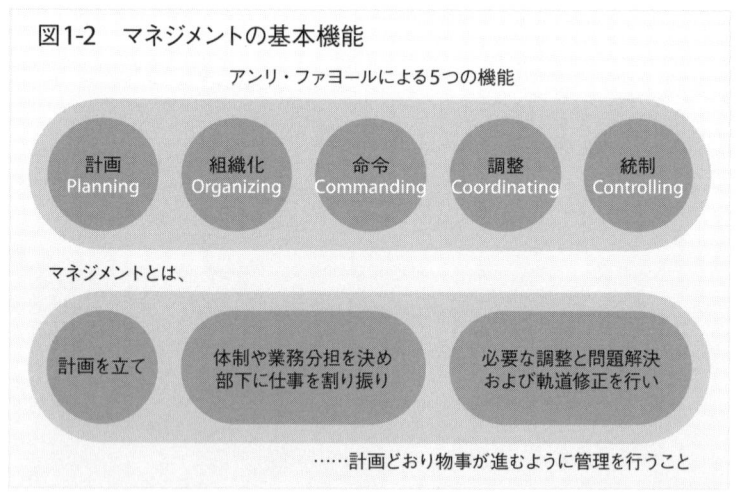

基本機能を通じて、人と仕事を管理する職位にある人」だったといってよいだろう。

なぜマネジメントなのか

　ここで、過去において、佐藤のようなマネジメントに優れた管理職が活躍した背景について考えておこう。

　もともとマネジメントは、過去の延長線で未来を予測することができるという大前提を置いている。この前提のもと、マネジメントが有効に機能するためには、2つの条件が成り立つことが必要だ。

　第一の条件は、設定された課題が正しく、かつ、その課題が途中で変更されないことである。この条件が成り立てば、示された課題に対していかに計画的かつ効率的に取り組むかで、仕事の出来ばえの優劣が決まる。

　第二の条件は、取り組む課題遂行の手段が、あらかじめ標準化されたルールとして決められているか、あるいは、過去の経験やノウハウに基づく工夫から導き出せることである。この条件が成り立てば、これまでのやり方に基づき緻密な計画を立て、進捗管理を行うことが、着実に成果を生み出すための鍵となる。

　戦後日本の高度成長、安定成長期は、これらの前提が成立しやすい時代環境にあった。経済は右肩上がりで、事業のやり方には欧米という手本があり、過去の延長線で未来を予測しやすい環境、すなわち、やるべきことが明らかで比較的安定した状況があった。管理職たちは、これまでの延長線上に描いた目標や課題を所与のものとして受け止め、計画を立て、すでに蓄積された経験やノウハウを使って効率的な実行がなされるよう管理することに注力した。

　そこでは、計画の実行手順を標準化し、PDCA（Plan- Do- Check-

Action）といった管理プロセスを着実に回し、継続的な改善を進めることで効率化をはかることが重要であった（図1-3）。

こうした状況下では、マネジメント力の有無、すなわち計画管理を通じていかに効率的に「物事を正しくやる」（Do things right!）ことができるかが、事業活動の成否を大きく左右する。このため、佐藤のような計画管理能力に優れた管理職が、日本における企業の発展にとって重要な役割を果たしたのだ。

マネジメントの限界

しかし、今日では、こうした伝統的管理職像が通用しなくなって

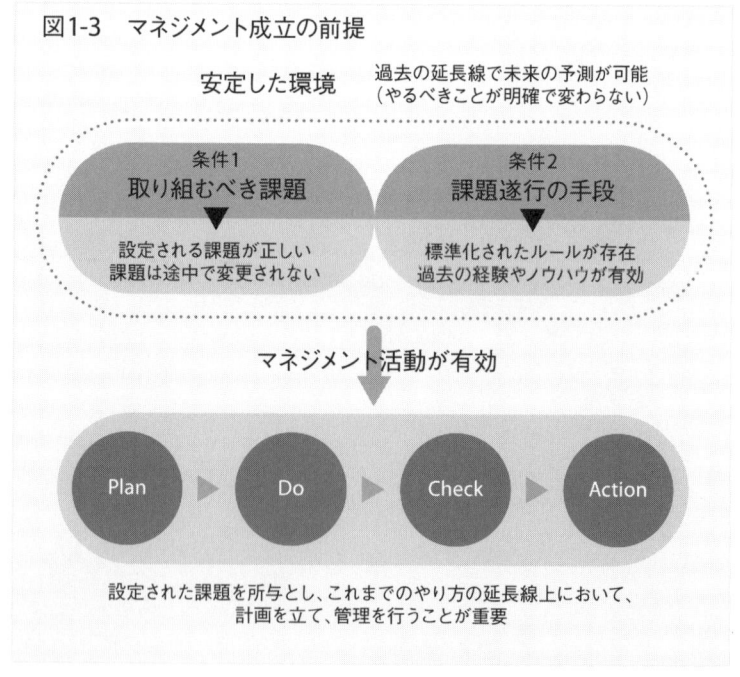

いる。鈴木が佐藤を見習ったように、過去に成功した管理職のやり方に倣って仕事を進めることが、かえって仕事の行き詰まりを生み出すことさえめずらしくない。マネジメントを中心とした仕事のやり方が機能不全を起こしているためだ。

では、なぜ、優れたマネジメントを行っていても、管理職の仕事がうまく回らなくなったのだろう。企業全体へと視点を広げて、この問題をとらえ直してみよう。その最大の原因は、企業においてマネジメントが置いていた前提が崩れ、新たな役割が管理職に求められるようになったからだ。

振り返れば、1990年代いわゆる日本におけるバブル経済崩壊以

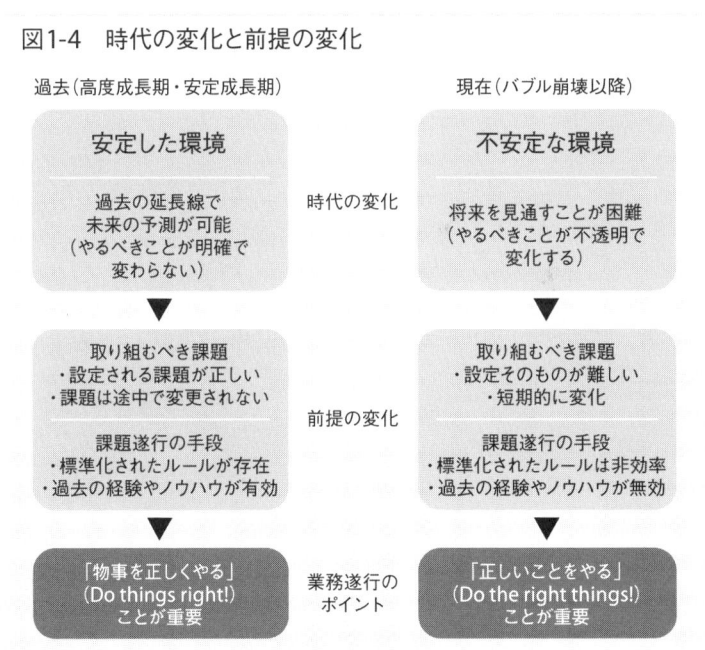

図1-4　時代の変化と前提の変化

降、右肩上がりの経済成長が終焉し、日本も激変の時代に突入した。グローバル化の流れの中で、政治、経済、社会、技術のいずれにおいても非連続的な変化が生まれ、また市場ニーズの多様化や競合の参入もめまぐるしく、未来への不透明感は増していった。

21世紀に入ると、先を見通せないこと自体が当たり前となり、これまで成り立っていた将来の予見可能性という前提は完全に崩壊した。取り組むべき課題も実行計画も、設定そのものが難しく、かつ、設定後の寿命が短くなった。そこでは、その場その場の変化に応じて「正しいことをやる」（Do the right things!）ことが、より重要なテーマとなった。これまでのような計画管理に沿って「物事を正しくやる」（Do things right!）だけでは、環境変化に対応しきれない時代が到来したといえよう（図1-4）。

仮に、これらの前提が崩れた中で従来どおりマネジメントだけに依存して業務を遂行すると、何が起こるだろうか。

市場ニーズと乖離した新製品開発に代表されるように、取り組む課題が間違っていれば、いくら効率的に業務を遂行しても、その結果は無駄となる。また、顧客ニーズの変化や競合の新規参入などにより、取り組むべき課題が途中で変更されれば、立てた計画は有効性を失い、やり直しだ。さらに、技術革新などに伴い実行のための適切な手段が変われば、これまでのやり方に沿った業務遂行はかえって非効率なものとなってしまう。

鈴木の例では、顧客志向の徹底という新社長の方針が、取り組むべき重点課題の変化を生み出した。その結果、これまでは適切だった業務手順が、新たな重点課題の遂行に適合しなくなってきている。具体的には、よりよい顧客への対応を行うために、販売課はこれまでにはない新しい業務への対応が必要となっている。

ところが、こうした新たな業務は、これまでの手順やルールでは処理しきれないものが多く、鈴木は本社をはじめとする関係部門との折衝や調整に追われている。これまで有効だったやり方に固執すればするほど、かえって無駄な努力が増えてしまう状況に陥ってしまうのだ。このように考えると、鈴木がいくら一生懸命働いても、状況が改善しないのは当然のことだ。

打開の糸口

では、打開の糸口は、どこにあるのか。

変化の時代には、取り組む課題を正しく設定すること、そして、課題に対して前例やルールにとらわれず新たな方法で取り組んでいくことが重要だ。要するに、会社全体として、これまでの仕事のやり方を根本的に変えていくことが必要となる。

そこで求められる新たなやり方とは、取り組む課題を自明のものとし計画管理に焦点をあてたマネジメントとは異質のものだ。そこでは、環境変化に対し迅速かつ柔軟に対応できるよう、過去の考え

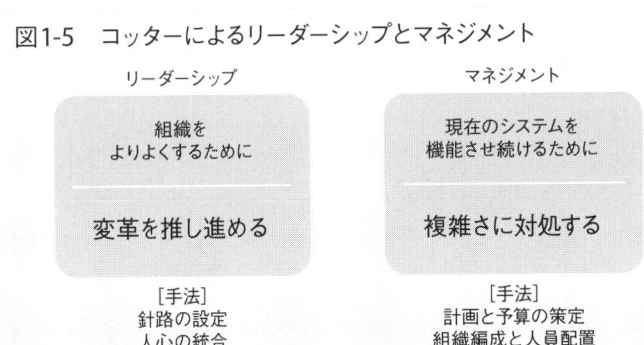

図1-5　コッターによるリーダーシップとマネジメント

出所：ジョン・P・コッター『リーダーシップ論』ダイヤモンド社、1999年より抜粋作成

方にとらわれることなくゼロベースで新たな方向性を示し、他者を巻き込みながら示した方向に進んでいくことが中心的な活動となる。こうした仕事のやり方の変化を対比的にわかりやすく示したのが、ジョン・P・コッターのマネジメントとリーダーシップに関する考え方だ（図1-5）。

コッターは、マネジメントを「現在のシステムを機能させ続けるために、複雑さに対処する」こと、リーダーシップを「組織をよりよくするために、変革を推し進める」ことと分けて定義した。ここで、変革を推し進めるということは、何かをやめて新たなことを創造することと、とらえることができる。したがって、ベンチャー企業のようにゼロから何かを作り上げる場合には、変革という言葉を単純に創造と読み替えて考えるとわかりやすい。

ここで大切なことは、リーダーシップとは、新たな指針を示しそ

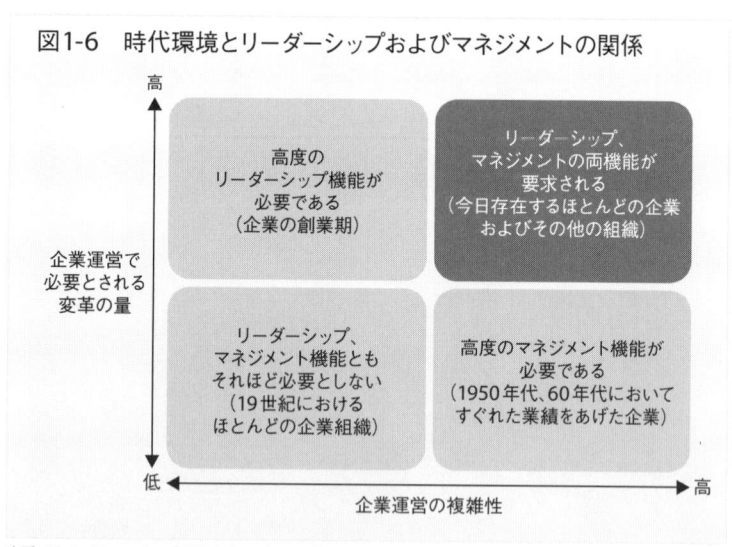

図1-6 時代環境とリーダーシップおよびマネジメントの関係

出所：ジョン・P・コッター『変革するリーダーシップ』 ダイヤモンド社、1991年

こへ向けて他者を動かしていくという、現状維持とは対極にある行為であるという点だ。

では、コッターがこのようにマネジメントとリーダーシップを分けて定義した意義はどこにあるのだろうか。彼はアメリカでの状況を念頭に、1950年代、60年代においては、企業の事業と組織は拡大を続け、企業運営の複雑性が増大した結果、マネジメント機能の重要性が高まったと指摘する。

一方、現代においては、外部環境の変化によって企業運営で必要とされる変革の量が増大し、ほとんどの企業において、マネジメントだけでなくリーダーシップの機能が求められるようになったと述

図1-7 企業に求められる機能の変化

過去(高度成長期・安定成長期)　　　　　　　現在(バブル崩壊以降)

安定した環境	不安定な環境
過去の延長線で未来の予測が可能（やるべきことが明確で変わらない）	将来を見通すことが困難（やるべきことが不透明で変化する）

マネジメント 現在のシステムを機能させ続けるために複雑さに対処する	→ 日々の業務遂行（短期的視点）	マネジメント 現在のシステムを機能させ続けるために複雑さに対処する
マネジメント 現在のシステムを機能させ続けるために複雑さに対処する	→ 将来へ向けての業務遂行（中長期的視点）	リーダーシップ 組織をよりよくするために変革を推し進める

べている（図1-6）。

　このように、企業を取り巻く環境変化によって、過去の延長線に未来があるという前提で計画を策定実行するマネジメントの限界が露呈してきた。特に、中長期の計画は変化の中で有効性を保持し続けることは難しくなっている。その結果、未来へ向けての取り組みにおいては、変化を前提に将来へ向けて現状を変革していくリーダーシップの必要性が高まっている。一方で、事業活動が止まることなく日々動いている以上、日常の業務遂行においては、現在のやり方を前提としたマネジメント活動を継続することが欠かせない。

　要するに、現代の企業には、現状の業務を回していくためのマネジメントと同時に、そうした現状を否定し未来へ向けて新たな構想を実現していくリーダーシップが求められているのだ（図1-7）。

　管理職の行き詰まりを打開する糸口は、企業が未来へ向けての取り組みにおいて、こうしたリーダーシップを発揮できるか否かにかかっているといえるだろう。

　では、誰がリーダーシップをとって変革を主導し、環境変化によって合わなくなったやり方を改め、企業の新しい未来を創造していくべきなのか。鈴木のような現場の管理職は、変化の中の被害者で、経営トップのリーダーシップこそが問題なのだろうか。それとも、管理職こそが、変革のリーダーとしての役割を果たすべきなのだろうか。

POINT

【管理職の職務】
組織において公式に部下を持つ管理者の総称を管理職と呼ぶならば、管理職は、企業目標の達成へ向けて部下を率いて業務を遂行することが求められる。そのため、管理職の職務は、経営者側の立場と部下の活動への関与という2つの特徴を持つ。

【マネジメントとは】
アンリ・ファヨールは、計画（Planning）、組織化（Organizing）、命令（Commanding）、調整（Coordinating）、統制（Controlling）という5つのマネジメント機能を提示した。マネジメントとは、これらの機能を果たすことで、計画どおり物事が進むように管理を行うことである。

【マネジメントの限界】
マネジメントが有効に機能するためには、過去の延長線に未来を予測することができるという前提が必要だ。現代ではこの前提が崩れたため、従来のマネジメントを中心とする仕事のやり方が機能不全を起こしている。

【解決への手掛かり】
未来の予測が困難な現代においては、マネジメントの限界を補うために、新たな指針を示し他者を巻き込んで未来を切り開くリーダーシップが企業に求められている。

振り返り

◎あなたはどのような権限と責任を組織上公式に持っていますか。会社があなたに期待する成果とは何でしょうか。それには、どのような特徴がありますか。

◎あなたの会社は、どのような環境変化にさらされていますか。あなたの会社におけるマネジメントとリーダーシップの重要性について、各々考えてみてください。

◎環境の変化に対して、あなたの会社は、何をどう変えていく必要がありますか。あなたの仕事については、どうでしょうか。また、そうした変化が起きると、どのような成果が期待できますか。

2 これからの企業組織と、もうひとつの管理職の役割

> 企業を取り巻く環境変化によって、企業はマネジメントの限界に直面し、未来を切り開くリーダーシップを必要としている。こうした中、管理職は企業におけるリーダーシップの問題に、どのように関わっていけばよいのだろうか。

上からの指示が出ないので動けません

小野:「高橋課長、先日話題にのぼった新規事業の件、どうしたらいいですか。企画書を詰めようにも、上からの指示が出ないので動けなくて困っています」

高橋:「そう言われても困るんだよなあ。俺だって、山崎部長を通じて中島事業部長に、どうすればよいのか、方向性だけでも決めてくださいって、何度もお願いしているんだから。でも、方針が出ないんだから、しょうがないじゃないか。これ以上言っても、決めるには情報が足りないから、もっと現場の情報を集めろって、また宿題が増えるのが関の山さ。ここは、待つしかないね」

小野:「うちの事業部長はいつもこうなんだから、やってられませんよ。それでいて、何かの拍子で社長から号令がかかると急に動き出して、ぎりぎりの締め切りで苦労するのはいつも私

たちですよ。事業部長には、もっとリーダーシップを発揮してみなを引っ張ってもらわないと、犠牲者が増えていく一方です」
高橋:「確かにそうだなあ。でも、事業部長も社長の方針が出なくて、困っているようだぞ。問題なのは、社長のリーダーシップかもしれないな」

　社長や事業部長から方針が出ないのは、なぜだろうか。社長や事業部長にリーダーシップがあれば、課長や部下の仕事はうまく進むのだろうか。社長や事業部長の方針に沿って仕事を進めれば、事業は安泰といえるのだろうか。

トップへの淡い期待と幻想

　企業はどこに向かって進めばよいのか。時代の変化が激しくなればなるほど、過去の延長線にはない新たな構想や指針を示し、そこに向けて人と組織を動かすリーダーシップが求められる。こうしたリーダーシップの第一の担い手は、企業のトップをはじめとする経営幹部であることは間違いない。企業で働く社員も、先行きが見えない状況であればあるほど、上層部からの指示に期待を寄せがちだ。

　しかし、こうしたトップのリーダーシップだけで変化の時代を乗り越えることは、年々難しくなってきている。むしろ、現場で事業を支える管理職のリーダーシップこそが会社の成長と存続における鍵となっている。なぜならば、組織のトップがより多くの情報を持ち、適切なタイミングでよりよい判断と指示を下すことができるという前提が、崩れはじめているからだ。

　そもそも顧客ニーズが多様化し、かつ、日々変化している中では、個人あるいは企業ごとに異なる膨大な情報すべてをタイムリーにと

りまとめ、トップに報告し、それらをアップデートしていくこと自体、膨大な労力とコストがかかってしまう。また、たとえば新製品の仕様決定に際して、トップの判断を仰ぐために、いくつもの階層をまたがり検討や承認に時間をかけていては、せっかくの新しいアイデアがあっても、市場投入のタイミングが遅れ、競合に先を越されてしまうことになりかねない。

あるいは、マニュアルにない顧客の要求に対して、いちいち上層部の確認をとっていては、待たされた顧客はさっさと他社に鞍替えしてしまうだろう。さらにいえば、顧客のニーズにマッチした製品やサービスを提供するためには、市場の動きを肌で感じながら、現場の知恵や創造性を活かしていくことが不可欠だ。

変化する市場は、現場での柔軟かつスピーディな対応を求め、また、市場の潜在的ニーズを反映した革新的な製品やサービスへの期待を高めている。こうした中、必要な情報をいち早く把握し、タイムリーに意思決定し、これまでのやり方に固執せず新たな発想で実行を担うことができるのは、現場レベルの管理職に他ならない。そこでは、組織のトップが方向性を決定し、それに従って組織メンバー全員が動くことを前提とした仕事のやり方はかえって不効率だ。むしろ、機動力と創造性を活かし、現場の管理職が主体的に方向性を定め、自律的に動くことが、事業成功の鍵となる。

だとすれば、これまでのように、トップが組織編成と資源配分を行い、組織の構造に基づく仕事上の関係と組織上のルールを規定するといった前提を置いていては、事業は回らない。管理職が、トップからの指示に期待するのではなく、現場における裁量の余地を獲得し、個人の働きかけに基づく柔軟な仕事上の関係を開拓し、権限を超えた個人の力量による主体的な活動を行っていくことが求めら

れているのだ（図1-8）。

　もちろん、前提条件として企業全体としてのトップの方向性の共有が必要であることは否定しない。だが、同時に組織やチームを預かる管理職が、各々の置かれた状況の中で、主体的に考え、新たな方向性を提示し、周囲を巻き込んで実行していくことができなければ、企業としての存続は期待できない。少なくとも、管理職がトップの舵取りに従って計画管理を進めるだけで生き残れる時代は終わったといってよいだろう。

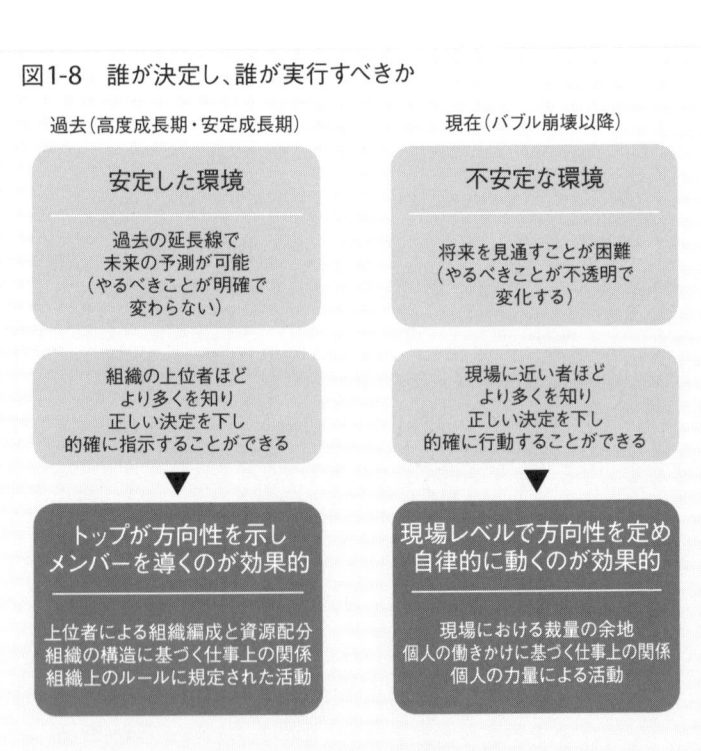

リーダーシップの担い手

　このように見てくると、環境変化に対応するためには、トップだけではなく組織のあらゆるところで、あらゆる階層の管理職が、変化に対応した指針を示し、メンバーを導いていくことが欠かせないことがわかる。

　高橋の例では、社長も事業部長も現場の情報を把握しきれず、新規事業の方向性を決めかねている様子だ。ここで、上からの指示を待っていても、適切な指示が下りてくるとは限らないし、決定が遅れれば、企画実行の適切なタイミングを逸してしまいかねない。逆に、現場をよく知る高橋が考えうる複数のシナリオに基づき、いくつかの選択肢を持って下から上に提案をあげていくことができれば、前進へ向けての第一歩となる。

　また、鈴木の例に戻れば、次々と生じる軋轢や問題は、販売課の新たな戦略に対して、現行の業務フローや諸制度が適合していないことに主因がありそうだ。ここで、現場にうとい本社の旗振りを待っていては、状況は悪化するばかりだ。そうではなくて、鈴木自らが組織システムやプロセスの見直しを本社に対して提言していくことが、鈴木自身が抱える無意味な多忙さを断ち切るための鍵となる。

　一般に、進むべき新たな方向性や戦略の決定に際して、現場感覚を活かした管理職の提案の有用性は高まっている。また、組織システムやプロセスの変革では、直接その業務に関わる管理職でなければ、具体的な改革案の策定は難しい。さらに、新たな戦略や組織のしくみを根づかせるために、組織メンバーの意識や行動を変えるには、現場の管理職の日々の働きかけが決め手となる。

　要するに、現代の企業においては、トップだけがリーダーシップ

の担い手ではないのだ。リーダーシップは、すべての管理職にとって取り組むべき大きなテーマだといえよう。

リーダーシップとリスク

ところが、現実問題として、管理職にとっては、こうしたリーダーシップをとることのハードルは高い。なぜならば、自ら新たな指針を示し実行を担うには、多くの場合、自分の日常の裁量範囲を超えた提案や行動が必要となるからだ。高橋が新たな事業部の方針について提言し、鈴木が他の支店を含むシステムやプロセスについて本社に提案することは、各々の日々の担当業務の範囲を超える活動だといえる。

そこをあえて動くことは、2つの意味でリスクが伴う。ひとつは、自分の日常業務のほかに、プラスアルファの時間と労力を割く必要があるという点だ。ただでも忙しい業務に加えて、新たな負荷を背負い込むことは、通常業務に支障が出るリスクを含んでおり、これを避けたいという心理が働くのは当然だ。

もうひとつは、新たな取り組みには失敗のリスクがつきものであるという点だ。そもそもこれまでとは異なる取り組みに挑戦するわけだから、やってみないとわからないことが多く、やったからといって成功の保証はない。また、変化には抵抗がつきもので、未知への不安や既得権力保持への誘惑から、新たな取り組みを意図的に避け、あるいは、妨害しようとする動きが生まれがちだ。

高橋と小野ばかりか、事業部長の中島までもが、上司のリーダーシップの欠如を理由に仕事を前に進めようとしないのは、こうしたリスクを自らとる当事者となることを回避したいという心理の表れと見ることができる。

しかし、組織全体として上が悪いという他責の考えを正当化し続けていると、どうなるだろうか。企業としての環境変化への対応は滞り、会社の存続が危うくなるに違いない。そうなれば、自分の仕事が消滅するかもしれない。また、これからの時代、管理職としてリーダーシップの発揮が不可欠だとすれば、それができない管理職は他社で雇ってもらうことも難しい。トップに頼っていては、会社のみならず自分自身の将来まで危機にさらされてしまうのだ。

リスクをとることの効用

　このようにリーダーシップを発揮することは、当事者として新たなリスクをとることに他ならない。その際に重要なことは、リスクをとることで得るものと失うもの、とらないことによって得るものと失うもの、各々について一歩引いて客観的に比較してみるという観点だ。

　管理職個人の視点に立つと、リーダーシップを発揮することのリスクは大きく見える。特に、自らの意思でとったリスクに対する責任の重さを考えると、この決断には相当の覚悟が必要だ。一方で、トップからの指示を待つことは、自分の将来の運命をトップの手にゆだねることに他ならない。しかも、トップひとりでは、事業に対応しきれない状況が進展しているのだ。

　だとすれば、多くの場合、トップからの指示を待つことの方が、自らリーダーシップをとることよりも、リスクが大きいことに気づくのではないだろうか（図1-9）。

　ここで大切なことは、何かを始めれば必ず何かが起こるということだ。小さな一歩であっても、新たなひとつの動きが他者に影響を与え、次の変化につながっていく可能性は常に存在する。高橋が待

ちの姿勢から転じ、自ら提案をあげることがきっかけとなって、社長や事業部長に新たな動きが起こるかもしれない。あるいは、鈴木が本社に問題提起を行うことが、他の支店からの支援の動きにつながることも考えられる。いずれもやってみなければわからないが、それをやってみることで、現状を打破する可能性が生まれることだけは確かだ。

　管理職として求められるリーダーシップは、何も会社全体を一気に変えるような大きなものでなくともよい。職場レベルで実施可能な小さな改革から進めることが重要だ。こうしたひとつの動きがきっかけとなって、複数の管理職の改革が積み重なることが、組織全

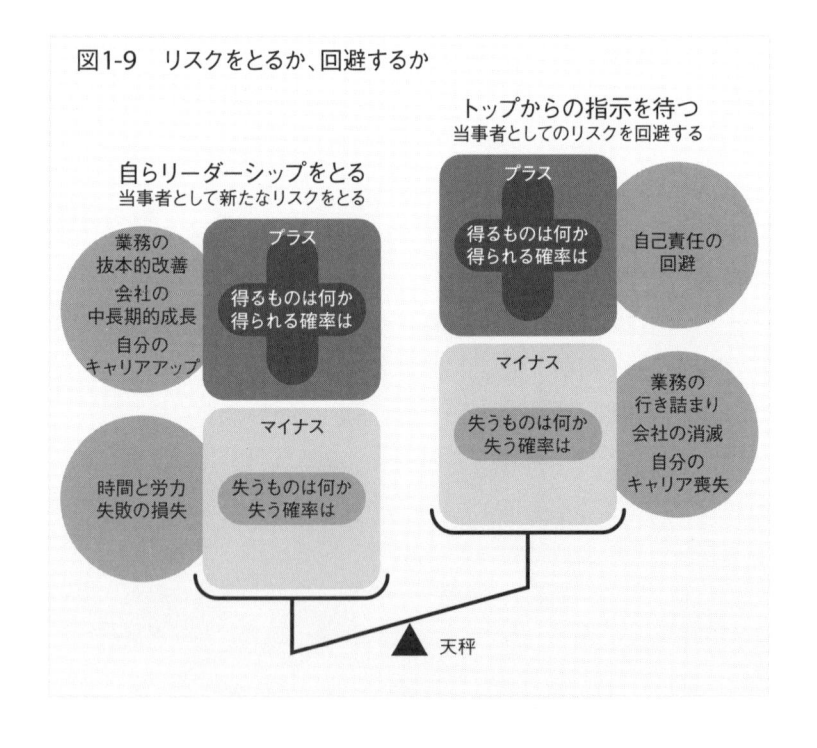

図1-9　リスクをとるか、回避するか

自らリーダーシップをとる
当事者として新たなリスクをとる

- 業務の抜本的改善
- 会社の中長期的成長
- 自分のキャリアアップ

プラス　得るものは何か　得られる確率は

マイナス　失うものは何か　失う確率は

- 時間と労力
- 失敗の損失

トップからの指示を待つ
当事者としてのリスクを回避する

プラス　得るものは何か　得られる確率は

- 自己責任の回避

マイナス　失うものは何か　失う確率は

- 業務の行き詰まり
- 会社の消滅
- 自分のキャリア喪失

天秤

体の大きな力につながっていくことになるのだ。

　ただし、これは、ただやみくもに何かを始めればよいということを意味しているわけではない。図1-9に示した天秤を活用して、どのようなリーダーシップを、どのタイミングでとるべきかを考え、リスクをとることで得られるものと、その確率を最大化できるような選択肢と実行方法を突き詰めた上で、意思決定と行動に移ることが重要だ。ここでリスクをとりつつも成功確率を上げるためには、効果的なリーダーシップを発揮するための視点や考え方を習得することが大きなポイントとなる。

2つの選択肢

　自己の行動は世の中の出来事に影響を与えることができ、自分で自分の人生をコントロールできるという意識を内的統制型意識（Internal Locus of Control）と呼ぶ。逆に、自己の人生は運命づけられており、自分の人生は外的要因に支配されているという意識を外的統制型意識（External Locus of Control）と呼ぶ。

　自らリーダーシップをとっていくには、前者の意識を持つことが前提となることは言うまでもない。どちらの立場に立って職務遂行にあたるかは、管理職としての会社でのあり方を決める大きな分かれ道となるだろう。あなたは、どちらの意識を持って、これからの時間を過ごしていきたいと思うだろうか。

　組織やチームを預かる立場として、また、経営側の視点を期待される立場として、管理職が自らリーダーシップを発揮していくことは、企業の視点から見ると、現代の管理職に課された責務である。同時に、このことは、管理職個人の視点から見れば、直面する仕事の行き詰まりを自らの力で打破し、新たな未来を切り開いていくた

めのチャンスでもあるのだ。自己のコントロールを超えた環境変化によって生じる理不尽な切迫感や閉塞感から脱出するための手掛かりが、管理職自身のリーダーシップにあるといってよいだろう。

だとすれば、有効なリーダーシップのとり方を理解することは、管理職としてこうしたチャンスを活かすための大きな武器となる。世の中には、ことさら学ばなくても、こうした武器を生まれながらにして備えている人がいるかもしれない。しかし、こうした人であっても、時に落とし穴に陥り、つまずいてしまう。一方で、そうでない人が、新たな視点や決意を持つことで、リーダーとして大化けする例も、現実にはあちこちで存在する。

では、管理職として、どうすれば有効なリーダーシップをとることができるのだろうか。さらに問うとすれば、そもそもリーダーシップの有効性は、何によって決まるのだろうか。この点が明らかになれば、すべての管理職が有効なリーダーシップをとるためのポイントを押さえ、自らリーダーシップを発揮できる可能性が広がっていく。そこで、まず次章では、管理職が自らのリーダーシップの有効性を考えるために不可欠な視点を提示しよう。

POINT

【管理職の新たな役割】
企業を取り巻く環境変化によって、組織のトップがより多くの情報を持ち、より適切な判断を下し指示することができるという前提が大きく崩れている。その結果、あらゆる階層の管理職に、リーダーシップが求められている。

【リーダーシップ発揮のリスクと効用】
管理職としてリーダーシップをとることは、リスクをとることに他ならない。同時に、管理職として自ら現状を打破し、新たな未来を切り開いていくためのチャンスでもある。

振り返り

❓あなたが、よりよい将来へ向けて現状を変えるために使うエネルギーを倍増させたら、あなたの職場にはどのような変化が起こるでしょうか。その変化は、会社にとって、また、あなた自身にとって、どのような価値を生み出しますか。

自己診断

リーダーシップの必要性と実現度に関して、あなたの勤める会社とあなた自身の現状はどうか、簡単な自己診断をしてみよう。以下の質問について、「はい」または「いいえ」で答えてほしい。

【A群】
Q1　業務遂行上、何をするべきかを判断すること自体が難しく、方針や目標の設定そのものが大きな課題である　　☐はい　☐いいえ

Q2　状況の変化によって、年度目標そのものの妥当性が失われてしまうことが多い　　☐はい　☐いいえ

Q3　計画と管理を徹底しようとすればするほど、やり直しや無駄が発生し、かえって不効率になる　　☐はい　☐いいえ

Q4	社内の規定や手順に沿って仕事を進めようとすると、かえって手間がかかり、あるいは、他部門との軋轢が生じることが多い　□はい　□いいえ
Q5	社内の制度やルールで判断できない例外的なケースにしばしば遭遇する　□はい　□いいえ
Q6	組織上の権限や業務分担が障害となって、顧客対応が遅れるケースがある　□はい　□いいえ
Q7	過去の経験や前例が役立たない新たな問題にしばしば遭遇する　□はい　□いいえ
Q8	顧客のニーズと乖離した意思決定が本社や上層部で行われることがある　□はい　□いいえ
Q9	上司や本社の判断を待っているうちに、ビジネスの機会を失った経験がある　□はい　□いいえ
Q10	全社で決めた制度やルールが制約となり、顧客の求めるサービスを提供できなかったケースがある　□はい　□いいえ

【B群】

Q1	上からの指示を待たずに、自ら上層部に対して新たな提案をあげることがしばしばある　□はい　□いいえ
Q2	状況の変化に応じて、年度の途中でも、臨機応変に部下の目標の修正や再設定を行う　□はい　□いいえ
Q3	計画や管理は最小限にとどめ、状況に合わせた柔軟な対応に重点を置いている　□はい　□いいえ
Q4	社内の規定や手順が合わなければ、変更を働きかける　□はい　□いいえ
Q5	例外的なケースに対しては、新たなアプローチを積極的に試みる　□はい　□いいえ
Q6	顧客対応上必要と判断した場合には、部下の業務分担にこだわらない業務の割り振りを行うことがある　□はい　□いいえ
Q7	新たな問題に対しては、過去のやり方にこだわらず

	ゼロベースで考え対処する	はい	いいえ
Q8	意思決定は、極力現場レベルで行うように心がけている	はい	いいえ
Q9	権限やルールよりも、目標設定と動機づけによって部下を動かしている	はい	いいえ
Q10	組織図上の関係を超えた人脈を有効活用しながら、業務を進めている	はい	いいえ

　A群で「はい」と答えた数が多い場合、あなたの勤める会社は変革の必要性が高く、リーダーシップの重要性も高いと考えられる。あなたが管理職であれば、あなた自身にもリーダーシップの発揮が求められているということだ。「いいえ」の数が多い場合、既に会社が環境変化に対応しているからか、それとも規制で守られているなど、そもそも厳しい環境変化に直面していないからなのか、その理由を探ってほしい。その上で、今後も自社でリーダーシップは重要でないのか、中長期的な視点で考えてみよう。

　B群で「はい」と答えた数が多い場合、あなたは既にリーダーシップを発揮するための行動をとっている。この場合、こうした行動が有効なリーダーシップ発揮につながっているか、次章以下で示す視点を活用してチェックしていくことが重要だ。「いいえ」と答えた数が多い場合、まずは、自社や自身の職場において、どのような行動がリーダーシップの発揮につながるのか、考えるところから始めてみよう。

第2章
管理職がリーダーシップを考えるためのフレームワーク

1 リーダーシップの有効性は何で決まるか

> これからの時代、企業が生き残っていくために、あらゆる階層の管理職にリーダーシップが求められている。では、管理職として、効果的なリーダーシップをとっていくためには、どうすればよいのだろうか。

前の職場では、多くの部下に慕われていました

　中部地域営業部第一営業課長の田中は、全社的に名前が知れ渡る「やり手」の管理職だ。これまでのやり方にとらわれない大胆な発想と親分肌ともいえる人間的な魅力が、彼の持ち味である。

　田中は、こうした特徴を活かして、部下をぐいぐいと率いながら、さまざまな営業面での改革を進め、トップクラスの営業実績を残してきた。顧客からの信頼も厚く、営業部員の中には、彼の強いリーダーシップに惹かれ、田中を師と仰ぐ者も多かった。こうした手腕を買われ、田中は、この秋、経営企画部内に新たに発足した経営改革推進室の初代室長に抜擢された。

　田中は、営業部時代と同様、全社においても迅速かつ大胆な改革を推し進めようと考え、着任と同時に、自分が温めていたいろいろなアイデアの検討を部下に指示した。しかしながら、

営業課長時代とは異なり、経営企画部を中心に集められた推進室のメンバーは、田中の指示に対する反応が鈍く、なかなか思うように改革を進めることができなかった。

　一方、推進室のメンバーの間では、田中に対する批判めいた会話がささやかれていた。「田中さんは、思いつきで指示を出すから、やりにくいよな」「それに、何でも強引に進めるし……」「そうそう、悪気はないんだろうけど、みなを無理やり引き込んで、突っ走ろうとするから……」。発足後三カ月がたっても、推進室では笛吹けど踊らずといった状態が続いていた。

　そんな中、田中は、これまで持っていた自分のリーダーシップに対する自信がゆらぎはじめているのを感じていた。「営業部時代は、あれほど多くの部下から慕われていたのに、推進室の部下たちのクールな反応は、どうしたことか。情熱を持って仕事をしようとすればするほど、何となく部下たちが離れていくような気がする……」

　はたして、田中のリーダーシップは、どこへ行ってしまったのだろうか。

リーダー側の要件だけでは決まらない

　何かを学ぼうとする時、人がしばしば行うことは、まず見習うべき手本を探すことだ。リーダーシップについても、同様だ。まずは、上司や先輩など、身近なリーダーを手本とする。時には、優れたリーダーシップを示した経営者の伝記や解説書を読み、講演会や公開セミナーに参加する。あるいは、「リーダーとは、かくあるべき」といったリーダー自身が示す持論やリーダーとなるためのハウツー

を掲載した自己啓発本を手にする。

　こうして手本となるリーダーの姿がわかってくると、自分と対比することで自ら不足しているものが見えてくる。そして、それを何とか補おうとする。専門知識か、分析力か、判断力か、それともコミュニケーションに問題があるのか。ひょっとすると、情熱や思いを伝えきれていないのかもしれない。そういえば、評価の高いリーダーたちは、みな人間性にあふれている。まだまだ、人間としての人生の修行が足りないのだろうか。こうした思いをめぐらしながら、自分が求めるリーダー像を探った経験がある人は少なくないだろう。

　有効なリーダーシップの発揮を左右する最も重要な要素は、リーダー自身の力量であることに間違いはない。したがって、前述のような取り組みは、自らが目指すリーダーとしての要件を確かめていく上で、十分に意味のある行為だ。

　しかし、田中の例にみるように、模範的と思われていたリーダーが、それまで備えていた能力や性格が変わったわけでもないのに、突然、苦境に立たされることもめずらしくない。このことは、手本となるリーダーの要件を学ぶことばかりに目を奪われていては、思わず足をすくわれてしまう危険があることを示している。

リーダーシップの成立とは

　では、なぜ、このようなことが起こるのだろうか。リーダーシップが、新たな指針を示し、そこへ向けて他者を動かしていくことだとすれば、当然のことながら、他者を動かすためには、動かす対象としての他者の存在が不可欠だ。そこで生まれる行為は、リーダーシップを発揮しようとする主体（リーダー）とその対象としての他者（フォロワー）の間の動態的な相互作用プロセスに他ならない。

そこでの基本プロセスは、リーダーの働きかけが端緒となり、フォロワーがそれを認識し、リーダーの働きかけがなければ生じなかっただろう行動（反応）をフォロワーが起こすことから成り立つ。すなわち、リーダーとフォロワーの関係の中で、リーダーシップははじめて成立するといえる（図2-1）。

　だとすれば、先に見たリーダー側の要件は、実際にリーダーシップの有効性を決定するひとつの要因でしかない。つまり、リーダーシップの有効性は、リーダーだけでなく、フォロワーという別の要因によって、大きく左右されるのだ。

　田中は、大胆な発想と親分肌の魅力を武器に、営業部では優れたリーダーシップを発揮していた。営業部員が、田中の持つ特性と働きかけに対して肯定的に反応することによって、そこでは効果的なリーダーシップが生まれていたといってよい。ところが、経営改革推進室では、同じやり方で部下を動かそうとしても、うまく機能しない。むしろ、田中の働きかけに対し、推進室員は否定的な反応を示している。

　田中が、これまでの経験に基づいてリーダーとして模範的だと思う行動をとったとしても、働きかける相手が異なり、相手がこちら

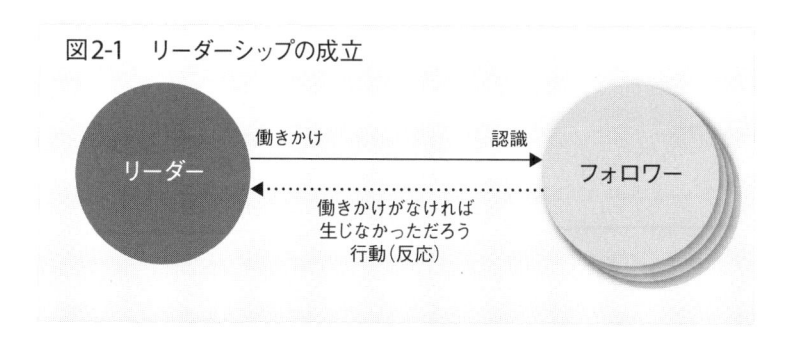

図2-1　リーダーシップの成立

リーダー　→働きかけ　→認識　フォロワー

働きかけがなければ
生じなかっただろう
行動（反応）

の意図に沿った反応を示さなければ、有効なリーダーシップは成立しないのだ。

リーダーを決めるのは誰か

このように相互作用としてのリーダーシップという視点をとると、田中のリーダーシップが有効性を失った理由が理解できる。田中の異動によって変化したものは何か。それは、田中自身の行動パターンや性格ではなく、田中が率いていく部下たちの特徴だ。

営業部員たちは、大胆で親分肌のリーダーシップスタイルに、自分たちが期待する強いリーダー像を重ね合わせていた。ところが、経営改革推進室のメンバーたちの期待するリーダー像は、彼らの批判めいた会話からすると、どうやら異なっていたようだ。仮に、彼

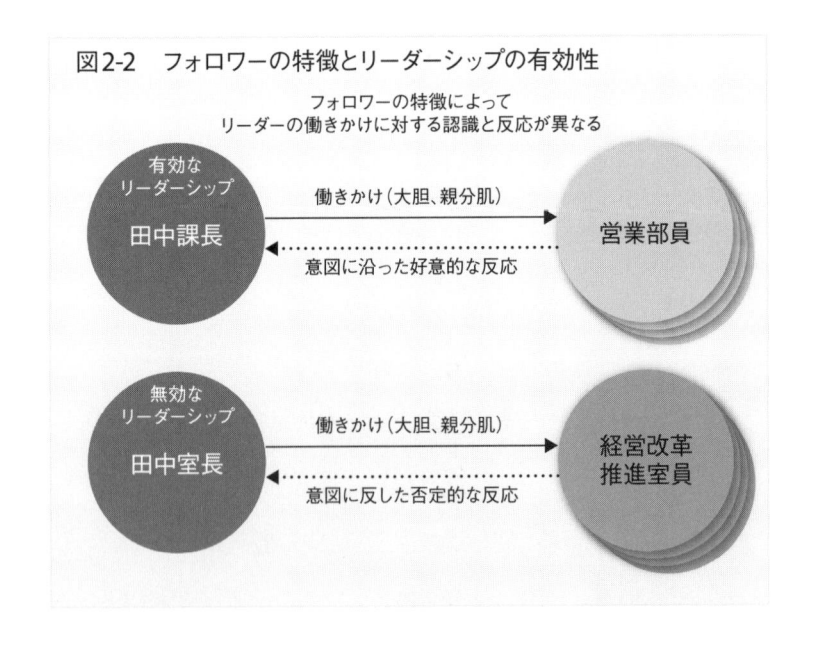

図2-2　フォロワーの特徴とリーダーシップの有効性

フォロワーの特徴によって
リーダーの働きかけに対する認識と反応が異なる

有効な
リーダーシップ
田中課長　→　働きかけ（大胆、親分肌）　→　営業部員
　　　　　←　意図に沿った好意的な反応　←

無効な
リーダーシップ
田中室長　→　働きかけ（大胆、親分肌）　→　経営改革推進室員
　　　　　←　意図に反した否定的な反応　←

らが求めるリーダーシップスタイルが、各メンバーの自主性を尊重するものであったらどうだろう。田中のやり方が、推進室の部下にとっては強制的な働きかけに映り、有効に機能しないのは当然といえるだろう（図2-2）。

　一般に、リーダーシップが他者を動かすことではじめて成り立つものである以上、その有効性は、他者の側の特徴によって大きく左右される。極論すれば、誰がリーダーかを決めるのは、ある意味フォロワーである。フォロワーが認めないリーダーは、リーダーたりえないという側面があることを見落としてはならない。

　リーダーシップというと、われわれはリーダーにばかり注目してしまいがちだ。しかし、有効なリーダーシップのあり方は、フォロワーとなる他者が誰かによって変わってくる。企業組織の中で、管理職は、少なくとも自らが率いる部下をはじめとした組織メンバーの特徴を踏まえ、あるべきリーダーシップについて考えることが必要だ。つまり、有効なリーダーシップをとるためには、リーダーとしての力量だけでなく、第二の要素としてフォロワーの特徴を押さえることが欠かせない。

業績回復とともに求心力が失われています

　新製品開発体制の立て直しを期待されて第二技術部長に就任した渡辺は、これまでのやり方を全面的に見直し、技術分野の思いきった選択と集中による改革を進めてきた。就任当時、このままでは部の存続も危ういとの不安と危機感が広まっていた第二技術部であったが、渡辺が新たなビジョンと技術戦略を示し、彼の持つ実直で一途な性格を前面に改革を呼びかけたとこ

ろ、多くのメンバーの共感を呼ぶことができた。

その甲斐あって、2年後には、顧客から高い支持を受ける新製品を複数開発することができ、部としての評価も急速に回復していった。

しかしながら、改革3年目に入ってから、メンバーの反応に変化が出てきた。部の存続はこれで大丈夫だといった楽観的な見方や、これ以上の技術分野の選択と集中は必要ないだろうといった現状に安住する意見が出るなど、渡辺の改革方針に沿わない動きが顕在化してきたのだ。

渡辺は、自分の取り組み方には大きな変更がないのに、思う方向へ組織メンバーがなかなか動いてくれなくなりはじめていることに、大きなフラストレーションを感じていた。

渡辺のリーダーシップは、なぜ狂いはじめてしまったのだろうか。

リーダーとフォロワーに影響を与えるもの

管理職としてリーダーシップを発揮していく際、フォロワーとなる組織メンバーに変更がないにもかかわらず、その有効性が失われてしまうことがある。渡辺の事例では、部員に入れ替えがないにもかかわらず、渡辺のリーダーシップに陰りが見えはじめている。

では、なぜこのような事態が生じるのだろうか。その理由は、リーダーとフォロワーに影響を与え、両者の状態に変化を生み出す第三の要素があるためだ。その第三の要素とは、リーダーとフォロワーを取り巻く状況だ。渡辺の事例においては、第二技術部の立て直しか消滅かといった危機的状況が、部員の意識に影響を与えていた

といえる。

　渡辺の第二技術部長就任当時、部の低迷する業績は、部のメンバーに不安と危機感を醸成していた。危機感というのは、噛み砕いていえば「このままではまずい」という感情だ。こうした感情の裏側には、「何とかしてほしい」という危機を脱するための変化を望む気持ちが潜んでいる。そこで求められるのは、危機脱出のための指針であり、ビジョンである。渡辺が示した選択と集中に基づく改革方針は、存続の危機にある第二技術部を救うための将来への道筋として、部のメンバーに希望を与える指針として受け止められたと考えられる。

　つまり、危機的な部の状況がメンバーの意識に影響を与え、リーダーの示した構想を受け入れやすい心理状態を生み出していたのだ。また、危機的状況は、渡辺自身の意識にも影響を与えていた。新製品開発体制の立て直しというミッションは、渡辺に第二技術部長として不退転の決意を促していたに違いない。

　一方、複数の新製品開発の成功は、部のメンバーに危機を脱したという安心感を生み出した。安心感というのは、言い方を変えれば「これで大丈夫だ」という感情だ。つまり、人々が現状を変える必要性を感じない状態である。

　こうした部員の意識の変化によって、2年前にあった不安と危機感に基づく改革の推進力は、大きく後退したと考えられる。つまり、部の業績回復という新たな状況が、メンバーの意識に変化を与え、これまで有効だったリーダーの方針やスタイルを無力化してしまったのだ。また、渡辺自身の中にも、新製品開発の成功に伴って気持ちのゆるみが生じていたとすれば、改革の推進力はさらに衰えていくことになるだろう。

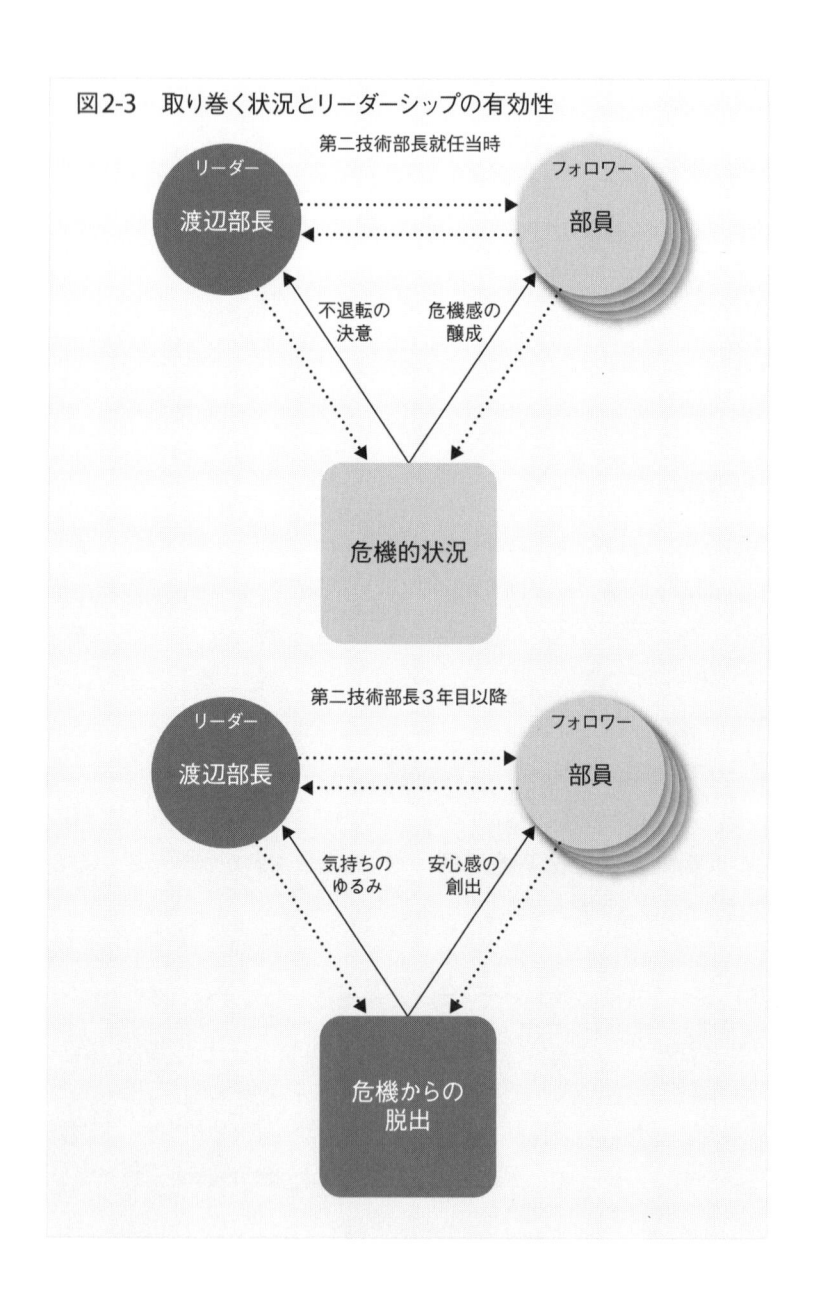

図2-3 取り巻く状況とリーダーシップの有効性

第二技術部長就任当時

リーダー: 渡辺部長 ／ フォロワー: 部員

不退転の決意／危機感の醸成 → 危機的状況

第二技術部長3年目以降

リーダー: 渡辺部長 ／ フォロワー: 部員

気持ちのゆるみ／安心感の創出 → 危機からの脱出

このように、リーダーとフォロワーを取り巻く状況は、両者に大きな影響を与える。それゆえに、求められるリーダーシップのあり方は、取り巻く状況抜きには語れない。言い換えれば、いかなる状況においても有効で万能なリーダーシップは存在しないのだ。企業組織の管理職が有効なリーダーシップをとるためには、第三の要素である状況を的確に認識し、それが自分およびメンバーに与える影響を把握しておくことが必要だ（図2-3）。

リーダーシップ有効性の決定要素

　これまでの考察をまとめると、リーダーシップの有効性を決定する要素として、リーダー、フォロワー、そして、両者を取り巻く状

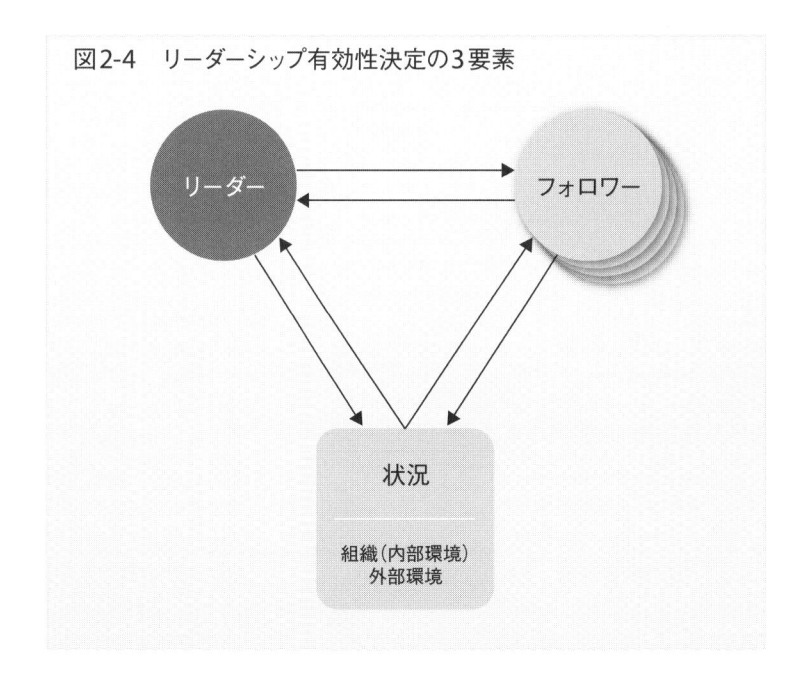

図2-4　リーダーシップ有効性決定の3要素

リーダー　フォロワー

状況
組織（内部環境）
外部環境

況の3点をあげることができる（図2-4）。興味深いことに、リーダーシップ研究においても、当初は優れたリーダーの特性に注目した特性理論、続いて優れたリーダーの行動に注目した行動理論と、もっぱらリーダーそのものに焦点をあてた研究が行われてきた。ところが、これらの研究ではリーダーシップの有効性を説明する十分な理論的成果を得ることができなかった。

そこで新たに展開されたのが、第二、第三の要素であるフォロワーおよび状況要因を視野に入れたコンティンジェンシー理論であった（図2-5）。

ここで大切なことは、どんなに成功したリーダーであっても、その成功は、そのリーダーが直面した特定の状況の中で、そこにいた特定の特徴を持つフォロワーに対して行った特定の行動によってもたらされたものであって、どのような状況下においても、あるいは、

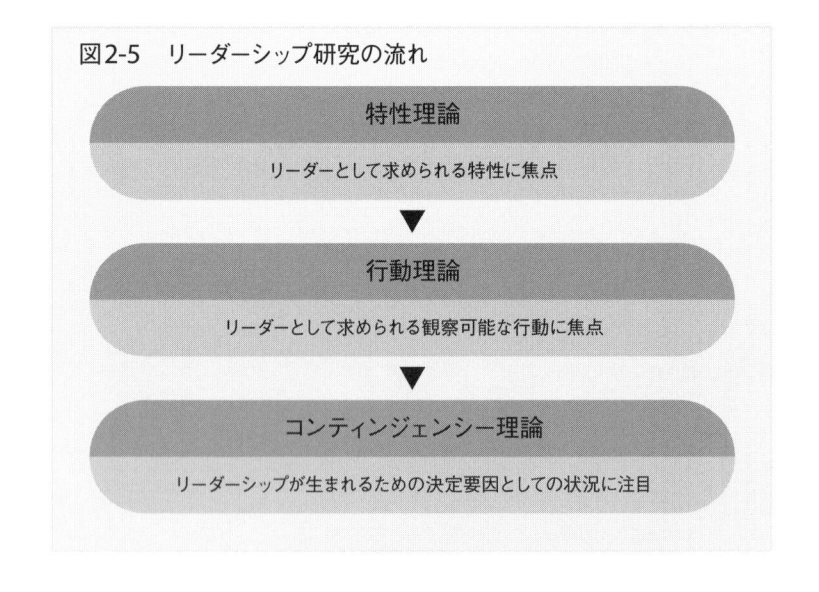

図2-5　リーダーシップ研究の流れ

特性理論
リーダーとして求められる特性に焦点

▼

行動理論
リーダーとして求められる観察可能な行動に焦点

▼

コンティンジェンシー理論
リーダーシップが生まれるための決定要因としての状況に注目

どのような人々に対しても、そのリーダーが常に成功するとは限らないという点だ。

つまり、普遍的に有効なリーダーシップは、ありえないということだ。したがって、優れたリーダーの特性や行動を単純にまねたからといって、リーダーシップを発揮できる保証はどこにもない。要するに、ケースバイケースということだ。

しかし、ケースバイケースということは、状況に応じて場当たり的に対処してよいということではない。むしろ、重要なことは、各々のケースにおいて、「より妥当性の高い有効なリーダーシップとは何か」を自ら考えられるようになることだ。そして、これを可能にするのが、リーダー、フォロワー、取り巻く状況の3つの要素について、相互の関係を見ていく視点に他ならない。

POINT

【リーダーシップ有効性の決定要素】
リーダーシップの有効性は、リーダー、フォロワー、そして、両者を取り巻く状況の3要素によって決まってくる。したがって、どのような場面でも普遍的に通用するリーダーシップは存在しない。重要なことは、これら3つの要素の関係を見ながら、自らが具体的な職場の状況に合った有効なリーダーシップを考える視点を養うことだ。

振り返り

◎あなたが効果的なリーダーシップを発揮していると思う人は誰ですか。なぜ、その人のリーダーシップは効果的なのでしょうか。

◎あなたが率いていこうとする人々には、どのような特徴がありますか。そうした人々を率いていく際には、どのような働きかけ方が効果的だと思いますか。

◎あなたとあなたが率いる人々を取り巻く環境は、あなたとあなたが率いる人々に、どのような影響を与えていますか。

2 管理職として、リーダーシップを発揮するために必要な視点

> リーダーシップの有効性は、大きく3つの要素によって決まってくる。管理職の立場に立った時、効果的なリーダーシップを発揮するためには、これらの要素をどのようにとらえていけばよいのだろうか。

押さえるべき3つの視点

　ここで、リーダーシップの有効性の決定要素を、管理職の立場からとらえ直してみよう。リーダーシップの有効性が、リーダー、フォロワー、取り巻く状況の3つの要素で決まるとすれば、管理職が自己のリーダーシップの有効性を検証するためには、リーダーの立場に管理職としての自分を置いて、これら3つの要素間の関係を正しく把握、分析することが鍵になる。

　ここで、第一の要素であるリーダーについては、管理職自身が、リーダーとしての自分の姿を把握し、自己のあり方を考える視点が求められる。第二の要素であるフォロワーについては、フォロワーである他者の特徴を把握した上で、他者との関わり方を考える視点が必要だ。

　第三の要素である状況については、企業を取り巻く状況（外部環境）と、企業内部の状況（内部環境としての組織）の2つに分けて考

える。外部環境は組織とそのメンバーに対して直接間接に影響を与えるが、管理職が外部環境そのものを制御することは難しい。したがって、管理職が業務を遂行する上では、外部環境は与件として認識せざるを得ない。一方で、組織内部の状況については、それが外

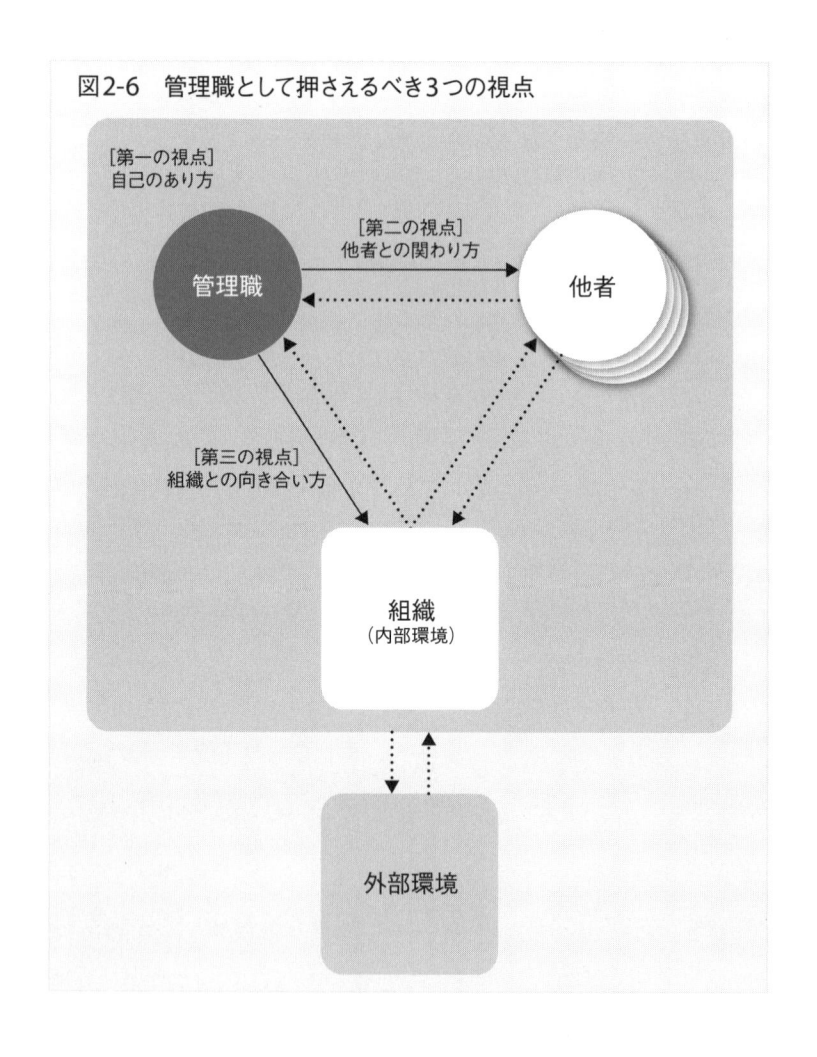

図2-6 管理職として押さえるべき3つの視点

[第一の視点] 自己のあり方
[第二の視点] 他者との関わり方
管理職
他者
[第三の視点] 組織との向き合い方
組織（内部環境）
外部環境

部環境に起因するものであれ、内的要因から生まれたものであれ、管理職の働きかけによって制御可能な要素だ。

そこで、本書では、外部環境は管理職が正しく認識すべき与件としての状況としてとらえ、管理職がコントロール可能な要素である内部環境としての組織に焦点を絞って考えよう。そこで必要な視点は、管理職として有効なリーダーシップを実現するためにどのように組織をとらえ、どのように組織を築いていくか、組織との向き合い方を考える視点だ。

このように、管理職として効果的なリーダーシップをとるためには、自己、他者、組織を正しく把握し、自己のあり方、他者との関わり方、組織との向き合い方という3つのポイントについて考える

図2-7 3つの視点と主要な論点

3つの視点	マネジメントにおける特徴	リーダーシップにおける特徴	押さえるべき主要な論点
自己のあり方	現状の組織のルールに基づく活動	個人の力量に基づき現状を変え未来を切り開く活動	影響力の源泉 自分の行動のあり方 行動実現のための要件 自分の客観視
他者との関わり方	組織上の役割関係に基づく働きかけ（組織の構造に基づいて仕事上の関係が規定）	相手の特徴を踏まえた働きかけ（個人の取り組みを通じて他者との関係を開拓）	他者の普遍性と多様性 指示型と支援型 仕事の任せ方
組織との向き合い方	所与のものとして既存の組織を受け入れ	内部環境としてのあるべき組織を構築	チームのつくり方 組織の基本要件 あるべき組織の考え方 リーダーシップのあり方と組織の築き方

視点を理解しておくことが重要である（図2-6）。

では、管理職として、マネジメントに加えリーダーシップの役割を果たしていくためには、各々の視点について何を押さえておくべきか。以下、マネジメントとリーダーシップとを対比しながら、そのポイントを概観しておこう（図2-7）。

自己のあり方

既に見てきたとおり、現状のやり方を前提とするマネジメントと異なり、リーダーシップは現状を否定し、よりよい未来の創造を目指すものだ。したがって、有効なリーダーシップを発揮するためには、自己のあり方として、現状の組織のルールに基づく活動から脱却し、個人の力量に基づき現状を変え、未来を切り開く活動への切り替えが必要だ。第3章では、こうした自己のあり方に関して求められる視点を、4つに分けて検討する。

第一に、既存の組織の権威に頼らずに他者を動かすためには、影響力の源泉をどこに求めればよいのか、第二に、他者を効果的に動かすため自分の行動のあり方をどうとらえ、どのような行動をとっていけばよいのか、第三に、あるべき行動を実現するための要件とは何か、第四に、自分の内部に潜む落とし穴を避けるためには、自分をどのように客観視すればよいのか、といった各々押さえるべき論点を提示していく。

他者との関わり方

他者との関わり方については、組織の構造に基づき仕事上の関係が大きく規定されるマネジメント活動に対し、リーダーシップをとるためには、個人の取り組みを通じて日常の業務範囲を超えたさま

ざまな他者との関係を開拓していくことが求められる。そこでは、組織上の役割関係に基づく働きかけだけでなく、相手の個人としての特徴をとらえた働きかけが重要だ。この点を踏まえ、第4章では、他者との関わり方については、大きく3つの切り口から考察する。

　第一に、人間に共通な普遍的傾向と多様性の両面に注目し、他者との関わり方についての基本的な考え方について整理する。次に、他者への働きかけの中で重要な役割を果たすコミュニケーションのあり方を中心に、指示的と支援的という2つの対極的な視点を提示する。第三に、他者を通じて成果を出すための仕事の任せ方について考える。

組織との向き合い方

　固定的なものとして組織をとらえ、所与のものとして既存の組織を受け入れるマネジメント活動とは異なり、有効なリーダーシップを発揮するためには、内部環境としてのあるべき組織をいかに構築するかが、大きなテーマとなる。そこで、第5章では、組織の構造と組織システムを中心とする組織のハード面と、組織文化を中心とする組織のソフト面の両面を踏まえながら、組織のとらえ方と築き方について、4つの視点から検討を加える。

　第一に、管理職として組織における身近な活動単位であるチームのつくり方について検討する。第二に、人を効果的に動かすために組織を築くことの必要性を理解し、組織の基本要件について考える。第三に、事業との関係においてどのような組織を築けばよいのか、経営の視点からあるべき組織の考え方を示す。第四に、自分のリーダーシップのあり方に合致した組織の築き方について提示する。

もうひとつのテーマ、自己開発の視点

 以上、3つの視点において押さえるべき主要な論点を概観してきたが、これらは、管理職が具体的状況の中で有効なリーダーシップを発揮するために考えておくべきポイントだ。

 ここで、もう1点、有効性とは別の次元で押さえておきたいテーマが、いかにしてリーダーシップを身につけていけばよいかという自己開発の視点だ。第6章では、第3章から第5章までの考察を通じて各人が描いたリーダーシップのあり方を自ら体現していくために、いかに自己を磨くかという問いについて、2つの視点から考察する。

 第一に、自分のリーダーシップを開発するための基本的な考え方の枠組みを提示する。第二に、自分のリーダーシップを開発するための具体的方法として、経験からの学習に焦点をあてて検討する。

POINT

【押さえるべき3つの視点】
管理職として効果的なリーダーシップをとるためには、自己、他者、組織を正しく把握し、自己のあり方、他者との関わり方、組織との向き合い方という3つのポイントについて考える視点を理解しておくことが重要である。

振り返り

❓ あなたは、職場において、現状を変え未来を切り開くための活動に、どの程度の時間を割いていますか。

❓ あなたは、日常の業務範囲を超えた活動をどの程度進めていますか。また、直接の職務権限を持たない人々に対して、どのように働きかけていますか。

❓ あなたは、組織上の制度、手順、ルール、あるいは職場の慣行や風土をよりよいものに変えるための活動を行ったことがありますか。

自己診断

管理職としてリーダーシップを担うために必要な3つの視点について、あなたはどの程度備えているだろうか。また、どの程度視点ごとの偏りがあるだろうか。ここで、簡単な自己診断をしてみよう。
以下の各質問について、[そう思う＝プラス１点]、[どちらともいえない＝０点]、[そう思わない＝マイナス１点]で回答し、A、B、Cの質問群ごとに集計してみよう。

【A群】
Q1　部下がなぜ自分に従うのか、その理由を理解している
　　　　　☐そう思う　☐どちらともいえない　☐そう思わない
Q2　自分が業務上求められているあるべき行動はわかっており、できているところと、できていないところを把握している
　　　　　☐そう思う　☐どちらともいえない　☐そう思わない

Q3	業務遂行に必要な知識、スキル、心構えを理解するとともに、自分の強み、弱みを把握している
	□そう思う　□どちらともいえない　□そう思わない
Q4	自分自身の仕事に対する情熱がどこから生まれるのか、その源泉を理解している
	□そう思う　□どちらともいえない　□そう思わない
Q5	業務遂行にあたっては、自分の感情の状態に気を配っている
	□そう思う　□どちらともいえない　□そう思わない
	合計　　点

【B群】

Q1	働きかける相手によって、自分の行動やコミュニケーションスタイルを変えている
	□そう思う　□どちらともいえない　□そう思わない
Q2	話をする時、相手の気持ちや心の動きに気を配っている
	□そう思う　□どちらともいえない　□そう思わない
Q3	自分が、上司、同僚、部下からどのように思われているか、正しく把握している
	□そう思う　□どちらともいえない　□そう思わない
Q4	業務遂行にあたっては、自分の言動が周囲のメンバーに与える影響を常に意識している
	□そう思う　□どちらともいえない　□そう思わない
Q5	上司、同僚、部下をはじめ仕事上の関係者について、各々の能力や人柄に関心を持って仕事を進めている
	□そう思う　□どちらともいえない　□そう思わない
	合計　　点

【C群】

Q1	現状の組織の状態が、組織メンバーにどのような影響を及ぼしているか、把握している

|　　　　　　　□そう思う　□どちらともいえない　□そう思わない

Q2　日頃から、職場の雰囲気づくりに気を配っている
　　　　　　　□そう思う　□どちらともいえない　□そう思わない

Q3　部下の指導や育成に際して、人事をはじめとする諸
　　制度をうまく活用している
　　　　　　　□そう思う　□どちらともいえない　□そう思わない

Q4　自分がどのような組織を築いていきたいか、理由と
　　ともに明快に説明できる
　　　　　　　□そう思う　□どちらともいえない　□そう思わない

Q5　業務遂行を円滑に行うための組織づくりへ向けて、具
　　体的な取り組みを行っている
　　　　　　　□そう思う　□どちらともいえない　□そう思わない
　　　　　　　　　　　　　　　　　　　　　　合計　　　点

　A群は"自己のあり方"について、B群は"他者との関わり方"について、C群は"組織の築き方"について、各々、あなたが必要な視点を備えているかについて診断している。質問群ごとに、得点が高ければ、あなたはそこで必要な視点を備えており、得点が低ければ、（特に、集計結果がマイナスであれば）、そこでの視点が欠けていると考えてよいだろう。各質問群に必要な視点の詳細は、A群は第3章、B群は第4章、C群は第5章で示している。

　質問群ごとに偏りがあった場合は、まず、得点の低い視点について関心を持ち、自分を磨いていくことを試みてほしい。すべてで高い得点が出た場合は、既にバランスよくリーダーシップを考える視点を備えているので、各視点の詳細について、一歩立ち止まって自分の現状の姿について再確認を行い、気になる項目があれば軌道修正していくことを試みてみよう。また、すべてで低い得点となった場合は、まず、自己、他者、組織といった各要素に興味を抱くことから始めてほしい。

第3章
自己のあり方を考えるための視点

1 なぜ、人はあなたに従うのか〜パワー（影響力）の源泉をとらえるための視点

> 管理職としてリーダーシップを発揮するためには、しばしば権限を超えた影響力の行使が求められる。組織の権威に頼らずに他者を動かすためには、影響力の源泉をどこに求めていけばよいのだろうか。

最近の若手社員は、言うことを聞いてくれません

　中堅商社のベテラン管理職である伊藤は、年々若手社員の扱いが難しくなっていくことに、頭を悩ませていた。

　先日も入社3年目の山本に提案書の作成期日を守れなかったことを指摘したところ、「すみません」の一点張りで、遅れの原因がまったく見えてこない。「明日までには必ずやります」と言うのでいったん話を終わらせたものの、結局、翌日も提案書は出てこなかった。二度目の遅れに対して、伊藤は山本に厳しく理由を問い質したが、あいかわらず「すみません」を繰り返すばかりだ。

　これまでも山本は伊藤の指示した納期にたびたび遅れており、その都度叱責されると謝罪の言葉を発するが、心からの反省の

色が見えず、その場しのぎの状態が続いていた。

　また、昨年入社した中村は、何を指示しても、「なんのために、やるんですか」「どうして、そんなに急ぐんでしょうか」と、いちいち理由を聞いてくる。挙句の果てに、「それは、会社側の都合で私には納得できません」と、臆面もなく反抗的な態度をとってくる。「仕事なんだから、やるべきことはやってもらわないと困る」と厳しく言うと、「こんな強圧的な会社には、長くいられません」と逆切れする始末だ。思わず「おまえは上司の言うことが聞けないのか」と怒鳴りつけそうになるが、こちらが感情的になってはそれまでなので、ぐっとこらえている。

　自分が若手の頃は上司の言うことは絶対で、指示された納期に遅れることなど考えられなかったし、いちいち目的や背景を説明されなくても、言われたことは黙ってこなしたものだった。それが、今ではまるで上司と部下の関係が逆転したかのようだ。

　とにかく、最近の若手社員は上司の言うことを聞かず困ったものだ。そう思いながらも、伊藤は、最近管理職になったばかりの隣のグループの小林が、どういうわけか自分よりうまく若手社員たちを率いている様子が、気になっていた。

　さて、こうした状況の裏には、伊藤の指導に問題があるのだろうか。あるいは、最近の若者に問題があるのだろうか。それとも、管理職の権威そのものが失墜したのだろうか。

なぜ、部下は上司に従うのか

　気を使ってやさしく業務指示を出すと、軽く見られてしまう。だからといって厳しく接すると萎縮したり、突然反抗したりする。上

司が部下を扱いにくくなったという声は、日本の企業において多くの管理職が抱える共通の悩みのひとつだ。

もともと企業組織の中では、部下は上司の命令に従うものと考えられてきた。なぜならば、上司は部下に対して一定のパワーを持っており、上司はこのパワーを通じて部下を動かすことができると考えられているからだ。では、ここでいうパワーとは何か。それは、他者が自分に対し依存している状態から生まれる影響力である（図3-1）。

たとえば、部下は仕事を進めるために、上司の承認や指示を得る必要がある。また、昇給や賞与を得るためには、上司からの高い評価が欠かせない。職場生活における居心地も、上司との人間関係に左右されるところが大きい。

このように、金銭的な利益においても、心理的な満足においても、部下は上司に依存している。これを上司の視点からとらえ直すと、上司は部下が求めているさまざまな利益を支配していることになる。

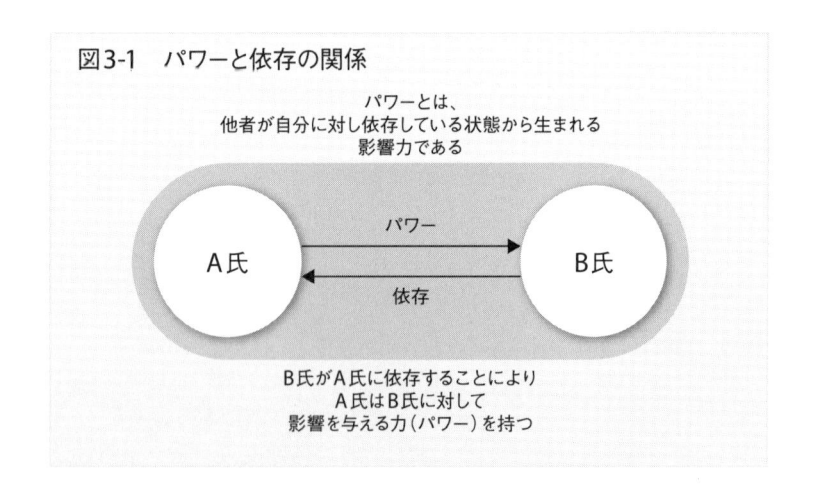

図3-1 パワーと依存の関係

パワーとは、
他者が自分に対し依存している状態から生まれる
影響力である

A氏 ←パワー→ B氏
←依存

B氏がA氏に依存することにより
A氏はB氏に対して
影響を与える力（パワー）を持つ

こうした依存状態によって、上司は部下に対してパワーを持つ。ここで部下の上司に対する依存度が高ければ、それだけパワーの大きさも大きくなる。

なぜ、上司と部下の力関係が逆転するのか

　ところが、伊藤の例に見られるように、実際の職場では上司の言うことを聞く部下ばかりとは限らない。では、なぜ上司と部下の力関係が逆転するのだろうか。

　まずは、部下の上司に対する依存度合いについて見てみよう。既に見たとおり、部下が上司に求める期待が変われば、その依存度は変化する。たとえば、最低限の生活が維持できればよいと割り切っている部下であれば、上司に従わずに昇給や賞与が多少減っても、本人が失う利益への影響は限定的だ。また、職場の居心地が悪ければ転職すればよいと考えている部下ならば、上司に従わずに職場で制裁を受けても、転職という別の選択肢によって利益の損失を回避することができる。

　このように若手社員の上司に対する欲求が変化することで、部下の上司への依存度は変わってくる。仮に依存度が下がれば、部下は自分の意思に反してまで上司に従う理由は小さくなる。

　次に、上司の部下に対する依存関係について見てみよう。言われてみれば当然のことであるにもかかわらず見落としがちなのが、上司と部下は相互依存の状態にあり、業務遂行にあたって上司も部下に依存しているという事実だ。たとえば、部下に指示した仕事が期日までにあがってこなければ、組織やチームを通じて業務を行う立場にある管理職としては、自らが責任を持つ組織やチームの成果創出に支障をきたすことになる。これを逆手にとって、部下が要求を

受け入れてくれなければ仕事をしないとか、会社を辞めるとか言ってくれば、上司は苦境に立たされる。

特に、その部下の仕事が、標準化された定型業務ではなく専門性の高い知識労働であればあるほど、上司が一時的にその業務をカバーしたり、あるいは、その仕事を行う代わりの人材を探すことは難しくなるため、上司の部下への依存度は高まり、部下のパワーはより強くなる。

このように、部下の上司に対する期待や上司が部下に与える仕事の質によって、上司と部下の相互依存関係は大きく変わり、結果として相互の力関係も変わってくる。ここで、部下のパワーが上司のパワーを上回るようであれば、上司と部下の関係は逆転し、上司は

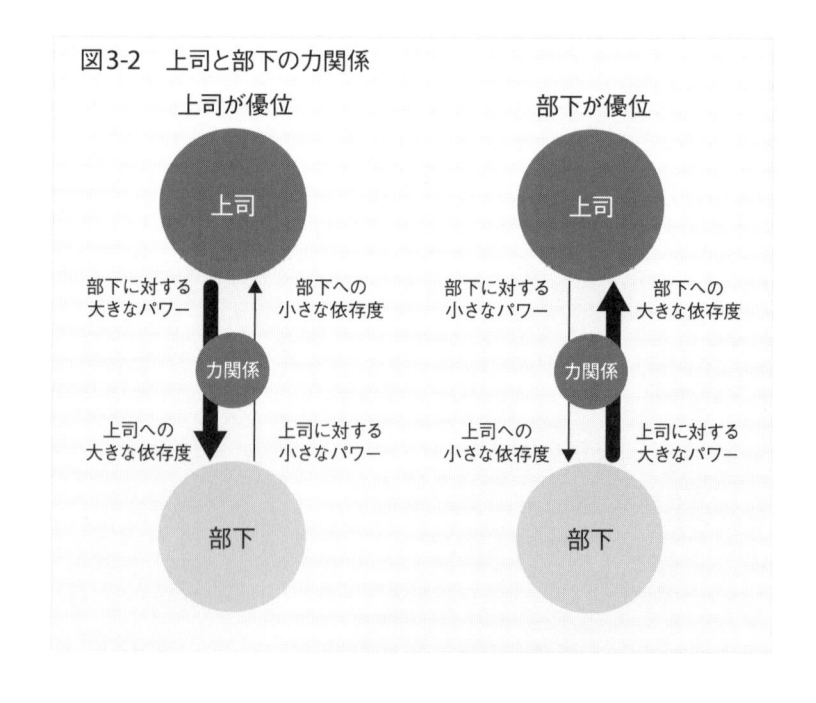

図3-2　上司と部下の力関係

上司が優位

上司

部下に対する大きなパワー　　部下への小さな依存度

力関係

上司への大きな依存度　　上司に対する小さなパワー

部下

部下が優位

上司

部下に対する小さなパワー　　部下への大きな依存度

力関係

上司への小さな依存度　　上司に対する大きなパワー

部下

部下の要求を聞き入れざるを得ないことになる（図3-2）。

　ベテラン管理職の伊藤が若手社員の扱いに手を焼いているのは、こうしたパワーの関係に変化が生じているためだと考えられる。部下の山本も中村も、伊藤の指示に反しても大きな不利益を被ることはないと考え、一方で、伊藤がたとえ山本や中村の働きが不十分であっても、彼らなしに仕事を進めることができないと考えていれば、両者の力関係が逆転することも、うなずけるだろう。

あなたの部下は、あなたに従うか

　ここで、あなた自身の部下との関係を考えてみよう。次に示す5つの質問について、「はい」（2点）、「どちらともいえない」（1点）、「いいえ」（0点）の3段階評価で答え、合計点（10点満点）を計算するとどうなるだろうか。

Q1　日常業務に関して、部下は自分の指示や指導に従う
　　　　　□はい　□どちらともいえない　□いいえ

Q2　担当業務以外の特命事項や緊急業務についても、部下は協力的である
　　　　　□はい　□どちらともいえない　□いいえ

Q3　部下が反抗してきても、それに対処することができる
　　　　　□はい　□どちらともいえない　□いいえ

Q4　こちらから言わなくても、必要に応じて部下から報告、連絡、相談がある
　　　　　□はい　□どちらともいえない　□いいえ

Q5　いざという時には部下は自分を頼りにしてくる
　　　　　□はい　□どちらともいえない　□いいえ

上記の質問は、あなたが部下に対して持っているパワーの大きさをチェックするものだ。得点が高いほど部下のあなたへの依存度は高く、それだけ大きなパワーを部下に対して有していると考えてよいだろう。逆に、得点が低ければ依存度は低く、それだけ部下に対するパワーは小さいことになる。

　ここで、上司として部下に対するパワーが小さい場合、どのようにしてパワーを強化すればよいのだろうか。また、仮に既に大きなパワーを備えている場合は、上司としてのパワーのあり方に、問題がないといえるのだろうか。

　これらの問いに答えるために、上司と部下の依存関係の大きさを決め、相互の力関係を規定するパワーの源泉がどこにあるかを考えてみよう。この点が明らかになれば、パワーの強化法も見えてくるはずだ。そうであれば、必要なパワーを強化していけばよいのだから、先の5つの質問の得点が低かったとしても落胆する必要はない。また、パワーの源泉がわかれば、自分のパワーが持続可能な源泉に基づいているかどうかも確認できる。

パワーは、どこから生まれるか

　自分のパワーの源泉について考える際、有効な概念が、パワーに関する5つのタイプ分けだ。

　まずは、あなたのパワーの源泉を見極めるために、次に示す10の質問について、当てはまるものに「✓」で答えてほしい。

Q1　　部下を従わせるために、部下を叱りつけたり、突き放したりすることがある　　　　　　　　　　　　　　　□

Q2　　部下を指導する際、行動に改善が見られなければ評価

	に影響する旨、ほのめかすことが多い	☐
Q3	部下を褒め、あるいは、部下の実績を認めてあげることが多い	☐
Q4	目標設定や業務アサインの際、達成した場合に本人が得るメリットについて、言及することが多い	☐
Q5	予算や人事に関する権限を活用して、他者を動かすことが多い	☐
Q6	自分の組織上の地位や肩書を活用して、他者を動かすことがある	☐
Q7	社内で一、二を争う専門的な知識やスキルを備えている	☐
Q8	ここぞという時に役に立つユニークな発想や問題解決力を備えている	☐
Q9	私心を持たず誠実かつ友好的な姿勢で他者と接し、そのことが他者から評価されている	☐
Q10	仕事の関係を離れた場でも、いろいろな人から慕われることが多い	☐

　さて、管理職のパワーはどこから生まれるのか。J・フレンチとB・H・ラーベンは、パワーの源泉を5つに分類した（図3-3）。

　ここで強制力とは、目標が未達の場合は減給や降格を行うといったように懲罰を与える力で、逆に、報酬力は、目標を達成すれば昇給や昇進で報いるといったご褒美を与える力である。正当権力は、たとえば部長が部員についての人事権を持つといったように、組織上公式に与えられた権限である。この定義に従えば、たとえば人事権をちらつかせて脅したり動機づけたりできることから、正当権力

は見方によって、強制力や報酬力と重複のある概念といえる。

また、専門力は、この分野ならあの人に聞けばわかるといったように業務経験や専門性を有することによって生まれる力であり、同一視力は、あの人のようになりたいとか、あの人に好かれたいといった個人的な特性を備えることで生まれる力だ。

さて、あなたの部下があなたに従うのは、あなたに逆らうと痛い目にあうからか、あなたに従順である方が得するからか、単純にあなたが上司だからか、あなたの専門的な力量を認めているからか、それとも、人間的魅力に惹かれているからか。あなたはどのタイプのパワーを使って他者を動かそうとしているのだろうか。先の10の質問では番号順に2問ずつ、強制力（Q1、Q2）、報酬力（Q3、Q4）、正当権力（Q5、Q6）、専門力（Q7、Q8）、同一視力（Q9、Q10）の活用状況を診断しているので、各々確認してみよう。

図3-3　パワーのタイプ

フレンチとラーベンによる5つのタイプ分け		パワーの拠り所
強制力	Coercive Power	ポジション
報酬力	Reward Power	ポジション
正当権力	Legitimate Power	ポジション
専門力	Expert Power	個人
同一視力	Referent Power	個人

ポジションパワーとパーソナルパワー

　自己診断の結果、強制力、報酬力、正当権力ばかりが「✓」されるとすれば、たとえ現状の業務遂行に必要な十分なパワーを持っていたとしても、危険信号だ。なぜならば、これら3つのパワーは、主に組織上一定の立場に就くことによって発生するポジションパワーだからだ。ポジションパワーは、ヒト・モノ・カネ・情報といった経営資源のコントロールなど、一定のポジションに与えられた権限を活用して他者に影響を与えるものだ。したがって、社内異動や転職などでポジションが変わった瞬間に失われてしまう。こうしたパワーにばかり頼っていると、一定の肩書がないと、誰もついてきてくれない管理職になってしまう恐れが高い。

　一方で、専門力と同一視力は、専門性や個人的特性といった個人

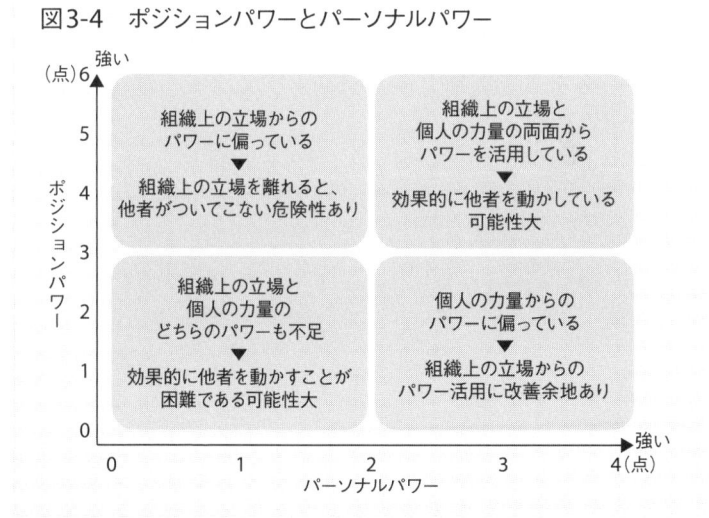

図3-4　ポジションパワーとパーソナルパワー

	パーソナルパワー 弱い → 強い
ポジションパワー 強い	組織上の立場からのパワーに偏っている ▼ 組織上の立場を離れると、他者がついてこない危険性あり / 組織上の立場と個人の力量の両面からパワーを活用している ▼ 効果的に他者を動かしている可能性大
ポジションパワー 弱い	組織上の立場と個人の力量のどちらのパワーも不足 ▼ 効果的に他者を動かすことが困難である可能性大 / 個人の力量からのパワーに偏っている ▼ 組織上の立場からのパワー活用に改善余地あり

の力量から生まれるパーソナルパワーである。パーソナルパワーは、これまでの経験によって蓄積された専門的な知識やスキル、あるいは、人間関係の中で培われてきた信頼関係や個人的な魅力によって、他者に影響を与えるものだ。

したがって、組織上のポジションのいかんにかかわらず発揮できるとともに、自分の努力によって築くことができる。こうしたパワーを身につけた管理職には、そのポジションのいかんにかかわらず、さまざまな人が慕ってついてくるだろう。

ただし、だからといってポジションパワーを使うことが間違っているわけではない。むしろ、管理職としてポジションパワーを与えられているのであれば、それをパーソナルパワーと組み合わせて活用していくことで、行使するパワーの効果を高めることができる。

ここで大切なことは、まずは自分の持つパワーの源泉を正しく把握し、よりよい活用法を見極めることだ。特に、ポジションパワーについては、それをうまく活用しているか、パーソナルパワーについては、それを磨く努力を続けているかという視点から、適切なパワーの獲得と行使について自己評価を行い、必要な対策を考えていくことが重要だ。

そこで、先の10の質問の「✓」の数（1つ1点）について、ポジションパワー6点満点(Q1〜Q6)、パーソナルパワー4点満点(Q7〜Q10)で集計し、自分自身が図3-4のどこに該当するか確認しておきたい。

ポジションパワーの衰退

ここで伊藤の例に戻ってみよう。なぜ、伊藤のパワーは、最近の若手社員に対して効力がなくなってきたのだろうか。最大の理由は、

時代の変化とともに、組織における管理職のポジションパワーそのものが弱体化したからだ。では、弱体化の原因はどこにあるのか。組織側の要因、個人側の要因の2つに分けて考えてみよう。

　組織側の要因については、環境変化に対応するため、企業が組織の構造やルールをあらかじめ細かく定めることが難しくなり、結果として各ポジションに公式に付与される権限もあいまいで限定的になってきている点があげられる。また、あらかじめ決められたルールや手順に従って行う定型業務よりも、本人の裁量の余地を広げて任せざるを得ない非定型業務の比率が増えることで、部下は業務遂行においてより大きな自由度を持ち、部下の業務を代替できる人材も限定されるようになってきている。この結果、上司の部下への依存度が拡大してきている。

　さらに、情報化によって組織の上位者が情報という資源を囲い込み、コントロールできる余地は小さくなっている。加えて、終身雇用や年功序列といったこれまでの雇用慣行の崩壊に伴い、同じ会社に一生勤めるという前提や上司と部下の立場が固定的に続くという前提が崩れ、会社人生で部下の運命を決定づけるという意味での上司の影響力も弱まっている。こうした組織側の要因によって、ポジションパワーそのものが衰退している。

　一方、会社で働く個人の側から見ても、ポジションパワーの影響力は弱まっている。若年層を中心に仕事に対する価値観やライフスタイルが変わり、これまでポジションパワーの行使による報酬あるいは懲罰と考えられていた行為が、そうとは認識されなくなってきている。たとえば、労働市場の流動化と転職に対する抵抗感の弱まりは、特定の会社や上司への依存度を下げ、上司からの評価が発揮する効力を低下させている。また、目上の人を敬ったり、組織上の

肩書を重視したりする意識が薄れることによっても、ポジションパワーの効力は弱まっている。

なお、管理職としては、上司と部下の関係だけでなく、部下以外の他者との関係についても、相互依存とパワーの視点からとらえることが必要だ。管理職はさまざまな仕事上の関係者と相互依存の関係にある。特に近年では、事業環境への柔軟かつスピーディな対応

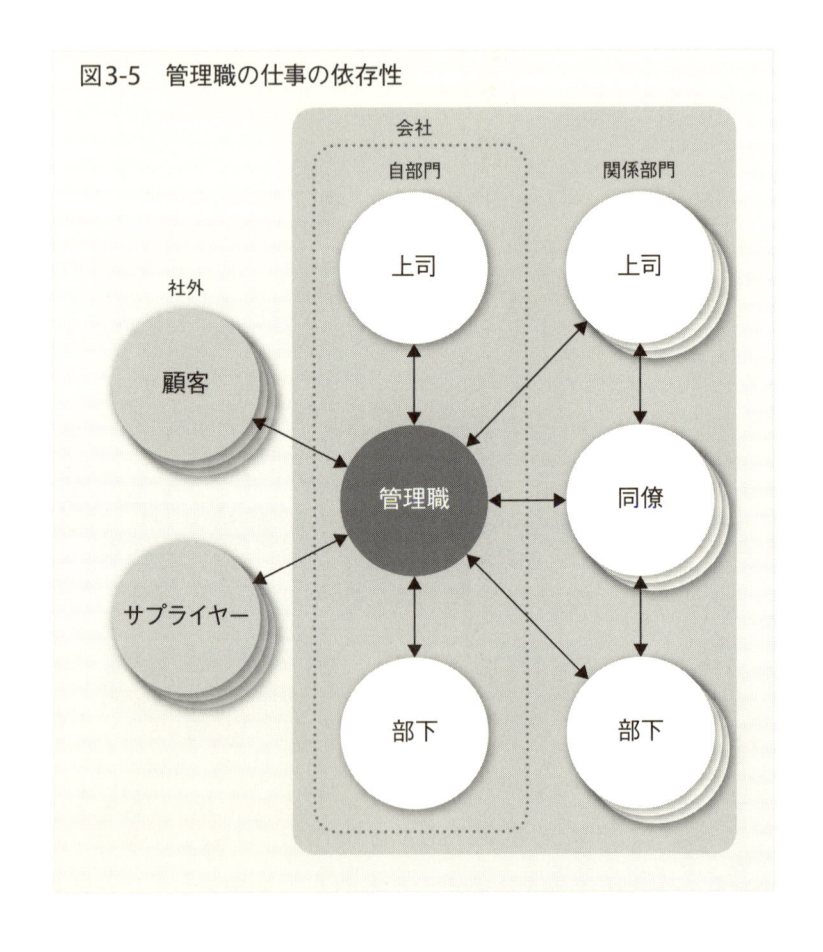

図3-5 管理職の仕事の依存性

会社／自部門／関係部門／社外

管理職を中心として、自部門の上司・部下、関係部門の上司・同僚・部下、社外の顧客・サプライヤーと相互に矢印で結ばれている。

を実現するため部門横断的な活動がますます盛んになっている。

こうした状況の中で、部下以外の関係者に対して影響力を行使していくためには、ポジションパワーでは太刀打ちできないことは明らかだ（図3-5）。

新たなパワー基盤の構築

このように、企業を取り巻く環境変化と働く個人の意識変化によって、組織における管理職のポジションパワーの有効性は従来に比べ確実に低下している。同時に、自分の権限の及ばない部下以外の関係者を、ポジションパワーに頼らず影響力を及ぼし動かしていくべき場面が増えている。要するに、管理職として既存の組織のルー

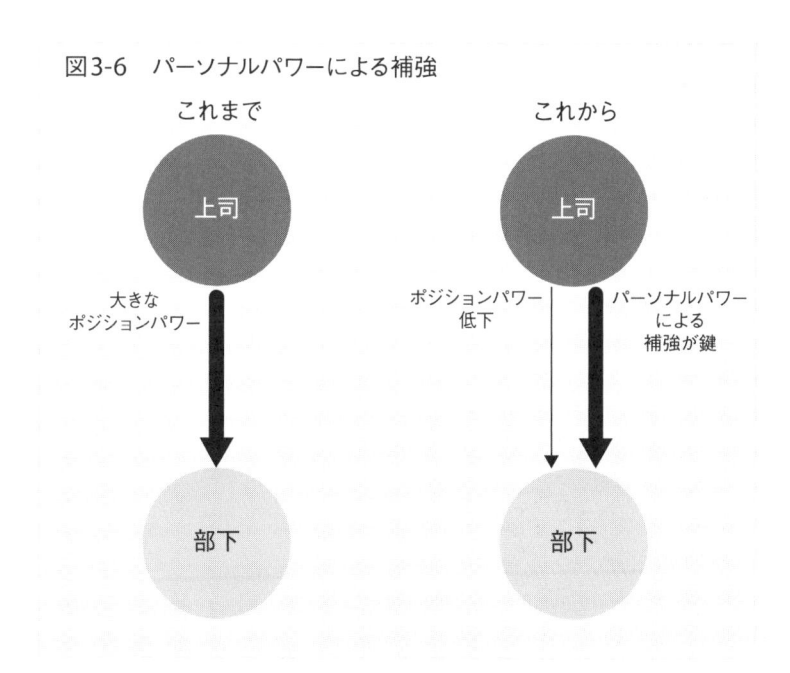

図3-6　パーソナルパワーによる補強

ルに頼るのではなく、組織の権威から離れた個人としての影響力を求められる状況が拡大しているのだ。だとすれば、管理職は、自分が就いているポジション以外のパワーの源泉、すなわち、パーソナルパワーである専門力と同一視力を磨くことが求められる（図3-6）。

ここで専門力とは、経理や販売や技術といった特定の職務機能における専門性に限らない。新たな企画を構想する力、業務遂行上の問題を解決する力、効果的にコミュニケーションをとる力など、広い意味で新たな課題を発見し、部下を動機づけ、部下の業務遂行を支援する力を含んでいる。これらは、教育訓練を通じて一定の強化が可能な能力だ。

一方で、同一視力は人間的魅力ともいえるもので、これを教育訓練によって高めることは難しい。しかしながら、日々の部下との交流を通して信頼関係構築に努め、あるいは、仕事以外の趣味や教養の世界での経験を積み重ねることによって、少しずつではあるが人間としての魅力を涵養していくことは不可能ではない。

なお、パワーを効果的に使うためには、相手の認識や期待値に合ったパワーを行使するという視点も必要だ。たとえば、部下は上司にどのような専門性を期待しているのか、あるいは、どのような上司を理想と考えているのかといった、相手の期待に合わせたパワーの活用を工夫したい。

小林が伊藤よりもうまく部下を率いている背景には、小林が最近管理職になったばかりであるがゆえに、若手担当者の期待をよく理解しており、それに合ったスタイルを実践しているからかもしれない。これら相手の特徴を把握し、他者との関わり方を考える視点については、第4章で改めて考えていく。

パワーは強大なほどよいか

　管理職にとって、大きなパワー基盤を確立すればするほど、リーダーシップの発揮にあたって、他者に対してより大きな影響力を行使することが可能となる。ところが、人は大きなパワーを持てば、自分の利益のために、より大きな影響力を行使したくなりがちだ。

　企業の要職者による贈収賄や種々のハラスメントをあげるまでもなく、大きなパワーを持ちすぎたがゆえに、誤ったパワーの使い方をしてしまうことはめずらしくない。また、企業組織に限らず広く社会においても、偉大なパワーを持つリーダーが失脚してしまう例には事欠かない。

　パワーの乱用は、致命的なつまずきとなりうるのだ。

　パワーはリーダーシップをとる際に他者に影響を与えるための重要な基盤である。しかし、偉大なパワーの持ち主が、適切なパワーの使い方を身につけているとは限らない。企業の管理職は、パワーの乱用に陥らないよう、パワーを行使する際の目的と方法の妥当性について、社会的な価値基準に照らして押さえておくことが重要である。

POINT

【相互依存関係としてのパワー】
パワーは相手が依存することで生まれる。管理職は部下を含む組織メンバーと相互依存関係にあり、上司が部下に対してパワーを持つのと同様、部下も上司に対してパワーを持っている。

【パワーの源泉】
パワーの源泉は、5つに分類できる。このうち、強制力、報酬力、正当権力は、主にポジションから生まれるポジションパワーであり、専門力、同一視力は、個人の能力や特性から生まれるパーソナルパワーである。

【ポジションパワーとパーソナルパワー】
ポジションパワーはポジションがなくなると失われるが、パーソナルパワーは個人に蓄積されたパワーであり、ポジションに関係なく行使できる。

【パワー基盤の変化】
環境変化に伴う組織の変化および働く個人の意識の変化とともに、組織におけるポジションパワーそのものが弱まっている。このため、管理職は、これまで以上に組織の権威ではなく個人の力量に基づく影響力を発揮できるように、パーソナルパワーを強化することが求められる。

【パワーの乱用】
強力なパワーを持つ場合、その乱用に陥らないように気をつけることが重要である

振り返り

Q 部下はあなたにどの程度依存していますか。逆に、あなたは部下にどの程度依存していますか。

Q あなたのポジションには、どのようなパワーがありますか。また、あなた個人には、専門性や人間的魅力など、どのようなパワーが備わっていますか。

Q あなたは、他の人にない専門性を身につけたり、あるいは、仕事以外の世界で趣味や教養を高めたりする努力をどの程度行っていますか。

Q 職場の誰もがあなたの言うことを聞き入れるとしたら、あなたは何をしますか。それは、あなたの組織上の役割から見て、適切なことですか。

2 行動の癖と他者へのインパクト〜自分の行動を見つめる視点

> 管理職は、日々の業務において、自分の行動を通じて他者に影響を与え、他者を動かしている。では、効果的に他者を動かしていくためには、自分の行動の特徴をどのようにとらえ、自分の適切な行動をどのように実現していけばよいのだろうか。

結果を出すことで、これまでの成功を築いてきました

「おい、吉田。新製品プロジェクトの進捗はどうだ。プロジェクトに関係ない余計なことは一切しなくていい。とにかくどんなことがあっても、納期に間に合わせるんだぞ」「こら、加藤、どうなっているんだ。ちゃんとフォローしているのか。このままだと計画に遅れが生じてしまう。四の五の言わせず、絶対にやらせるんだ。いいか」

大手製造業の中核事業部で技術課長を務める斎藤は、今日もメンバーひとりひとりをつかまえて、次から次へと檄をとばしていた。

斎藤は、何はさておき結果を出すことに注力し、これまでの成功を築いてきた。彼の仕事の上での信条は、「顧客の要求に沿って結果を生み出すことがすべて」というものだった。実際、

斎藤は、どんなに厳しくても、顧客の要求であれば連日の徹夜勤務も気にせず必ず成し遂げるという、強固な意志を持って業務にあたっていた。妥協を許さず結果を出すことで、彼は社内でやり手の技術者としての評判を築いていた。

　こうしたやり方は、自分の部下や仕事上の関係者にも適用された。確実に結果を出すため、数値目標によって部下の業績管理を徹底し、期待する品質や納期を守れない場合は、他部門の管理職であっても容赦なく叱りつけ、部下であれば評価と報酬に必ず反映させるという厳しい方針を貫いていた。仕事の配分については、出来る限り短期でアウトプットを増やせるよう、その時その時に仕事ができると判断した部下にどんどん集中させた。

　斎藤によれば、部下も関係者も経営資源のひとつであり、結果を出すための手段に他ならなかった。部下や関係者の気持ちへの配慮は、合理的判断をゆがめるものだとして排除した。彼は、「職場は仲良しクラブではない。結果を出す場だ。そのために人間関係の軋轢があるのは当然だ」と考えていた。

　会社生活15年、ここまでさまざまな結果を残してきた斎藤は、これからも期待される結果を出し続けていけるだろうか。

行動の癖

　人には誰にでも癖がある。職場における管理職の行動も同様だ。では、あなたの行動の癖には、どのようなものがあるだろうか。はじめに、自分の行動の特徴について、簡単な自己診断をしてみよう。次の10の質問について、自分自身の現状の職場での行動について

当てはまるものに「✓」で答えてほしい。

Q1	業務を効率的に進めるため、毎日の計画を立て、日々の目標を必ず成し遂げる	☐
Q2	業務上の困難に直面している部下には、必要な激励、指導、支援を行う	☐
Q3	結果重視で業務の割り振りを行う	☐
Q4	良好な人間関係構築へ向けて、気配りを絶やさない	☐
Q5	具体的なゴールイメージと業務手順を念頭に、結果へ向けて日々進捗を確認する	☐
Q6	メンバーの貢献をしっかり受け止め、相手がわかるよう認知する	☐
Q7	目標達成を阻害する問題については、すぐに対処する（あるいは、対処の指示を出す）	☐
Q8	メンバーに影響を与える事項については、事前に情報共有や相談を行う	☐
Q9	結果のレベルに妥協することはなく、また、どんなことがあっても納期を死守する	☐
Q10	職場の良好な雰囲気やチームワークづくりを推進する	☐

リーダーシップ理論にみる2つの行動パターン

これまでリーダーの行動に注目した行動理論と呼ばれる研究が数多くなされてきたが、その中の代表的な複数の研究において、共通する2つの行動パターンが発見されている。ここでは、これら2つを「仕事志向行動」と「関係志向行動」と表現しておこう（図3-7）。

一般に、前者の行動パターンをとる管理職は、ビジネスにおいては結果を出すことが何よりも重要と考え、多少の軋轢があっても常に結果を出すことに注力する傾向が強い。一方、後者は、そもそも人がいなければ仕事は成り立たないとの考えから、人間関係や職場の雰囲気を良好に維持することに注力する傾向が強い。

　さて、先の質問について結果を見てみよう。奇数番号と偶数番号について、各々「✓」した数を出してほしい（「✓」1つを1点とし、各々5点満点）。奇数番号の得点は仕事志向行動の強さを示し、偶数番号の得点は関係志向行動の強さを示している。両者の得点を比較し、相対的に前者の得点が高ければ仕事志向行動が強く、後者の得点が高ければ関係志向行動が強いといえる。あなたは、どちらの行動パターンに近いだろうか。

　技術課長の斎藤についていえば、彼は明らかに仕事志向行動が強い。期待される仕事上の目標を定め、その達成により結果を出すことを最優先とする行動をとる。斎藤ほど極端でなくとも、具体的な日常の自分の行動を思い起こせば、大半の管理職は、自分の行動パ

図3-7　リーダーの行動パターンに関する代表的研究

	仕事志向行動	関係志向行動
オハイオ州立大学の研究	構造づくり（業務達成への関心）	配慮（人間関係への関心）
ミシガン大学の研究	生産志向型	従業員志向型
マネジリアルグリッド	生産への関心	人への関心
PM理論	パフォーマンス行動	メインテナンス行動

ターンに、どちらかの傾向が強いことに気づくだろう。

では、これら2つの行動パターンのうち、どちらが仕事上の目標に向けて他者に影響を与える上で有効なのだろうか。この問いを考えるためには、各々の行動パターンが、影響を受ける他者である部下や仕事上の関係者に、どのようなインパクトをもたらすかという視点を持つことが必要だ。そこで、各々の行動が与えるインパクトについて、受け手の立場から考えてみよう。

仕事志向行動のインパクト

斎藤のような仕事志向行動が極端に強く、関係志向行動の少ない管理職を上司に持つ、あるいはそうした管理職と一緒に他部門の立場で仕事をすることを想定してみよう。これまでこうした上司や同僚と仕事をした経験があれば、その時のことを思い起こしてほしい。

実際に受け手の立場に立つと、仕事志向行動の相手からどのようなインパクトを受けるだろうか。期待する結果が出そうにないと、仕事志向行動の管理職は、圧力をかけたり強権を発動したりして、強力な介入を行う傾向が強い。受け手としては、こうした介入に伴う心理的苦痛は避けたいと考えるのが自然だ。また、結果が出なかった場合の制裁を考えると、受け手は何が何でも結果を出さざるを得ない状況にさらされる。そのために、受け手は日々強いプレッシャーを感じながら仕事を進めることになるだろう。

こうした影響が受け手に対してうまく作用すれば、プレッシャーがなければなされなかっただろう努力がなされ、より効率的に仕事の結果を生み出すことができる。また、そこでの成功体験が自信と動機づけにつながれば、次の結果を生み出すための原動力となるかもしれない。

一方で、プレッシャーの影響が裏目に出ると、心理的に耐えきれず、極度に疲弊し、あるいは、隠れた不満や反発につながる危険性が高い。短期的に結果を出した人であっても、長期にわたってプレッシャーが強すぎれば、同様の状態に陥ってしまうだろう。こうした状態が続けば、組織全体の活力が失われ、人々の仕事に対する意欲は衰え、最悪の場合は組織が崩壊してしまう。

　このように、仕事志向行動は短期的にはより大きな結果の創出につながるものの、その傾向が強すぎると、長期的には結果を出せなくなってしまいかねない。見方を変えると、短期的な現在のアウトプットの最大化を目指しすぎるあまり、結果として将来のアウトプットを犠牲にしてしまう危険性があるのだ。

関係志向行動のインパクト

　では、関係志向行動については、どのようなインパクトが想定されるだろうか。今度は、関係志向行動が極端に強く、仕事志向行動の少ない管理職を上司に持つ、あるいは、そうした管理職と一緒に他部門の立場で仕事をすることを想定してみよう。先ほどと同様、これまでこうした上司や同僚と仕事をした経験があれば、その時のことを思い起こしてほしい。

　受け手の立場に立つと、人間関係が良好で気配りの行き届いた職場で働くことは、心理的な負担が少なく快適だ。これがうまく作用すれば、毎日の職場生活が楽しく、生き生きとした雰囲気の中で、高い士気を保ちながら仕事に取り組むことができる。組織そのものとしては、長期的な存続が期待できる状況だ。

　一方で、人間関係を保つことが優先されすぎると、どうなるだろうか。相手の気持ちを傷つけることを恐れて指摘すべき改善点がう

やむやにされ、あるいは、もう一歩踏み込んで努力すれば大きな結果につながる場合でも無理のないところで妥協してしまうかもしれない。

こうなると、良好な関係維持そのものが目的化して事業活動がおろそかになり、本来期待すべきアウトプットが出てこない。こうした状況が蔓延すると、適当にやっていれば大丈夫だといったぶら下がりの意識や行動が生まれ、業務遂行に遅延や欠陥が生じ、最終的には利益を圧迫して組織の存続を危うくしてしまう。

つまり、関係志向行動は結果を出すための基盤である組織の維持活性化に不可欠な行動であるものの、その傾向のみが強すぎると、本来の目的である事業活動への努力が損なわれてしまうことになりかねない。言い換えれば、結果を出すための原動力である人への過度の配慮は、業務遂行を通じた結果の創出そのものを妨げてしまう危険性があるのだ。

仕事志向行動と関係志向行動の両立

このように、2つの行動パターンはどちらかひとつに偏りすぎると、その弊害が目立ってくる。一方で、仕事志向行動の弊害は関係志向行動によって、関係志向行動の弊害は仕事志向行動によって緩和できる面が大きい。つまり、2つの行動パターンは相互補完的な関係も持っており、これらは二者択一というよりも管理職としてともに持ち合わせておくべきものといえる。先に述べた各研究においても、状況の違いによる例外はあるものの、一般に仕事志向行動と関係志向行動の両パターンを併せ持つスタイルの有効性が高いといった見解が示されている。

では、これら2つの行動パターンとその影響を理解することは、

どのような実践的な意味合いがあるのだろうか。人を効果的に動かしたい管理職の側に戻って考えると、仕事志向行動と関係志向行動という2つの軸は、自分の行動の偏りとそこから生まれる弊害を自己診断するための枠組みとして有益だ。実際、あなたはどちらの行動パターンをとり、その結果周囲の人々にどのようなインパクトを与えているだろうか。先の質問の各軸の得点をもとに、図3-8で自分の位置づけを確認してみよう。

　仕事志向行動の強い人は、自分の仕事を達成したいという意図が相手に正しく伝わっているだろうか。適度な緊張感によって部下や関係者の目標達成への意欲と行動を促しているだろうか。それとも、やらされ感や疲弊感が蓄積し目標達成へのエネルギーが枯渇していないだろうか。メンバー自身、自分が業務遂行の単なる手段に過ぎないと感じ、反感を持ったり、やりがいを見失ったりしていないだ

図3-8　行動パターンを活用した自己診断

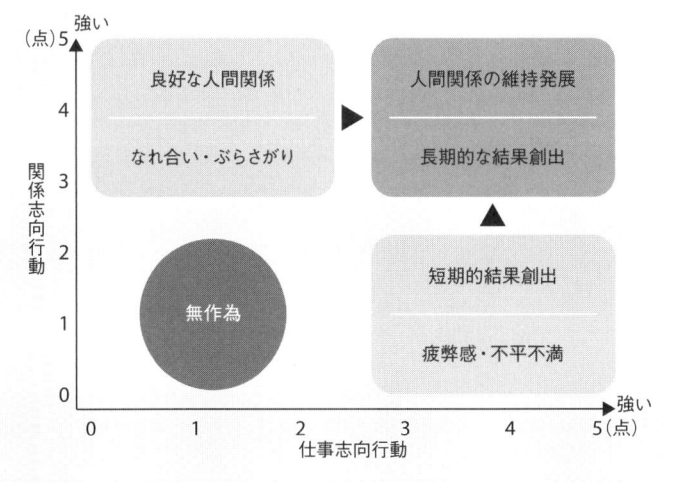

関係志向行動	仕事志向行動
5（強い）	
4　良好な人間関係 / なれ合い・ぶらさがり	人間関係の維持発展 / 長期的な結果創出
3	
2　無作為	短期的結果創出 / 疲弊感・不平不満
1	
0　　1　　2　　3　　4　　5（点）強い	

ろうか。

　一方で、関係志向行動が強い人は、人間関係への配慮の意図が相手に正しく伝わっているだろうか。他者への気配りや良好な職場環境への配慮は、メンバーの動機づけやチームワークの促進に役立っているだろうか。それとも、相互の甘えやなれ合いの気持ちが生まれてきてはいないだろうか。仕事の結果は二の次で、改善や進歩の見られない単に居心地のよい職場になってはいないだろうか。

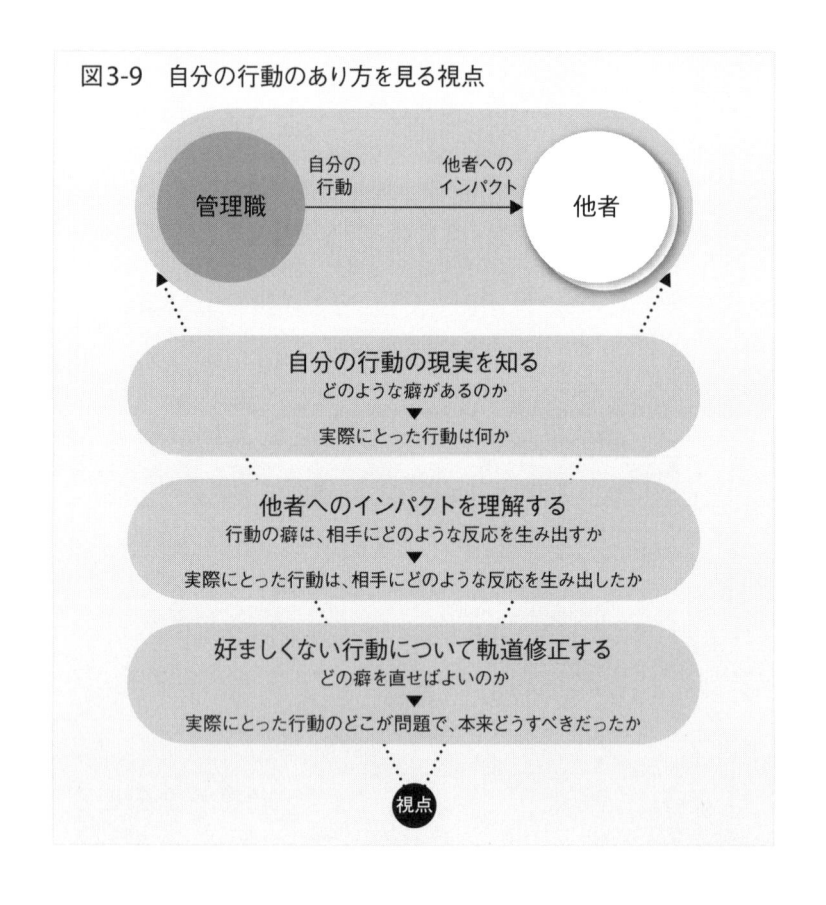

図3-9　自分の行動のあり方を見る視点

管理職 —自分の行動→ 他者へのインパクト→ 他者

自分の行動の現実を知る
どのような癖があるのか
▼
実際にとった行動は何か

他者へのインパクトを理解する
行動の癖は、相手にどのような反応を生み出すか
▼
実際にとった行動は、相手にどのような反応を生み出したか

好ましくない行動について軌道修正する
どの癖を直せばよいのか
▼
実際にとった行動のどこが問題で、本来どうすべきだったか

視点

行動の癖の把握とその矯正

　ここまで、代表的な２つの行動パターンを枠組みとして活用しながら、他者を導くのに有効な行動パターンについて考えてきた。その中で最も重要な点は、自分自身の行動の現実を知り、自分の行動が他者にどのようなインパクトを与えるのかを理解し、好ましくない行動については軌道修正していくことだ。

　そもそも管理職としてこれをやれば万全だといえる行動パターンは存在しない。仕事志向行動と関係志向行動の両立も、状況や相手によっては不適切なケースも起こりうる。そうした例外的な事例にも対応するためには、もともと自分が持っている癖から一歩踏み込んで、個別具体的な状況における実際の自分の行動の把握、評価、改善の視点を持つことが鍵になる（図3-9）。

　なお、個別具体的な状況でのあるべき行動を考えるためには、相手の特徴や相手が置かれた状況を踏まえた考察が必要となる。こうした管理職としての他者との関わり方については、第４章で触れていこう。

POINT

【行動の癖の把握と矯正】
他者を動かすためには、自分自身の行動の癖を知り、自分の行動が他者にどのようなインパクトを与えるのかを理解し、好ましくない行動については軌道修正していくことが重要だ。

【仕事志向行動と関係志向行動】

管理職に見られる代表的な行動のパターンとして、仕事志向行動と関係志向行動という2つがある。各々のパターンは異なるインパクトをもたらすが、いずれのインパクトもプラス面とマイナス面を持ち合わせている。

【行動の偏り】
仕事志向行動と関係志向行動のいずれか一方の行動パターンに偏ると、他者へのマイナスの影響が大きくなりやすい。両者のバランスをとることにより、こうした悪影響を緩和することが可能である。

振り返り

Ｑあなたの行動には、どのような特徴がありますか。また、そうした特徴は、周囲の人々にどのような影響を与えていますか。

Ｑあなたは、仕事志向行動と関係志向行動のどちらが強いでしょうか。そうした特徴によって、あなたの周囲の人々は具体的にどのような影響を受けていますか。

Ｑあなたの行動パターンによる悪影響を抑えるために、新たにどのような行動を取り入れていくとよいと思いますか。

3 行動を支えるスキルとマインドセット〜行動実現のための要件を備える視点

> あるべき行動と実際の行動が一致しないことは、しばしば見受けられることだ。では、リーダーシップをとるために必要なあるべき行動を実現するためには、どのような要件を備えておくことが必要だろうか。

わかっているのですが、できないんです

「佐々木課長、山口君がまた問題を起こしたようだが、しっかり指導はしているのかね。どうも本人は問題そのものを理解できていないように思えて仕方がない。日頃から部下の問題行動については、事実をもとにはっきりと指摘し、本人が改善につなげられるようなアドバイスを行うことが大切だと言っているだろう。こうした指導は、会社の業績アップのためであるとともに、山口君本人の育成にとっても重要だということは、理解しているはずだよな」

「はい、よくわかってはいるのですが……」

「しっかりやってくれないと、私もそれなりの対応をせざるを得ないことも理解してくれ。この話は君自身の管理職としての

指導力を問うものでもあるのだよ」

　課長の佐々木は、このところ上司の山田から部下指導の甘さについて再三の指摘を受け、どうしたものか困っていた。佐々木には山田の考えがよく理解できたし、部下のどこが問題でどのような改善が必要かも気づいていた。また、管理職として自らもっと適切に部下指導を進めていくべきだということもわかっていた。

　しかしながら、指導が必要な場面に直面すると、佐々木はどういうわけか躊躇してしまうのだ。実際、ストレートに指摘すると部下から反発されるのではないかといった気持ちから、ついついもう少し様子をみようと指導を先送りにすることはしばしばだった。また、実際に指導を行う場合にも、相手を傷つけないようにとあいまいな言い方で済ませることが少なくなかった。明確な部下指導ができていないことは、誰の目にも明らかだった。

　山田が佐々木に対して指摘したのは、まさにこうした点だ。佐々木自身も、わかっていても現実にはできていない自分に気づいていた。にもかかわらず、とるべき行動をとれない状態が続いていた。やるべきことはわかっているのに、実際に佐々木がそうした行動をとることができないのは、どこに原因があるからなのだろうか。

なぜ、やるべき行動ができないのか

　前節では、自らの行動の癖に気づき、他者に対する自分の行動のインパクトを理解することで、本来あるべき行動を考え、不適切な

行動を軌道修正していくことの重要性について考えた。しかしながら、変えるべきだとわかっていても、実際に自分の行動を変えていくことは容易ではない。現実に、やるべき行動がわかっていても、できなかった経験は誰にでもあるだろう。"わかること"と"できること"は、まったく別の事柄なのだ。

では、なぜわかっていても、できないのだろうか。その理由は、わかったことを行動に移すためには、その行動を支えるための一定の要件を備える必要があるからだ。ここでは、そうした要件を、知識（知っていること、知っている内容）、スキル（何かを行うために必要な能力）、マインドセット（物事に対する姿勢、考え方）の3つに分けて考えよう（図3-10）。

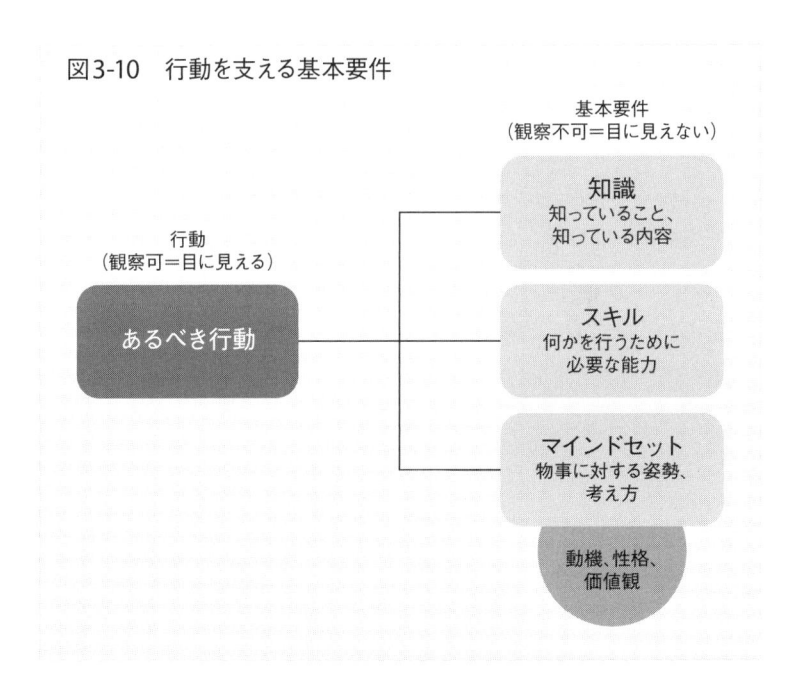

図3-10　行動を支える基本要件

ここで、具体的に佐々木が、部下指導を行うべきことはわかっているが、適切な部下指導ができないのはなぜか、検討してみよう。その原因を3つの要件に分けてみると、以下のように考えられる。

　第一に、佐々木には、部下指導に関する具体的な知識が欠けている可能性がある。たとえば、部下を指導する際のやり方を知らなければ、効果的な指導を行うことは困難だ。ここで、「否定的な情報のフィードバックは、事実と意見を分けて行う」とか、「相手の人格ではなく、問題となる行動そのものに焦点をあてて指導する」といった指導方法の基本を知っていれば、適切な指導の実現可能性は高まるだろう。

　第二に、指導に必要な知識はあるが、それを実際に行動に移すためのスキルが不足している可能性が考えられる。たとえば、自分の考えを論理的にわかりやすく伝えるスキルがなければ、そもそも言いたいことを相手に理解してもらうことは難しい。あるいは、一方的に言いたいことを伝えるばかりで、相手の話に耳を傾ける傾聴のスキルがなければ、相手が心から納得するような会話は成立しない。

　第三に、マインドセットが伴っていない可能性が考えられる。佐々木は、部下の行動について否定的な情報を伝えることで、部下との人間関係が崩れることに心理的不安を感じ、部下指導に対しておよび腰の姿勢が見られる。こうした姿勢では、的確な部下指導はおぼつかない。一般に、マインドセットは、本人の動機、性格、価値観などの個人の特質から形成される。佐々木の場合、そもそもはっきり物事を伝えることが苦手であるといった性格、あるいは、他人への否定的なコメントによって人間関係に軋轢を生むことは避けるべきだといった価値観から、部下指導に消極的な姿勢が生まれているのかもしれない。

あるべき行動と現実の行動との間にギャップがある場合に、単に「○○すべきだ」と"べき論"を唱えるだけでは、行動は変わらない。行動を支える要件として必要なものは何か、その中で自分に不足している要件は何か、知識、スキル、マインドセットといった各要素レベルに落とし込んで自己分析し、不足している要件を満たしていくことが重要だ。

　このように見てくると、自分の行動を変える時だけでなく、他者の行動を変えようとする際にも、「○○すべきだ」と伝えるだけでは十分ではないことがわかる。山田が佐々木に対して部下指導における改善を期待するのであれば、山田自身が何度言っても佐々木が行動に移せない理由を、要件レベルに落とし込んでつきとめることが必要だ。また、佐々木が山口に対して指導を行う際にも、同じことがいえる。知識、スキル、マインドセットの何が行動の変化を阻害しているのか、具体的に押さえた上で対策を考えることが必要だ。

　なお、行動を支える知識、スキル、マインドセットという３つの要件は、相互に関連があることも理解しておきたい。たとえば、知識やスキルが不足していると、そこでの不安から実行への動機が失われ、後ろ向きの姿勢が生まれてしまう。ここで後ろ向きの姿勢が、知識やスキルの習得を妨げると、さらにそのことが実行への動機を阻害し、悪循環が生じる危険性がある。逆に、強い価値観と信念に支えられた前向きの姿勢があれば、必要な知識やスキルの習得が一気に進み、好循環が生じる可能性が出てくる。

　大切なことは、やるべき行動ができない原因を探る際、要素分解によって欠けている要件を特定すると同時に、各要件の間の関係を考えることによって、行動実現へ向けてどの要件から取り組むことが効果的か、優先順位を考える視点を持つことである。

管理職の行動を支える知識とスキル

では、管理職として求められる行動をとるために必要な知識、スキルとは、どのようなものであろうか。ここで、管理者が効果的に業務を遂行するために必要なスキルに注目したロバート・L・カッツの考え方を押さえておこう。まずは、以下の質問に「✓」で答えてほしい。

Q1	自分の担当業務遂行に必要な手順や方法に精通している	☐
Q2	自分の担当業務遂行に必要な専門的な技能や技術を備えている	☐
Q3	職場の上司、同僚、部下をはじめとする関係者と協力して業務を進めることができる	☐
Q4	相手の立場や意図を理解しながら、相互に良好な意思疎通をはかることができる	☐
Q5	部門間において各々の業務が相互に与える影響を考慮しながら、自分の業務を遂行できる	☐
Q6	さまざまな外部環境変化が事業や組織に与える影響を考慮して、自分の業務を遂行できる	☐

カッツは、管理者に対する研究調査に基づき、管理者に必要なコアスキルをテクニカルスキル、ヒューマンスキル、コンセプチュアルスキルの3つに分類した。テクニカルスキルとは特定の分野における業務遂行に必要な専門スキル、ヒューマンスキルとは対人関係のスキル、コンセプチュアルスキルは企業活動全体を考えるスキル

である（図3-11）。

カッツの示したスキルは、管理者全般について述べたものであり、リーダーシップ行動に限定したものではない。しかしながら、彼の示した概念は、マネジメントのための行動だけでなく、リーダーシップ行動においても必要なスキルだ。

企業の管理職にとってのリーダーシップとは、第一に、自らの担う事業や業務について、進むべき方向性や将来のビジョンを示していくこと、第二に、自ら示した方向性やビジョンの実現へ向けて、組織メンバーを動かしていくことに他ならない。だとすれば、管理職が方向性やビジョンを示すには、自らの事業や業務についての専門性と事業活動全体を考える力が、組織メンバーを動かすためには、人間関係スキルが欠かせないことが理解できる。

ここで注目しておきたいのが、これらの経営管理スキルの中核をなす3つのスキルは、すべての管理職に必要なものであると同時に、その相対的な重要性は、企業組織におけるポジションレベルによって変化する点だ。同じ管理職でも、初級レベルでは、相対的にテクニカルスキルの重要度が高いが、ポジションレベルが上がるに従っ

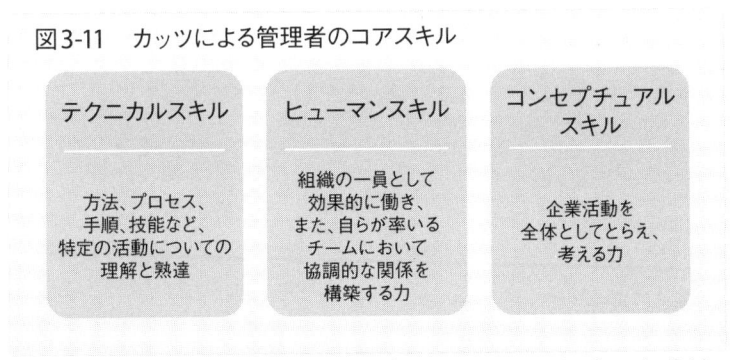

図3-11　カッツによる管理者のコアスキル

テクニカルスキル	ヒューマンスキル	コンセプチュアルスキル
方法、プロセス、手順、技能など、特定の活動についての理解と熟達	組織の一員として効果的に働き、また、自らが率いるチームにおいて協調的な関係を構築する力	企業活動を全体としてとらえ、考える力

出所：Robert L. Katz, "Skills of an Effective Administrator", *Harvard Business Review*, September-October 1974をもとに作成

て重要度は相対的に下がり、代わりにコンセプチュアルスキルの重要性が高まっていく。一方で、どのレベルにおいてもヒューマンスキルの重要性は変わらない（図3-12）。

これは、初級管理職が自らの担当業務の進むべき方向性を考えるためにはテクニカルスキルが、上級管理職が企業全体の方向性を決めるためにはコンセプチュアルスキルが、各々より重要であることを考えれば自然である。また、率いるメンバーの数は異なるとしても、ヒューマンスキルの重要性がどのレベルでも必要なことも違和感はない。

こうしたスキルの変化を知ることは、管理職として自分のキャリア開発を考える際に有用だ。特に、将来経営陣としての役割を担うことを目指す人にとっては、自分の将来へ向けて早い段階からコンセプチュアルスキルを磨いておくことの重要性を認識するのに役立つだろう。

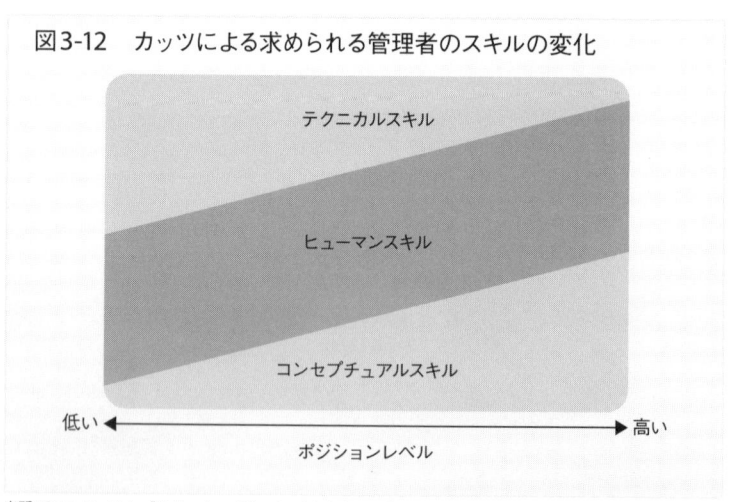

図3-12 カッツによる求められる管理者のスキルの変化

出所：Robert L. Katz, "Skills of an Effective Administrator", *Harvard Business Review*, September-October 1974をもとに作成

先の質問は、番号順に２問ずつ、テクニカルスキル（Q1、Q2）、ヒューマンスキル（Q3、Q4）、コンセプチュアルスキル（Q5、Q6）について、あなたのスキルの現状を把握するものだ。自分がどのスキルを得意としているか、今後どのスキルの強化に注力すべきかを確認しておこう。

　なお、知識を使ってアウトプットを出すための技能をスキルと考えるならば、管理職のあるべき行動を支えるスキルと知識は、相互に密接に関連していることになる。実際、カッツは専門知識を専門スキルの一部としてとらえている。ここでカッツの示した分類に沿って各スキルに関連する知識を整理すると、テクニカルスキルには個々の担当業務、顧客、業界についての専門知識が、ヒューマンスキルには部下の指導育成やコミュニケーション手法など人間関係に関する知識が、コンセプチュアルスキルには、戦略、マーケティング、財務、会計、組織から、政治、経済、社会、技術の動向など、経営全般に関わる幅広い知識が、各々深く関係してくる。

　このように見ると、経営管理者養成を担うビジネススクールにおけるMBAプログラムの科目構成は、主にコンセプチュアルスキルを磨くために必要な知識の習得を念頭に組み立てられ、そこで使われるケースメソッドを中心とした教育手法は、こうした知識の使い方を鍛えることによりコンセプチュアルスキルを磨くことに主眼を置いたものと見ることができる。

コンセプチュアルスキルとビジネスへの情熱

　ここで、職位レベルの変化に関連し、上級管理職および経営幹部を目指す場合の留意点について触れておこう。特定の専門性を求められる機能部門の管理職に対し、上級管理職および経営幹部は、複

数の機能を横断的にとらえ事業として利益を生み出すことへの貢献を期待される。すなわち、カッツの示したコンセプチュアルスキルを養い、ビジネスとして持続的な利益創出のためのビジョンと戦略を構想できることが、経営を担うリーダーとしての必要条件である。

H・ミンツバーグは、資源から最大限のものを得ようとする「ビジネスへの情熱」と人間のエネルギーを引き出そうとする「経営する意思」という2つの軸を取り上げ、大企業を率いる管理職には、経営する意思とビジネスへの情熱の両方が必要であることを示した（図3-13）。

彼がこうした概念を提示したのは、アメリカを中心に、ビジネスへの情熱は高いが経営する意思が欠けている人々がMBAの学生には多く、にもかかわらず、彼らが大企業を動かそうとしていることから陥っている問題を論じるためであった。

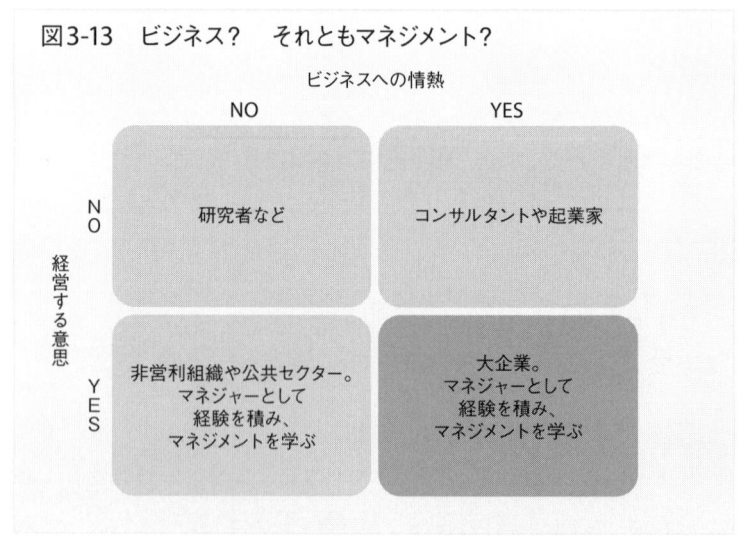

図3-13 ビジネス？ それともマネジメント？

	ビジネスへの情熱 NO	ビジネスへの情熱 YES
経営する意思 NO	研究者など	コンサルタントや起業家
経営する意思 YES	非営利組織や公共セクター。マネジャーとして経験を積み、マネジメントを学ぶ	大企業。マネジャーとして経験を積み、マネジメントを学ぶ

出所：H・ミンツバーグ『MBAが会社を滅ぼす』日経BP社、2006年

ところが、彼の視点を借りて日本企業の管理職を見ると、日本の現状はアメリカとは逆であることに気づく。すなわち、経営する意思は持っているものの、ビジネスへの情熱は必ずしも高いとはいえない。

　これまで多くの日本企業では、メンバーに対する動機づけ、指導、育成を、部下を持つ管理職の重要な役割と位置づけてきた。管理職前の社員に対しても、後輩の指導、育成に重点を置いている企業もめずらしくない。つまり、アメリカの個人主義的傾向に比べ、日本では組織に属する人間ひとりひとりのエネルギーを引き出し、組織全体の成果を出すことを重視する傾向が強い。

　その結果、日本企業の管理職は、部下の力を引き出して経営しようとする意思を、比較的早い時期から段階的に身につけることを要求される。バブル経済崩壊後の企業の人員構成の変化と成果主義導入の流れの中で、こうした傾向が弱まったとはいえ、欧米企業と比較すれば、この点はまだまだ日本企業の大きな特徴だといえる。

　一方で、日本企業の管理職たちのビジネスへの情熱についてはどうだろうか。現実は、ベンチャー、投資銀行、コンサルティングといった一部の業界を除くと、決して強いとはいえない。特に、大企業であればあるほど、長期にわたって同じ会社に勤めるという感覚が強く、あらゆる経営資源を最大限活用して利益を生み出そうというビジネスへの意識は薄い。

　また、直接、利益責任を持つ立場になり、ビジネスを通じて儲けることを強いられるのは、単一事業の会社では役員クラス、多角的な事業展開をする会社であっても事業部長クラスになってからだ。したがって、事業活動全体を担うのに必要なスキルやマインドセットを磨く機会には、日本企業に勤める若手の管理職は必ずしも恵ま

れているとはいえない。

　管理職として経営を担うことを目指す場合には、こうした現状を意識して、意図的にコンセプチュアルスキルを磨く機会を見つけていくことが、見落としてはならないポイントだ。

　なお、第1章で触れたコッターの視点とここでのミンツバークの視点を踏まえ、企業において経営を担うリーダーの基本要件を整理すると、3つの機能にまとめることができる。1つ目は、文字どおりリーダーシップ、すなわち、創造・変革を推し進めること。2つ目は、ビジネス、すなわち利益を生み出すこと。3つ目は、マネジメント、すなわち複雑さに対処することである（図3-14）。

　3つの要件を満たすためには、経営を担うリーダーには、人を動かす力に加え、儲ける力、管理する力が備わっていなければならな

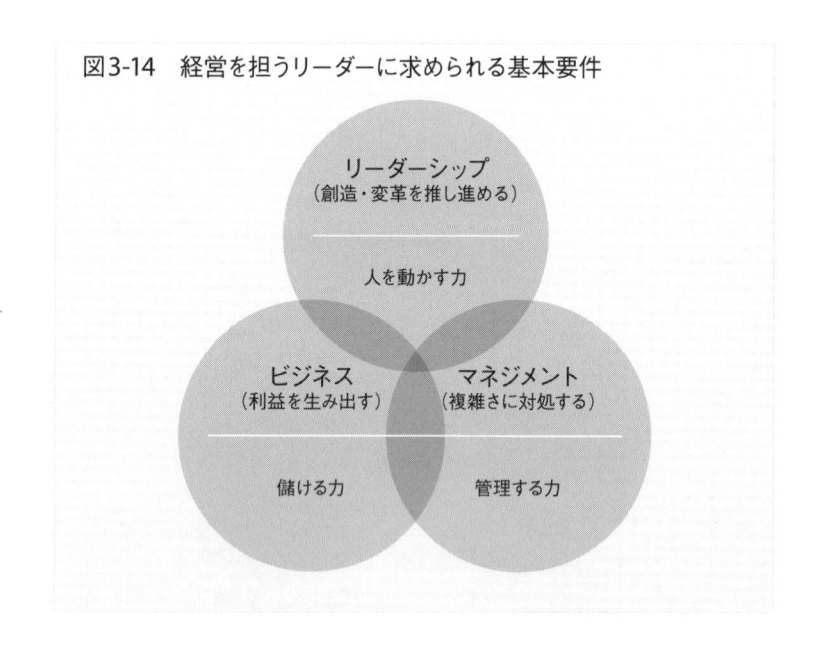

図3-14　経営を担うリーダーに求められる基本要件

- リーダーシップ（創造・変革を推し進める）／人を動かす力
- ビジネス（利益を生み出す）／儲ける力
- マネジメント（複雑さに対処する）／管理する力

い。リーダーが示す指針は、必要条件として長期的な利益に貢献しなければならないし、実際の日々の事業活動を担うには計画と管理も欠かせない。

　ここで示した３つの要件は、コッターやミンツバークの定義とは厳密には異なるが、実務的に企業の管理職が自分に求められる基本要件を確認し、自分の立場と力量についての見落としを防ぐための視点としては有効なものだ。まず、組織の中で置かれた自分の職位や立場は、３つの要件の各々をどれだけ必要としているか、また、職位の変化に伴って、それらがどう変わっていくのかといった、自分の現在と将来に求められる姿を描く際のひとつの視点として活用することができるだろう。

それでも、われわれは挑戦します

　日本の主力工場で課長だった松本は、タイにある製造法人のライン拡張を任務とし、技術製造部門統括ディレクターとして２年間の予定で現地に赴任したばかりだった。松本の勤める会社では、海外法人の製造ライン拡張を行う際には、通常数名の技術者が現地に赴任し、日本にある最新の製造ラインを手本としながら、日本の技術者が中心になって機材調達からラインの設置および稼働までを進めてきた。

　こうしたやり方は、計画どおり確実に新ラインを立ち上げるためには適していたが、海外法人社員の育成にはつながらず、いつまでたっても海外法人に勤める社員は歩兵に過ぎないという意識を生み出すもとになっていた。また、業界におけるグローバルな競争の激化により、海外生産法人における一層の製造

コストの削減は、今後の成長を目指す上では避けて通れない優先事項としてクローズアップされつつあった。

　松本は、こうした中、現地で働くローカル社員の中で比較的技術に明るいメンバーからなるプロジェクトチームを設置し、日本からは出張ベースで最低限の技術支援を仰ぐ形で、日本の技術者の赴任なしにライン拡張を進めることを決意した。また、新設ラインには、日本の既存工場にはない新技術を取り入れるとともに、これまでの慣例を破り、機材や設備の調達も現地から直接行うこととした。現地の社員に対しては、「自力でのライン構築とオペレーションの実現を通して、大幅な製造コスト削減をはかり、グループ内で一番の生産ライン構築を目指そう」というビジョンを語りかけていった。

　日本の親事業部からは、「前例がなくリスクが高すぎる」「無理をして失敗するのではないか」といった懸念が出され、新たなやり方に対する反対の意が示された。しかし、松本は「グローバル化のモデルケースとして、絶対に成功させます。試練が待ち受けていることは承知しています。それでも挑戦させてください」と担当役員と事業部長に直訴し、最終的に彼の方針について本社側の承認を得ることに成功した。

　はたして、松本の決断はどのような結果を生み出すのか。あなたは、彼の決断をどう評価するだろうか。

リーダーシップマインドセット

　企業の管理職がマネジメントを行うために必要な知識およびスキルと、リーダーシップを発揮するために必要な知識およびスキルに

は多くの共通項があるのに対して、マネジメント遂行のためのマインドセットとリーダーシップ発揮のためのマインドセットは、大きく性格を異にする。なぜならば、その基本姿勢において、マネジメントは現状の肯定を志向するのに対し、リーダーシップは現状の変革による未来の創造を志向するからだ。要するに、両者は本来的に相矛盾する目的を持っているのだ。

　アブラハム・ザレズニックは、マネジメントを担うマネジャーとリーダーシップを担うリーダーの違いについて、複数の視点から対比して整理した。ザレズニックによれば、マネジャーは現状肯定的かつ受動的で、既存の秩序の中で成長を遂げていく存在である。一方で、リーダーは、未来へ向けて現状否定的かつ能動的で、ルールを破りながら成長していく。マインドセットという視点からいえば、現状維持を前提にリスクを最小化するか、現状を否定しリスクをとって未来を切り開くかというように、両者には根本的なスタンスにおいて大きな違いが存在する（図3-15）。

　既に見たとおり、現代の管理職は、マネジメントとリーダーシップの両機能を担うことが求められている。したがって、マインドセットの面では、管理職は2つの相矛盾する姿勢を共存させることが必要だ。こうした自己矛盾を内包しているという現実を理解しないまま行動すると、管理職は気づかないうちに心理的な葛藤に陥ってしまう危険性がある。

　重要なことは、既存の規定や手順に沿って計画どおり仕事が進んでいるかどうかの進捗をチェックする場面と、現状のやり方の問題点を見つけ出し新たなやり方を創造していくという場面とを峻別し、2つの異なる姿勢を場面ごとに切り替え、使い分けていく意識を持つことだ。

図3-15 ザレズニックによるマネジャーとリーダーの違い

	マネジャー Manager	リーダー Leader
目標に対する態度	マネジャーは目標に対して、受動的とはいえないまでも、非主体的な態度をとる傾向がある	リーダーは何かに反応するのではなく、常に能動的であり、またアイデアに反応するのではなく、創造していくのである
仕事の概念	マネジャーは、矛盾する価値の間で妥協案が受け入れられるように、バランスをとりながら権力を行使していく	リーダーは懸案の課題に新しい方法論を導入し、どのような新しい選択がありうるかという論議を始める
人間関係	マネジャーの関心は、物事が「どのように」なされるか	リーダーの関心は物事ないしは決定が、関係する人にとって「何を」意味するか
自己の持つ意味	生まれた時に与えられた人生をそのまま肯定して生きるタイプの「人生一回型」 自分自身を秩序の保護者であり、かつ規制者であると考えている	生まれつきの人生をそのまま受け入れず、自分の努力で変えていく「人生二回型」 ほかの人々を含めて、自分を取り巻く環境から分離独立していると考える人間になろうとする
成長ライン	社会化を通じての成長	性格的熟達を通じての成長

出所:アブラハム・ザレズニック「マネジャーとリーダー:似て非なるその役割と成長条件」ダイヤモンド・ハーバード・ビジネス、1997年5-6月号をもとに作成

リーダーシップマインドセットの根源

　リーダーシップは、現状を変え新たな創造に挑むという意味で本質的にリスクを伴う行為だ。そこで必要なマインドセットには、リスクをとって困難に挑む覚悟が必要となる。これまでと同じことをやっていれば短期的には安全で障害も少ないとわかっていても、新たな未来を切り開こうとあえて困難に挑もうとする考え方と姿勢こそが、リーダーシップマインドセットの本質である。もちろん、ここでリスクをとる際には、一方で冷静かつ客観的論理的分析がベースにあることが前提だ。そうでなければ、単なるギャンブルになってしまう。

　では、リーダーシップをとろうとする人は、なぜリスクをとって困難に立ち向かおうとするのだろうか。その背景には、このままでは将来立ちいかなくなるといった強い危機感、そしてリスクを冒してでも実現したい明るい未来の姿、すなわち、ビジョンがあるからに他ならない。

　松本の例でいえば、彼の頭の中には、仮に自分の任期中は回避できたとしても、グローバル化への対応は必ずや取り組まねばならない重要課題であるとの認識があったに違いない。同時に、困難を乗り越えてでも、現地の社員が主体性とやりがいを持って働く姿を実現したいという大きなビジョンが、松本の決断のベースにあったと考えられる。

　ならば、こうしたビジョンはどこから生まれるのだろうか。それは、ビジョンとして描いた夢を実現したいという熱い情熱から生まれてくる。そして、こうした情熱の裏には、夢の実現に対する固い信念とそれを支えるゆるぎない価値観が存在する。

松本の心の中には、「問題を先送りすべきではない」「グローバル化の実現は生き残りのために欠かせない」「海外法人の自立化は会社にとってもローカル従業員にとっても重要なことだ」といった強い信念や価値観があったのだろう。だからこそ、大きなリスクをとってあえて試練に立ち向かおうとしたのだ。どんな困難にもぶれない信念と価値観こそが、リーダーシップマインドセットを支える根本的な力なのだ。

POINT

【行動を支える要件】
やるべき行動を行うためには、その行動を支える知識、スキル、マインドセットが必要である。

【経営管理者に必要な知識とスキル】
経営管理者に必要なコアスキルは、テクニカルスキル、ヒューマンスキル、コンセプチュアルスキルの3つに分類できる。各スキルの相対的な重要度は、ポジションレベルによって変化する。自分のキャリア形成においては、こうした変化を念頭にスキルアップをはかることが重要だ。

【リーダーシップマインドセット】
マネジメント遂行のためのマインドセットとリーダーシップ発揮のためのマインドセットは、大きく性格を異にする。マネジメントマインドセットは、現状維持を前提にリスクを最小限にする姿勢に基づいているのに対し、リーダーシップマインドセ

ットとは、現状を否定しリスクをとって新たな困難に挑む覚悟に基づいている。

【リーダーシップマインドセットの根源】
リーダーシップマインドセットの根源には、大きなビジョンとそれを支える情熱と確固とした信念、価値観がある。

振り返り

◎あなた自身、あるいは、あなたの部下に関して、やるべきだとわかっていても、できないことはありますか。なぜ、わかっているのにできないのでしょうか。

◎あなたの現在の職務を遂行するためには、どのような知識とスキルが必要ですか。これから先は、どうでしょうか。あなたは、それらの知識とスキルをどの程度身につけていますか。

◎あなたの仕事の現状を見た時、変えたいと思うことは何ですか。また、維持したいと思うことは何ですか。各々、なぜそのように思うのでしょうか。

◎あなたは仕事を通じて何を実現しようとしていますか。あなたは、なぜ、それを実現しようと思うのでしょうか。あなたにとって、仕事を行う上で最も大切なこととは何ですか。

4 自分の感情と行動の落とし穴〜自分を客観視する視点

> 管理職として、自分が正しいと思って行った行動が、後になって問題があることに気づくことは少なくない。こうした見落としを避けるためには、どのような視点を持てばよいのだろうか。

💭 どうして、あんなことをしてしまったのだろう

「無茶な要求は、いいかげんにやめてくれ。自分たちではできないくせに、偉そうにして。上司でもないのに、営業から命令されるのは、もうごめんだ」、技術課長の林は、こう心の中で呟きながら、営業課長の木村に返信メールを打っていた。

営業部門の窓口に木村が異動してきてから3カ月、林のストレスは溜まりに溜まっていた。前任の営業課長の井上に比べ、木村のやり方はあらゆる面で無計画かつ強引に見えた。たとえば、技術側の事情を無視した仕様変更や納期設定など、営業として顧客との折衝努力を怠っているとしか思えないような要求を、事前の相談もなしに無理やり押し込んでくる状況が続いていたのだ。正直なところ、林は木村のメールを読むこと自体に嫌気がさしていた。

そんな中、金曜日の午後になって、またまた木村からメール

が届いた。新規の引き合いに対して必要な技術資料を月曜日の朝までにつくってほしいとの内容だった。林はこのメールに"カチン"ときた。林は「木村の要請に応えるには、自分だけでなく部下たちの休出も避けられない。だが、これ以上営業の言うことに従えば、部下からの不満の声を押さえきれない。それに、どうせまた、自分たちの作業の余裕を見て納期を設定しているに違いない。このあたりで、技術部側としての主導権を取り戻さなければ、まずいことになるぞ」と反射的に考えた。

　林は今回の依頼に対する反論とともに、これまでの木村のやり方を批判するメールを打つのに、いつになく集中した。打っているうちに、この３カ月間の嫌な思い出が次々と頭をよぎり、痛烈な非難の言葉があふれるように浮かんだ。興奮した面持ちでメールを打ち終えた林は、「これでどうだ。木村課長も少しは考え直すだろう」と送信キーを押した。メールを打ち終えた林は、久しぶりに何やらすっきりとした気持ちになっていた。

　その夜、残業を終え帰宅しようとしていた林のところに、突然上司の部長である清水がやってきた。「林くん。さっき営業部長から直接電話があって、木村課長から君へのメールでの依頼について、何とかしてほしいと言ってきた。何でも大型受注につながる可能性のある新規顧客だから、最優先でお願いしたいとのことだ。よろしく頼むよ」

　部長経由で話を突っ込んできたことに憤慨した林が反論しようとすると、清水はそれを静止し、「何でも、ずいぶんきついメールを送ったそうじゃないか。個人攻撃をするなんて、君らしくないな。いろいろ大変だろうが、もう課長なんだから、営業とも協力してうまくやってもらわないと困るよ」と諭すよう

につけ加えた。

　日頃から自分のことを理解してくれていると思っていた清水からの思わぬ言葉を聞いて、林はガツーンと頭を殴られたような感覚にとらわれた。部長が去った後、放心しそうになるのをこらえ、何とか気を取り直して自分の送ったメールを読み返した。改めて文章を見てみると、確かに木村を厳しく批判する表現があちこちに記されていた。さらに悪いことには、メールには営業部長を含む関係者全員にCCが入っていた。CCにはいつも気をつけているつもりであったが、CC入りで送られてきたメールを、無意識のうちにそのまま全員に返信してしまったようだ。

「どうして、こんなことしてしまったんだろう」

　林の頭の中は、思慮に欠けたとしか思えない自分自身の行為に対するいら立ちと失望感とで一杯になっていた。

　林のような落とし穴に陥らないためには、どうすればよいのだろうか。

なぜ、後になって間違いに気づくのか

「突然部下を怒鳴りつけたのは、行きすぎだった。確かに背景を知っていれば、本人だけを責めるのは酷だったろう。もう少し気持ちに余裕があれば、本人の話を聞いてもっと適切に状況がつかめていたかもしれない……」

「どうも馬が合わない気がして、何となく遠ざけていたのがあだとなってしまった。もっと早くに腹を割って話しておけば、問題がここまでこじれることはなかったのに……」

振り返ってみれば明らかに不適切だとわかる行動をとったり、普段なら気がつくはずの見落としをうっかりしてしまったりした経験は、誰にでもあるだろう。誤りを犯すたびに、後になって「どうしてその時に気づかなかったのだろうか」と自分の愚行を見つめ直すことになる。このように、一歩立ち止まって客観的に振り返れば簡単に気づくことでも、当事者になると見えなくなってしまうことは少なくない。

　では、なぜこのような不適切な行動が生じるのだろうか。

　林は、過去3カ月にわたり、当事者として木村からの一方的な要求に悩まされていた。その結果、林の木村に対する見方には、明らかに偏りが生じていた。「木村の行動＝否定的な行動」という先入観が生まれ、林は木村のメールに対して背景や事実確認をすることなく自動的に否定的な対応をしてしまった。こうした自分の視点の偏りから、林は自分自身が返信メールを送る際、過度に攻撃的になっていることに気づくことができなかった（図3-16）。

　このように、当事者として物事を見る視点や考え方に偏りが生じると、この偏った視点や考え方そのものが自分の行動の偏りについての気づきを阻害してしまうため、自分自身の過ちに気づかなくなってしまう。一方、後になると気づくのは、時間の経過や第三者からの指摘によって、一歩下がって自分の行為を客観視するきっかけが生まれ、自分の視点の偏りに気づくことができるからだ。したがって、自己のあり方の間違いに気づくためには、自分を客観視することが欠かせない。

図3-16 当事者の視点と客観的視点

当事者の視点

「木村の行動＝否定的な行動」

林課長 ← 木村課長
視点 ……▶ 木村課長からの依頼は技術の仕事に無理を強いるもの

「木村の行動＝否定的な行動」

林課長 → 木村課長
視点 ……▶ 攻撃によって木村課長の要請を防御すべし

客観的視点

林課長 ← 木村課長
視点 木村課長はなぜこのような依頼をしてきたか

林課長 → 木村課長
視点 自分の反応は事業にどのような影響を与えるか

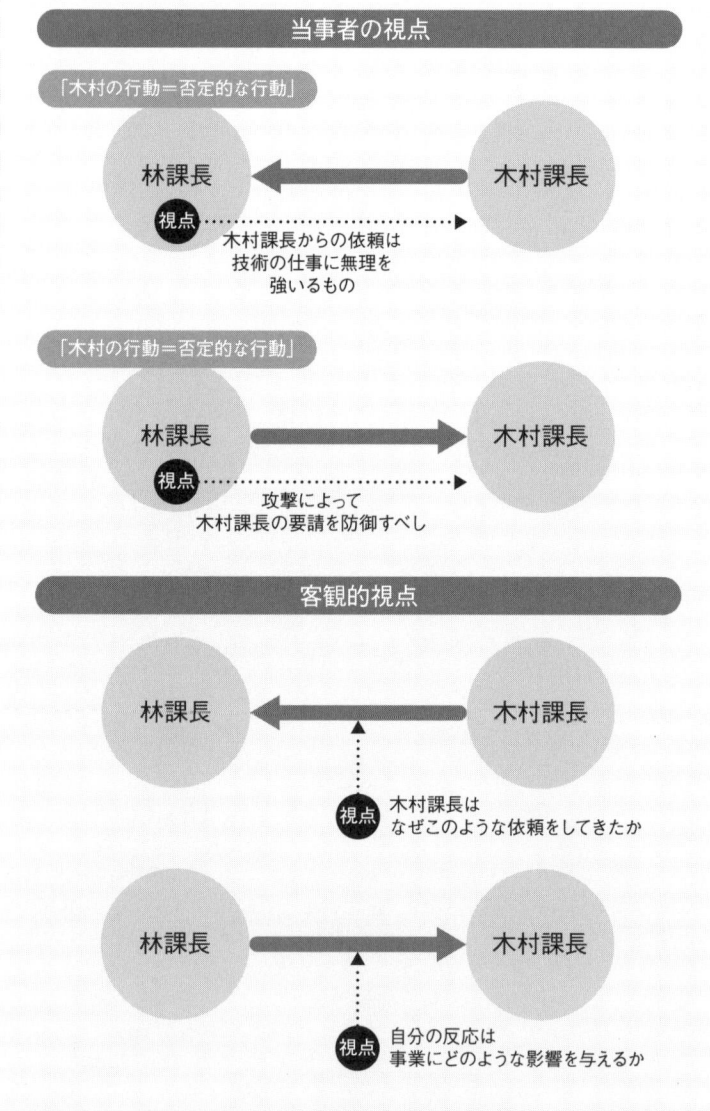

感情の罠～ゆがんだ感情、ゆがんだ思考、ゆがんだ行動

　では、なぜ人は当事者になると客観的な視点を失い、視点が偏ってしまいがちになるのだろうか。その理由は、人間が感情を持った生き物であり、感情が物事を考える際の視点に偏りを生むからだ。このことを体感するために、自分の感情について見てみよう。以下の質問に「✓」で答えてほしい。

Q1	不当な扱いだと感じたら怒りを覚え、徹底的に戦う	☐
Q2	仕事が絶好調だと気持ちは充実し、細かなことは気にしなくなる	☐
Q3	相手から厳しい態度を示されると脅威を感じ、いつもより慎重に対処する	☐
Q4	仕事で失敗すると自信がゆらぎ、他者に頼りがちだ	☐
Q5	突発的な問題が起こると衝撃を感じ、その問題に最優先で取り組む	☐

　ここで「✓」した質問について、あなたは、なぜそのように行動するのだろうか。いずれの項目も、論理的な理由から行動が変わるというよりは、そこで直面する状況から生まれた感情が原因で、各々の行動を引き起こしていることに気づくだろう。たとえば、Q1について、論理的に考えれば、まずは徹底的に戦う前に相手の扱いが本当に不当なものかを客観的に検証する必要がある。にもかかわらず、そうしたプロセスを経ずに徹底的に戦うという判断がなされている。こうした判断は、不当な扱いだという主観的認識から引き起こされた怒りの感情がそうさせていると解釈できる。

一般に、人は物事について考え、そこで出した結論に基づき行動する。したがって、適切な行動をとるためには、適切な思考に基づく判断が欠かせない。ビジネスにおける判断の多くは、目的に対して合理的な手段を考えることを通じてなされるため、適切な思考のためには、論理的な思考力を強化することが必須の条件だ。

　しかしながら、論理思考を鍛えるだけでは、適切な思考を行うのに十分とはいえない。なぜならば、適切な思考をゆがめる別の要因、すなわち感情があるからだ。人間の感情は思考に影響を与える。そして、人間は思考した結果に基づき行動する。したがって、感情がゆがめば、思考がゆがみ、結果として、行動がゆがむ（図3-17）。

　第三者の立場とは異なり、人が当事者になるということは、利害の影響を直接受けることを意味する。つまり、当事者は自分の損得に身をもって直面する立場の中で、物事を考え行動しなければならないのだ。利害が絡めば、当然、そこでは論理を超えた個人の感情が絡んでくる。したがって、第三者に比べ、当事者は感情の影響を

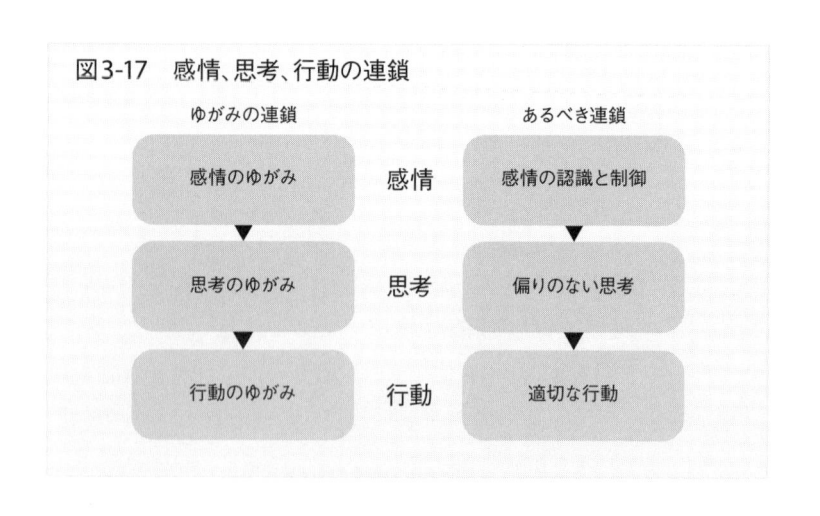

図3-17　感情、思考、行動の連鎖

ゆがみの連鎖		あるべき連鎖
感情のゆがみ	感情	感情の認識と制御
▼		▼
思考のゆがみ	思考	偏りのない思考
▼		▼
行動のゆがみ	行動	適切な行動

受けやすい。

　技術部門で部下を預かる当事者の立場にある林は、木村の無計画かつ強引な行動によって、自分と部下の業務遂行に支障が生じていると感じていた。そこから生まれた林の木村に対するいら立ちと敵意という感情は、彼の木村に対する考え方を否定的なものへとゆがめ、その結果として不適切な行動を生み出した。林には、木村に対する自分の感情に気づき、そうした感情が思考に与える影響を理解し、自らの感情を制御する力が欠けていたといえる。

自分の感情認識と感情が思考に与える影響

　このように、適切な思考と行動を導くためには、大前提として、自分の感情の状態を正しく認識し、その感情が思考に与える影響を予測することで、自分の感情を正しく制御することが必要だ。

　では、自分の感情を正しく認識するには、どうしたらよいのか。ここで大切なことは、自分の感情がどこから生まれるのか、その原因を理解しておくことだ。一般に、人が怒り、喜び、あるいは恐れる原因はどこにあるのか。自分自身の場合、職場のどのような場面で、そうした原因が生まれやすいのか。

　あらかじめ感情の原因を理解しておくことができれば、その原因を認識することによって、自分の感情の状態を予測するのに役立てることができる。林の場合であれば、利害対立が生まれがちな営業とのやり取りにおいて、前任者に比べ強引な木村のやり方がまかりとおる不公平さや技術側で実際に生じている障害といった怒りの原因を認識できれば、自分の怒りの感情を予測し、より早く怒りの感情を把握することができただろう。

　自分の感情認識ができたならば、次は感情が思考に与える影響を

押さえることがポイントだ。たとえば、人間は怒りの感情が強いと、思考の幅が狭まり破壊的な行動を起こしやすい。喜びの感情が大きすぎると、やる気が強すぎて勇み足を誘うことになりやすい。恐れの感情が強すぎると、慎重になりすぎて逡巡してしまいがちだ。こうした一般的な感情の影響を理解し、自分自身の感情が思考と行動に及ぼす影響をあらかじめ予測できれば、感情が引き起こす誤った思考と行動を回避するために、自分の感情の制御を行うことが可能となる。

林の場合、自分の怒りの感情を認識した上で、怒りの感情が過剰

図3-18 カルーソとサロベイによる基本的感情の原因と影響

感情	原因	影響(思考への影響)
怒り	不正、不公平感、障害	不正に立ち向かうエネルギー／暴力、破壊 (視野を狭め、エネルギーを集中させる)
喜び	価値あることの獲得、達成	幸せな気持ち、元気、やる気 (独創的な問題解決能力を高める)
恐れ	危険が発生しそうだとの知らせ、脅威	心配、不安 (慎重、思い込みや新しいものを発見させる)
悲しみ	目標未達成、大切なものの喪失	他者の支援、援助を誘う (細部に注意を集中、間違いを探す)
驚き	思いがけないことの発生	新しい問題への注意の集中 (注意を再構築し、情報を検索する)
嫌悪	自分の社会的価値観の損傷 不快な行為	他者に規則を守らせるという社会的感情 これに従わないと羞恥心・罪悪感が発生 社会的失態が公になると困惑が発生

出所：デイビッド・R・カルーソ、ピーター・サロベイ『EQマネージャー』東洋経済新報社、2004年をもとに作成

な攻撃を引き起こしやすいことを理解していれば、感情にまかせてメールを打つことを避けられたかもしれない（図3-18）。

当事者としての自己を見つめるもうひとりの自分

ここで、人間の感情について考える際に有効な概念であるEQ（感情指数）について触れておこう。EQは、しばしばIQ（知能指数）と対比され、「心の知能指数」と訳される。D・ゴールマンらは、この感情に関わる能力であるEQの概念を、「個人的コンピテンシー（自分自身に対処する能力）」「社会的コンピテンシー（人間関係に対処する能力）」および「認識」「管理」という2つの次元の組み合わせによって、自己認識、自己管理、社会認識、人間関係の管理という4つの領域に分類整理している（図3-19）。

図3-19 ゴールマンらによるEQの4領域と関連コンピテンシー

	認識	管理
個人的コンピテンシー（自分自身に対処する能力）	**自己認識** ・感情の自己認識 ・正確な自己評価 ・自信	**自己管理** ・感情のコントロール ・透明性 ・順応性 ・達成意欲 ・イニシアティブ ・楽観
社会的コンピテンシー（人間関係に対処する能力）	**社会認識** ・共感 ・組織感覚力 ・奉仕	**人間関係の管理** ・鼓舞激励 ・影響力 ・育成力 ・変革促進 ・紛争処理 ・チームワークと協調

出所：ダニエル・ゴールマン他『EQリーダーシップ』日本経済新聞社，2002年より抜粋作成

ここで自己認識は自分を客観的に認識する力であり、感情の自己認識はここに含まれる。自己管理は自分自身をコントロールする力であり、自分の感情の制御はここに含まれる。一方、社会認識は自分と他者との関係を正しく認識する力であり、人間関係の管理は相互の影響を踏まえて他者との関係をコントロールする力だといえる。他者の感情についてつけ加えるならば、他者も感情を持つ人間である以上、そこでは他者の感情認識とそれに基づく関係の制御が欠かせない。林のケースで考えると、自分の感情だけでなく木村の感情を理解し、客観的な視点から木村との関係をコントロールしていく能力が、林に求められている。

　このように、EQは、自分および自分と他者との関係を、一段高い次元で客観視し、自分および自分と他者との関係を制御する能力と考えることができる。これを個人の立場でとらえ直すと、当事者としての自己を一歩離れて見るもうひとりの自分をつくり、このもうひとりの自分が自分および自分と他者との関係を認識、制御するイメージとして見ることができる。

　当事者の立場に立つと、自分自身の行動があるべき姿から逸脱していることに気づかずに、誤った行動に走ってしまう危険がある。特に、リーダーシップを発揮する場面では、リスクをとる中で起こる不安や、他者からの予期せぬ抵抗にあって起こる怒りや驚きなど、感情の変化に遭遇しやすい。そうした状況の中、こうした落とし穴に陥るのを避けるためには、当事者の立場を一歩離れ、他者と取り巻く環境を含めて自分を客観視するもうひとりの自分を持つことが鍵になる。中でも、自分と他者の感情を客観視し、感情が思考と行動に及ぼす影響を把握し、制御することは、目標へ向けて効果的に他者を動かしていくために欠くことのできない条件なのだ。

POINT

【感情の罠】
人間の感情は思考に影響を与える。人間は思考した結果に基づき行動する。したがって、感情がゆがめば、思考がゆがみ、行動がゆがむ。当事者はさまざまな感情が生じやすい立場にあるため、感情の罠に陥りやすい。

【感情の原因と影響】
人間の感情には原因がある。こうした原因の種類とそこから生まれる感情を理解しておくことは、自分の感情の動きを認識するのに役立つ。また、生まれた感情の種類ごとに、それらが思考に与える影響を予測することで、感情の罠を避けることができる。

【自己の客観視】
自分と他者の感情を正しく把握し、自分および他者と自分との関係に対処するためには、他者と取り巻く環境を含めて自己を客観視するもうひとりの自分を持つことが重要である。

振り返り

Q あなたは、業務遂行においてどのような感情を抱いていますか。そうした感情は、あなたの思考と判断にどのような影響を及ぼしているでしょうか。

◉あなたが感情的になるのは、どういう時ですか。そこに、一定のパターンはありますか。あなたは、そういった感情が起こった時、自分の感情にどのように対処していますか。

◉あなた自身を観察しているもうひとりの自分を思い浮かべてください。もうひとりの自分から見たあなたの姿は、どのようなものでしょうか。日常考えている自分の姿と異なるところはありますか。

第4章
他者との関わり方を考えるための視点

1 人を動かす
アプローチの基本

> リーダーシップを発揮するためには、組織上規定された業務上の関係を超えて、他者を動かすことが求められる。では、組織上の権限に頼らず他者を効果的に動かすためには、どのような働きかけを行えばよいのだろうか。

💬 この人に頼まれると、断れません

　入社8年目を迎える三浦は、隣のグループの課長である藤原に頭が上がらない。三浦によれば、入社以来、藤原とはこうした関係が続いているという。

「課長の藤原さんには、たくさんの借りがあります。私が新入社員の時、藤原さんは同じグループの主任という立場でしたが、右も左もわからない私を丁寧に指導してくれました。また、プライベートな相談にも快く乗ってくれて、何かと気持ちの支えになってくれました。その後、彼女の異動によって組織上は直接の上下関係がなくなりましたが、今でも仕事上のつながりは多く、先輩としていろいろなアドバイスももらっています。

　仕事の面では、彼女には見習うべきところがたくさんあります。彼女はとても物知りで、普通の人では知らないような情報や、それに過去の実際にあったいろいろな実例を教えてくれま

す。また、仕事に関連した専門知識も豊富で、関係する資格も数多く持っています。彼女は自分の専門分野のことであれば、何でも知っているといっても言いすぎではないでしょう。

　また、彼女は質問をして、人をその気にさせるのが得意です。いろいろと聞かれると、私の頭も刺激され、これから自分自身どうすればよいのか、無意識のうちに自分の口から結論を発していることもよくあります。そうすると、決まって彼女は、『自分で言ったことなんだから、最後までがんばって』と励ましてくれます。

　仕事の外でも、彼女とはどういうわけか共通の話題が多く、スポーツや音楽の話題でも、すぐに盛り上がります。それに、彼女はどんなくだらない話でも興味を持ち、一生懸命聞いてくれます。話をしたあとは、私のことにとても関心を持ってくれているんだという気持ちになります。

　そんな藤原さんには、普段は公私ともに頼りっぱなしですが、時には藤原さんから仕事上の依頼がくることもあります。彼女からの依頼には、たいてい少々無理な内容が含まれているのですが、これまで受けた恩を思うと、彼女の依頼は断れません」

　三浦は藤原に対して、なぜこのように感じるのだろうか。

他者に対する基本姿勢

　管理職は、上司、同僚、部下、顧客、サプライヤーなど、さまざまな人間関係の中で仕事を進める立場にある。とりわけ、新たな指針を示し従来とは異なる活動に取り組む時には、組織上決められた日頃の業務上の関係を超えて、これまでつきあいのなかった他者と

も関係を切り開いていくことが求められる。それだけに、他者とどのような関係を築き、いかに他者を動かしていくかという問題は、管理職がリーダーシップをとるために、避けて通ることのできない大きなテーマである。

　では、人を動かすにはどうしたらよいのだろうか。他者と関わり、他者を動かしていく際のやり方は、その前提となる考え方によって、大きく２つに分類できる。まずは、あなたが他者に動いてもらおうと働きかける時、次のいずれの考え方に基づいて行動しているか、考えてみよう。

Ａ「自分も相手も同じ人間だ。自分が望むことと同じことを、相手も望んでいるはずだ」
Ｂ「人には各々個性がある。自分が望むことと、相手が望むことは、異なるはずだ」

　Ａは「人間みな同じ」という前提に基づく考え方であり、人間の持つ普遍的な傾向に注目して、他者に働きかけようとするものだ。Ｂは「人はひとりひとり違いがある」という前提に基づく考え方であり、各人の個性に注目して、他者に働きかけようとするものだ。これら２つの考え方は、人間の共通項に注目するか、相違点に注目するかという視点の違いであり、どちらかが正しく、どちらかが誤りというものではない。

　大切なことは、より効果的に他者を動かすために、２つのアプローチをともに活用しようとする視点だ。以下、各々のアプローチの特徴を見ておこう。

人間の普遍的傾向を活かす

　人間の共通点に注目したアプローチは、相手を問わず通用するという意味で、汎用性が高い。たとえば、人は一般に恩義を感じている人には逆らえないし、好意や尊敬の念を持っている人には従いがちだ。

　こうした人間の普遍的傾向に注目した研究の中で、特に説得を通じて他者を動かす際に有効な考え方が、ロバート・B・チャルディーニによる説得の基本原則だ。彼は、心理学的研究に基づき、人を動かすための6つの基本原則を示している（図4-1）。

　第一の原則は「好意」である。人は自分に好意を示した相手、あるいは自分と共通点を多く持った相手に応えようとする。誰でも好意を示され称賛されれば嫌な気はしないし、共通の関心ごとを持っ

図4-1　チャルディーニによる説得の基本原則

好意	返報性	社会的証明
好意を示す	心遣いを怠らない	前例を示す
人は好意を示してくれた相手の説得に応じる	人は親切な行為を受けると、それに応えようとする	人は自分と似ている相手に従う

一貫性	権威	希少性
言質を取る	権威を示す	希少性を巧みに利用する
人ははっきりと約束したことは守る	人は専門家に従う	人は自分にないものを求める

出所：ロバート・B・チャルディーニ「『説得』の心理学」ダイヤモンド・ハーバード・ビジネス　2002年3月号より抜粋作成

た相手には、親しみを持ちやすい。

第二は「返報性」で、人は親切な行為を示されると返礼しようとする。「貸し借りの論理」や「情けは人の為ならず」といった考え方は、まさにこの点を端的に表している。

第三は「社会的証明」で、「○○さんもやっているよ」といった殺し文句に代表されるように、相手と似た人の前例を示すことにより、相手をその気にさせるというものだ。

第四は「一貫性」で、人は相手に自発的に発言させることで、相手のコミットメントを引き出すことができる。「自分で言ったんだから、ちゃんとやれよ」と言われれば、言われた方は逃げ場がない。

第五は「権威」で、人は専門家の言うことに従う傾向がある。著名な経営者や権威を認められた学者の発言に影響力があるのはこのためだ。

第六は「希少性」で、人は自分の手に入りにくい希少なものを得ようとする。「残りわずか」と言われると、飛びつきたくなる心理はこの表れだ。

藤原の例では、2人が意識しているか否かは別として、人間の普遍的傾向を活用することによって藤原が三浦を効果的に動かすことに成功している。三浦は藤原に入社以来の恩義を感じ（返報性）、彼女の専門性には一目置き（権威）、彼女の問いかけでついつい自らコミットメントを行い（一貫性）、仕事以外の共通の関心から親近感を抱いている（好意）。

このようにチャルディーニの示した原則は、シンプルでわかりやすく、活用が容易だ。また、セールスをはじめとする組織外部での説得にも応用できる適用範囲の広い概念だ。

では、あなたはこれらの原則をどの程度活用しているだろうか。

日常の業務は、他者を説得し動かす場面に満ちているはずだ。自分の現状を立ち止まって確認してみよう。あなたが職場で他者に何かを依頼して動いてもらおうとする場面を具体的に思い起こしてほしい。以下のうち、いくつの項目が当てはまるだろうか。

Q1　相手との共通点を話題にしたり、長所を褒めたり、相手に好意を示したりする（好意）　□

Q2　これまで相手からしてもらったことより、相手のためにしたことの方が多い（返報性）　□

Q3　相手がよく知っている人物について、類似の前例を引き合いに出す（社会的証明）　□

Q4　頼みたい内容を主張するのではなく、相手の口から言わせるように問いかける（一貫性）　□

図4-2　チャルディーニによる効果的説得に対する防衛法

好意	返報性	社会的証明
要請者に対する自分の過度の行為に敏感になる	本当の敵はルールそのもの。申し出が好意か策略か考える	類似した他者が行っている明らかに誤りの証拠に対して敏感になる

一貫性	権威	希少性
胃と心の奥底から送られるシグナルに耳を澄ます	この権威者が本当に専門家なのか、どの程度誠実なのか、自問する	自分がなぜそれを欲しいのか（機能ゆえに欲しいのか）、自問する

出所：ロバート・B・チャルディーニ『影響力の武器』誠信書房、1991年をもとに作成

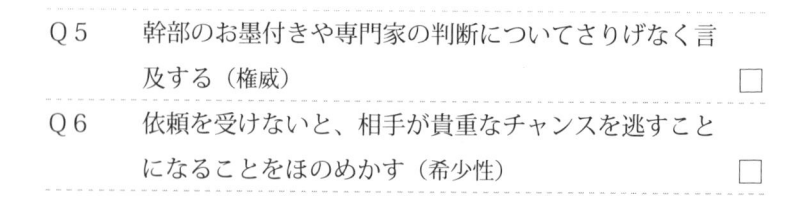

| Q5 | 幹部のお墨付きや専門家の判断についてさりげなく言及する（権威） | □ |
| Q6 | 依頼を受けないと、相手が貴重なチャンスを逃すことになることをほのめかす（希少性） | □ |

ところで、これらの原則は他者を動かすのに有効であるが、目的を間違えて使用すると、倫理的な問題が発生する。たとえば、組織目標を達成するためではなく、個人的な利得のために相手を操作する手段として活用する場合が、これに該当する。依頼の受け手の側に立ってみると、自分の身を守るためにも、不適切な目的で原則を使用した場合の対処法を理解しておく必要がある。そこで、説得の基本原則の悪用に対処できるよう、チャルディーニが示した防衛法を図4-2にまとめておこう。

あの人とは、馬が合いません

関西支社管理課長の池田は、生産性向上運動の一環として、支社の業務効率化計画を立案し、計画実行の旗振り役として効率化施策の推進にあたっていた。この計画を実りあるものとすることができるか否かは、支社の各課長が組織横断的に協力しながら個別の施策をどこまで徹底して行えるかにかかっていた。しかし、池田は施策推進にあたって、システム課長の阿倍とのやり取りにてこずっていた。

「システム課の阿倍さんは、なかなか協力してくれなくて困ります。彼とのコミュニケーションには、いつもくたびれ果ててしまいます。もともと技術系のバックグラウンドを持っている

せいか、物事を分析するのは得意なようですが、いつまでたっても理屈ばかりこねていて、行動に移そうとしません。施策推進会議の席上でも、細かなデータや根拠の説明ばかりを求めてきて、効率化を進めようという雰囲気にいつも水を差します。

　こちらが示した提案に対してあまりに否定的な態度を示す時には、代替案を出すよう迫ることもありますが、決まって『自分は反対しているのではなく、納得のいく話が聞きたいだけだ』と逃げてしまいます。こうした場面では、『代替案がなければ、この案で進めさせていただきます』と押し切ります。それが、私のやり方です。

　今はスピードの時代ですから、よほどのリスクがなければ、あれこれ考えて悩んでいるより、とにかくやってみる方が重要です。こんな単純なことが、どうしてわからないのでしょうか。阿倍さんのようなタイプの人に時々遭遇しますが、そのたびにあまり意味のない細かな質問にばかり手間暇とられて、苦労します。こういう人は、どうしたら動いてくれるんでしょうか」

　一方、阿倍は、管理課長の池田のやり方に対して、次のような不満を感じていた。
「管理課の池田さんと私とは、どうやら頭の構造が違うようです。私は仕事を進める時には、いつも自分なりに考え抜いて万全の準備をしてから実行にとりかかります。論理的な分析なくして勘に頼って決め打ち的に動いても、後になって無駄なアクションが増えるだけだからです。

　ところが、彼女はいつも『○○を推進したいと思います』と打ち手の話ばかりをします。こちらがその施策を進める背景や理由を聞いても、『どんな効果が出てくるか、まずはやってみ

ましょう』と言って、ろくに説明もしてくれません。それに、『代替案がなければ……』と言って、すぐに自分の案を強引に押し通そうとします。理由や背景をもう少し説明してもらえれば、こちらも協力しようという気になるのですが……。

　以前にも池田さんのようなタイプの人と仕事をしたことがありましたが、時間も労力も余分にかかって大変です。彼女のような、場当たり的に思いつきのアイデアをあれこれ押しつけるやり方そのものを変えることが、業務効率化の第一歩なのではないかとさえ思ってしまいます。支社にとって業務効率化が重要なテーマであることは私も認識しています。建設的な議論と論理的な納得性があれば、私だってどんどん協力することを理解してほしいと思います」

　池田と阿倍の関係を改善する方法はないのだろうか。

人はみな同じという思い込み

　説得の基本原則では、人間に共通に見られる傾向を活用して人を動かすことの有用性について考えた。ところが、十人十色とはよくいったもので、こうした基本原則の効果も、実際には相手によってさまざまだ。たとえば返報性に関する反応も、恩に着ることを大切にするタイプには有効だが、ドライに割り切った対応をするタイプには効果が薄い。だとすれば、人の普遍的傾向を活用した働きかけだけでは、現実の場面での対応には十分とはいえない。

　そこで、個別具体的に相手に働きかける際に考えておくべきことは、人による違いを活かしたアプローチの活用だ。これは、簡単にいえば、相手の性格やスタイルなどの特徴に合わせた働きかけを行

うというものだ。

　ところが、実際の管理職の行動を見ると、現実には多くの場面でこうした視点が欠けてしまいがちだ。

　池田と阿倍のケースを見てみよう。仕事を進めるスタイルという面で、2人の違いは明らかだ。池田は、まずは行動に移し、結果を見ながら軌道修正していくスタイルを好みとしている。また、相手の反応はさておき、原因よりも結果を重視し、スピード感を持って結論を出し、実行に移していくことをよしとする。一方で阿倍は、緻密に物事を詰めて考えた上で行動を起こすタイプだ。結果を生み出すための原因を論理的に突き詰めながら、最適な打ち手を考え抜くことをよしとしている。物事を進める上でのスタイルは対照的で、そのことが2人の間の軋轢を生み出している。

　にもかかわらず、2人はいずれも自分のスタイルが適切なものだと思い込み、自分を変えずに、相手を変えようとしている。その結果、自分の好む仕事のスタイルと相手の好むスタイルとの間に衝突が生まれ、相互の関係にマイナスの影響を及ぼしている。なぜ、このようなことが起こるのだろうか。

　その背後には、「人はみな同じである。もしも自分と同じでない人がいれば、それはどこか相手が間違っている。したがって、相手が変わるべきだ」という潜在的な思い込みが潜んでいる。もちろん、自分のスタイルを大切にし、行動すること自体は、必ずしも悪いことではない。しかし、お互いのスタイルが衝突する場合には、各々が自分のやり方に固執していては、いつまでたっても2人の関係に変化を期待することはできない。

相手を変えるか、自分を変えるか

だとすれば、一歩譲って相手の好みに合わせたスタイルをとることが、他者との良好な関係を構築し、効果的に他者を動かしていくことにつながってくる。たとえば、池田は自分の好みのスタイルを抑え、阿倍に対して結論に至った根拠を論理的に伝えることによって、相手の納得感を上げることができる。逆に、阿倍の立場であれば、池田に対してポイントを絞った問いかけを行うことにより、彼女の持つ負担感を和らげることができるだろう。どちらか一方が、こうして自分を変えれば、相手が自分に歩み寄ってくる可能性も拡

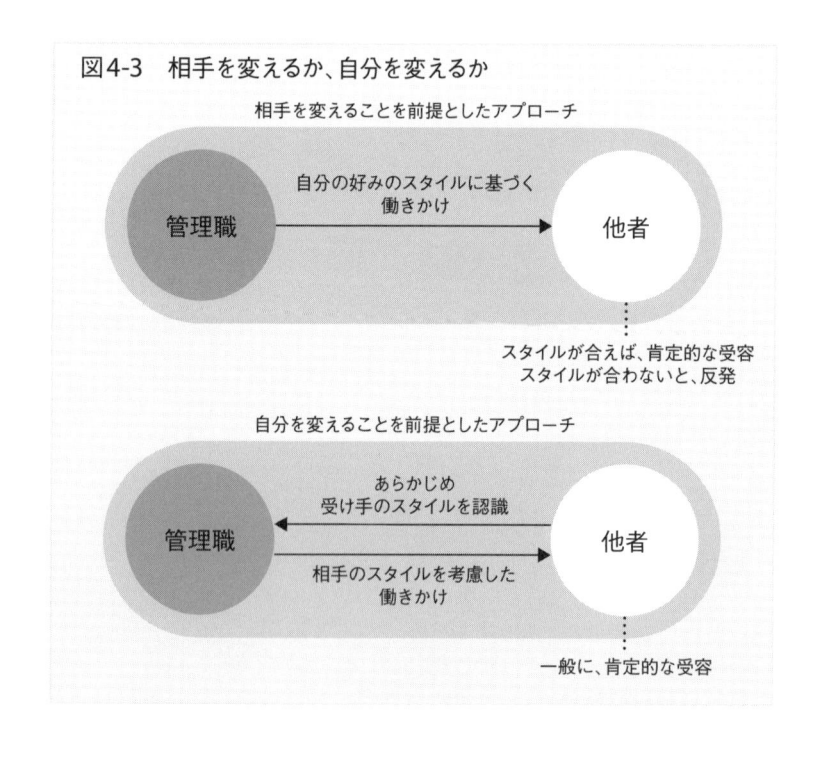

図4-3 相手を変えるか、自分を変えるか

相手を変えることを前提としたアプローチ

管理職 →（自分の好みのスタイルに基づく働きかけ）→ 他者

スタイルが合えば、肯定的な受容
スタイルが合わないと、反発

自分を変えることを前提としたアプローチ

他者 →（あらかじめ受け手のスタイルを認識）→ 管理職
管理職 →（相手のスタイルを考慮した働きかけ）→ 他者

一般に、肯定的な受容

大する。

　極めて単純なことだが、相手を変えるためには、相手が変わるのを待つよりも、意図的に自分を変えることの方が早道であることは少なくない。自分と相手の違いに注目し、相手のスタイルを考慮した働きかけを行うことによって、他者をより効果的に動かせることを確認しておきたい（図4-3）。

人による違いを活かす

　こうした自分と他者のスタイルの違いに注目して他者への働きかけを考える際、シンプルかつ実践的で役立つ概念に、ソーシャル・スタイルズ・モデルがある。このモデルは、人間の行動を、「自分の意見を言う」−「質問する」、および「人間中心」−「課題中心」という２つの軸によって４つのスタイル、すなわち、「アナリティカル」「ドライバー」「エミアブル」「エクスプレッシブ」に分類する（図4-4）。

　各スタイルについて、誰もが状況や場面によってすべてのスタイルを示す一方で、いずれかひとつ好みのスタイルを持つ傾向がある。また、各スタイルは強みと弱みを持ち合わせており、互いの優劣があるわけではない。ただし、どれかひとつのスタイルへの好みが強く出すぎると、そのスタイルの弱みが顕在化しやすいという特徴を持っている。

　ここで、池田と阿倍の例に戻ってみよう。池田は結果を求めてどんどん進むドライバータイプ、阿倍はデータと分析を重んじるアナリティカルタイプに該当する。池田は、強い意志を持って現実的に行動に移るという強みを持つが、自分ですべてを支配しようとし強引に物事を進めすぎるという弱みを抱えている。一方、阿倍は、客

観的データに基づき理路整然と物事を考えるという強みを持つが、正しく完璧に物事を進めようとしすぎてなかなか前に進めないという弱みを抱えている。

また、池田は、何をするかを明確にして素早く意思決定し、未来へ向けて行動を起こすことで結果を早く出せるように自分に接してもらうことを好む。一方、阿倍は、どのように行うかを重視し、事実に基づいて論理的かつ計画的に物事を考え進められるように自分に接してもらうことを好んでいる。

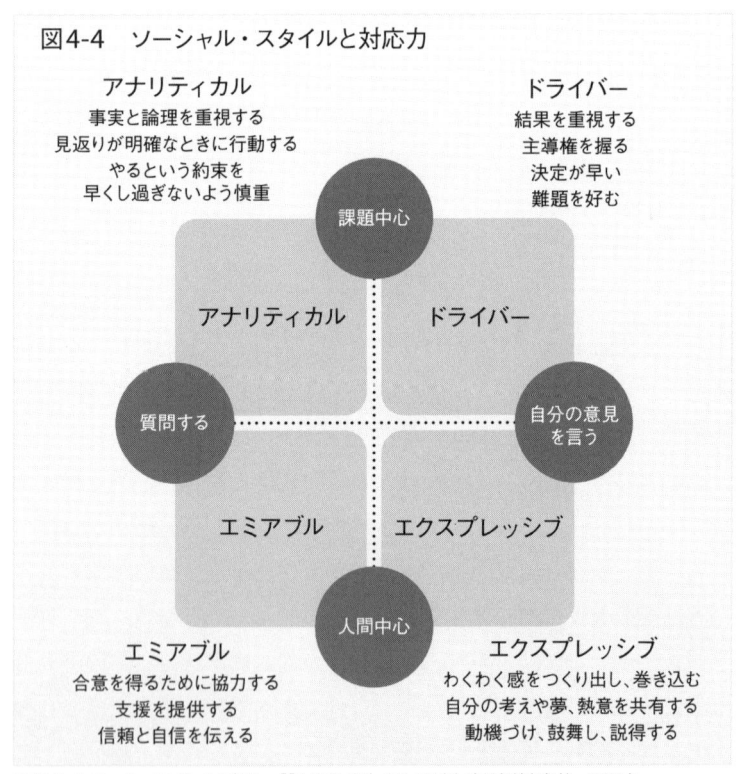

図4-4 ソーシャル・スタイルと対応力

アナリティカル
事実と論理を重視する
見返りが明確なときに行動する
やるという約束を
早くし過ぎないよう慎重

ドライバー
結果を重視する
主導権を握る
決定が早い
難題を好む

課題中心

アナリティカル | ドライバー

質問する | 自分の意見を言う

エミアブル | エクスプレッシブ

人間中心

エミアブル
合意を得るために協力する
支援を提供する
信頼と自信を伝える

エクスプレッシブ
わくわく感をつくり出し、巻き込む
自分の考えや夢、熱意を共有する
動機づけ、鼓舞し、説得する

出所:ウィルソン・ラーニング・ライブラリー『「心の合い鍵」の見つけ方』東洋経済新報社、2008年

ここで重要なことは、相手のスタイルの特徴と相手が好む接し方を理解できれば、より効果的な働きかけ方が特定できるという点だ。池田が阿倍に対して、あるいは、阿倍が池田に対して、相手の好みに合ったアプローチをとることができれば、相手が抱えているストレスは緩和され、良好な関係構築のきっかけが生まれてくる。そこでのポイントは、相手の好む接し方を念頭に、一時的に自分のスタイルを変えて相手に働きかけていくことだ。

　では、あなた自身について考えてみよう。日常の職場において、あなたはどのスタイルをとることを好んでとっているだろうか。あなたのスタイルの強みと弱みは何だろうか。あなたは、他者にどのように接してほしいのだろうか。また、あなたが職務上関係する他

図4-5　ソーシャル・スタイルに基づく各スタイルが好む働きかけ

アナリティカル	ドライバー
十分な準備 考え抜くための十分な時間確保 詳細な情報提供 方針や論理的な考え方の指示 決断を手助けする根拠の提示	課題重視（人間関係より先に仕事） 相手の時間の効率的活用 洞察に富む情報提供 相手に合ったアイデアや解決策提供 相手の権限や権威の尊重
エミアブル	エクスプレッシブ
人間関係の構築に時間をかける 率直さ、信頼の重視 関心や課題の共有 個人的なサポートの提供 保証と安心の提供	オープンな対人関係 詳細より前に全体像を提示 正直な考えや感情をオープンに共有 ビジョンと行動の認知 相手の考えの重視と実施

出所：ウィルソン・ラーニング・ライブラリー　『「心の合い鍵」の見つけ方』東洋経済新報社、2008年をもとに作成

者をじっくり観察してみよう。その人物の好むスタイル、強みと弱み、他者に期待する接し方は、どのようなものだろうか。これらのプロセスを踏めば、各々のスタイルの強みと弱みが理解できるとともに、各スタイルに対して接する際のポイントが見えてくるだろう（図4-5）。

リーダーに求められる多芸性

　自分のスタイルが他者のスタイルと衝突を生む場合には、自分のスタイルをコントロールすることで、より効果的な他者への働きかけが行える。異なるスタイルを持つ他者と良好な関係の中で業務を遂行するために、このように自分のスタイルを場面に合わせて意図的にコントロールする能力を多芸性（Versatility）と呼ぶ。多芸性とは、言い換えると、他者を的確に認識しそれに基づいて自分を変えることで、他者との関係を制御する力だ。これは、先に触れたEQでいうところの社会的コンピテンシー（人間関係に対処する能力）に通じる概念と見ることができる。

　このような多芸性の重要性を示した研究として、ダニエル・ゴールマンによる6つのリーダーシップスタイルと企業の業績および組織風土の関係についての調査をあげておこう。ゴールマンによれば、優れたリーダーは、1つのリーダーシップスタイルに依存するのではなく、状況に応じて柔軟にスタイルを使い分けており、特に、権威主義型、民主主義型、親和型、コーチ型のスタイルを身につけているリーダーが、組織風土と業績において優れている（図4-6）。

　また、多芸性の視点は、組織の下や横の関係だけでなく、上司を動かす上でも重要だ。ジョン・P・コッターは、上司との関係について、上司と自己の両方について、強み、弱み、仕事のスタイルお

よびニーズを理解し、効果的に上司をマネジメントするという視点を示している（図4-7）。

こうしたポイントも、自己と他者の違いに注目し、他者への働きかけ方を工夫し、他者と効果的な関係を築くという原則を応用した有益な視点である。

図4-6　ゴールマンによる6つのリーダーシップスタイル

強圧型	即座に服従することを要求する	「自分の言うとおりにしろ」
Coercive	Demands immediate compliance	"Do what I tell you."
権威主義型	ビジョンに向けて社員を動かす	「自分の後について来い」
Authoritative	Mobilizes people towards a vision	"Come with me."
親和型	調和を生み出し、感情的な絆を結ぶ	「人間が第一」
Affiliative	Creates harmony and builds emotional bonds	"People come first."
民主主義型	参加を奨励して合意を生み出す	「皆の意見はどうか」
Democratic	Forges consensus through participation	"What do you think?"
先導型	高い業績基準を設ける	「さあ、自分のするとおりにしろ」
Pacesetting	Sets high standards for performance	"Do as I do, now."
コーチ型	将来に備えて人間を開発する	「これを試してみろ」
Coaching	Develops people for the future	"Try this."

出所：ダニエル・ゴールマン「EQリーダーシップ」ダイヤモンド・ハーバード・ビジネス　2000年8-9月号および
Daniel Goleman, "Leadership that gets results", *Harvard Business Review*, March-April 2000より抜粋作成.

ここで大切なことは、これらの分類法やアプローチ法そのものに精通することではない。むしろ、日頃から業務上関係のある他者のスタイルについて関心を払い、他者の期待する関係の持ち方を理解すること、そして自分の日常的な働きかけがうまく機能しない時に、意図的に相手に合った働きかけを取り入れるという柔軟な考え方と姿勢を持つことが重要なのだ。自分が扱えるスタイルの数を増やし、それらを使い分ける多芸性を身につけることが、多様な他者と建設的な関係を築き、効果的に他者を動かす上で、必須の条件といえるだろう。

図4-7　上司をマネジメントするためのチェックリスト

上司と上司の置かれた状況を理解する
- [ ] 上司の目標とゴール
- [ ] 上司のプレッシャー
- [ ] 上司の強み、弱み
- [ ] 上司が好む仕事上のスタイル

自分自身とそのニーズを理解する
- [ ] 自分自身の強み、弱み
- [ ] 自分の個人的スタイル
- [ ] 権威者に依存するときの自分の傾向

以下の条件を満たす関係をつくり、維持すること
- [ ] 自分のニーズとスタイルの両方に合致する
- [ ] 相互に対する期待がはっきりしている
- [ ] 上司に常に情報を提供する
- [ ] 信頼と誠実を基盤とする
- [ ] 上司の時間、諸資源をむやみに使わない

出所：ジョン・P・コッター『リーダーシップ論』ダイヤモンド社、1999年

POINT

【他者へのアプローチの基本】
他者との関係を切り開き、他者を動かしていく際のアプローチには、大きく2つの方法がある。ひとつは人間の普遍的な傾向を活用するものであり、もうひとつは人間のひとりひとりの違いに注目するものである。

【人間の普遍的傾向に注目したアプローチ】
人間の普遍的傾向を効果的に活用して他者を説得し動かしていく際の有効な考え方に、チャルディーニによる説得の基本原則がある。

【人間の違いに注目したアプローチ】
ひとりひとりの違いを認識することで、より効果的に他者との関係を築き、他者を動かしていく際の有効な考え方に、ソーシャル・スタイルズ・モデルがある。

【多芸性の習得】
多芸性、すなわち相手に応じて自分を変えることは、多様な人々との相互作用の中で効果的に人を動かす上では欠かせない。

振り返り

Q あなたは、他者を動かそうとする時、誰にでも同じように働きかけますか。それとも、人によってアプローチを使い分けますか。

Q あなたは、チャルディーニの示した6つの原則、すなわち、好意、返報性、社会的証明、一貫性、権威、希少性のどれを多用していますか。また、これから活用しようと思う原則はどれですか。

Q あなたは、アナリティカル、ドライバー、エミアブル、エクスプレッシブのどのタイプに属しますか。あなたの職場のメンバーには、どのタイプの人がいますか。各々のタイプに対して、あなたはどのようなアプローチを心がけようと思いますか。

Q あなたは、普段の自分のスタイルを変えることに抵抗がありますか。場面に応じて、一時的に意図してそれを変えると、どのような問題が起こり、また、どのようなメリットが生まれますか。

2 | 行動を変えるコミュニケーション

> 効果的なコミュニケーションは、人を動かす上での鍵である。有効なコミュニケーションを成立させるためには、どのような視点を持ち、どのような手法をとっていけばよいのだろうか。

会議で言ったはずじゃないか

「この件については、課ごとに具体的な施策を推進するように、前回の会議で言ったはずじゃないか。議事録にだってちゃんと書いてある。どうなっているんだ」

　月例の課長会議の席上、南関東支店長の石川は、開口一番、先月指示したはずの残業時間の削減がどこの課でも進んでいないことを叱責した。石川は、昨日本社人事部から連絡を受け、南関東支店の残業時間削減の進捗状況が、全社で最低であることを指摘されたばかりだった。

　発言を求められた第一営業課長の前田は、とっさに「各担当者には、きちんと伝えてあります。再度仕事を精査して、残業管理を徹底するよう指示します」と答えながら、1カ月前の課長会議のことを思い出していた。先月の会議は、ちょうど新商品に関するキャンペーンの施策展開が主要な議題だった。会議

のほとんどはその具体的方法についての説明と議論に費やされた。最後に、付け足しのように本社からの指示事項として伝えられたのが、残業時間の50％削減だった。

「言われてみれば、残業削減の話は、先月の会議であったかもしれない。でも、背景の説明や支店としての方針もなしに、ただ50％削減とだけ伝えられても、どう対応したものか。『忙しい中どこまで本気でやればいいのか』と思った課長は私だけではないだろう。全社的に優先順位の高い話なら、そう言ってもらえれば、もっとまじめにやったのに……」

前田は心の中で呟きながら、部署に戻ったらこの話をどうメンバーに伝えようかと、考えはじめていた。

石川と部下たちの間のコミュニケーションには、どこに問題があるのだろうか。

コミュニケーションの基本要素

「言ったはずなのに相手に伝わっていない」というコミュニケーション上の問題は、職場のいたるところで発生している。そうした状況に遭遇するたびに、情報を発信した側は「なんで、言ったことがわからないのか」と相手の理解に対してストレスを感じることになる。南関東支店のケースでは、自分の伝えたことが十分に受け止められずに実行に移されていないことについて、石川は課長たちを責める発言をしている。

ところが、情報の受け手の見方は異なっている。「確かに聞いたかもしれないが、そういう意図までは伝わっていない」と話し手の言い方に問題があると考えてしまう。言われた情報すべてにまじめ

に対応していては、とても仕事が回らないため、受け手は膨大な情報の中から、自分の主観的な基準に従って重要と思われる情報を選択し対処することになる。石川の残業時間削減についての発言は、前田をはじめとする課長たちには、優先順位の低い情報としか受け止められていない。

このように、コミュニケーションが成り立つためには、単に情報が発信者側から受け手側に流れるだけでは十分でない。流れた情報の意味が受け手に正しく受け止められてこそ、成り立つものだ。すなわち、コミュニケーション成立のためには「情報の流れ」と「意味の共有」という2つの基本要素が欠かせない（図4-8）。

だが、この当たり前のことが、日常のコミュニケーションの中では抜け落ちてしまうことが多い。その背後には、「情報が伝達されれば、当然相手はその意味を理解するはずだ。伝わらないのは、情報の受け手の側に問題があるからだ」という発信者側の思い込みが潜んでいる。一方で、人間とは勝手なもので、受け手の立場になると「話が伝わらないのは話し手の伝え方が悪いからだ」と考えてしまう。

ここで大切なことは、さまざまな情報を発信する管理職にとって、

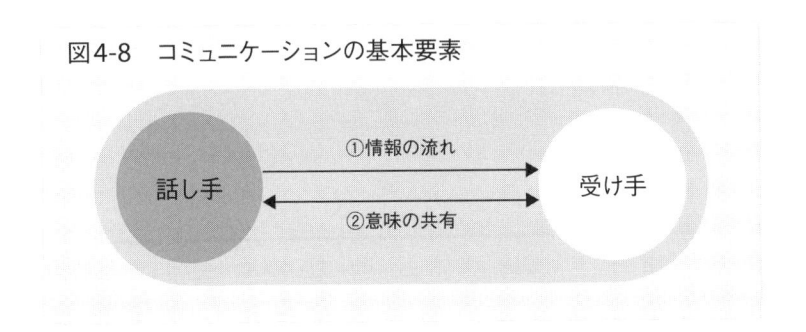

図4-8　コミュニケーションの基本要素

実際に自分の発言が相手に伝わらなくて困るのは、自分自身に他ならないという事実だ。だとすれば、自分から情報を発信する際には、「自分の言いたいことを言えば、それでコミュニケーションが完了する」という思い込みから、「自分の意図が相手に受け止められ、共有されたことが確認できて、はじめてコミュニケーションが完了する」という考え方に、頭の中を切り替えることが求められる。

コミュニケーションの有効性は、相手の受け止め方によって決まるのだ。

では、伝えたい意図を受け手が正しく受け止めるためには、どうしたらよいのだろうか。一般に、相手にわかりやすく正確に情報を伝えるためには、論理的に筋の通った話し方をすることが効果的であることは言うまでもない。ところが、現実の職場の中では、こうした論理的なコミュニケーションだけでは物事が進まないことが多い。そこで、次にこの問題について考えてみよう。

理屈はそうなんですが、納得できません

「何のために、何を、いつまでに仕上げなければならないか、わかったな。本件を進めるにあたって、具体的にやるべきことも理解してもらったようだし、あとは実行あるのみ。頼んだぞ」。課長の山下は、部下で係長を務める森にそう伝えると、席を立った。

残された森は、何やら割り切れない気持ちを抱いていた。またもや課長に言いくるめられてしまったようで、釈然としない思いのままどうしようかと迷っていた。やるべきことはわかっていた。でも、実行するとなると、犬猿の仲ともいえる小川技

師との関係をどうにかしなければならなかった。森も部下たちも、小川とは以前にあるプロジェクトで感情的にもめて、大きなしこりを残したままだったからだ。べき論からいえば、課長の言うとおり、彼との協力関係を築いて進めることがベストだ。しかし、自分たちも相手の小川も、理屈どおりうまく動けるかといえば、そこには複雑な感情が絡むだけに、自信が持てなかった。

「山下さんの話は、いつも論理的で明快です。何が問題で、なぜそれが問題といえるのか。問題の原因はどこにあって、解決へ向けて何をしなければならないのか。さらには、それをやることで期待できる成果は何か。筋道を立ててわかりやすく話を展開するので、ややこしい内容の話でもすぐに理解できます。また、やるべき事柄とともにその理由や根拠をはっきりと伝えるので、説得力があります。そのためか、何となくしっくりこない感じがしても、論理的には反論の余地がないため、ついつい口をつぐんでしまいます。山下さんと話す時はほとんど聞き役で、こちらから何かを話すことはほとんどありません。

　山下さんのスタイルは仕事を合理的に進める上では好ましいと思います。ところが、このところ部門の業績が芳しくないせいか、正論ばかりで攻め立てられることが多くなり、理屈の上でわかっても、気持ちの上で納得できないことがしばしばです。そんな時には自分の中でやらされ感が生まれて、やる気がそがれていることがわかります。それに、現場は理屈だけで動いてはくれません。そこを無理やり論理で押し切ると、隠れた反発や疲弊感が生じて、かえって仕事に悪い影響が出てしまいます。そのため、山下さんから正論をかざして指示が下りてくるたび

に、部下たちにどう伝えようか悩んでしまいます。

　仕事なのだから、やるべきことをしっかりやるのは当然です。一方で、論理的に伝えるだけでは、人は動きません。部長を責めるつもりはありませんが、上司が理屈で押してくると、私も部下に対して理屈で物事を押しつけることがどうしても多くなります。これは、私自身のコミュニケーション力の問題だとはわかっていますが、山下さんにはもう少しわれわれの気持ちをわかってほしいと思います。そうすれば、もっと前向きに意欲を持って仕事に取り組める気がします」

　森の気持ちの突っかかりを解きほぐし、心から納得してやるべきことを進められるようにするために、山下はどうしたらよいのだろうか。

なぜ、人は理屈だけでは動かないのか

　理屈の上では理解できても、気持ちの上で納得できないことは、誰もが経験のあることに違いない。そんな時は論理的に頭ではわかっていても、自分がそれを受け止める立場であることを意識すると心情的に反論したくなる。森の立場に立てば、「そうはいっても、過去の経緯を考えると、本件で小川さんを巻き込んで進めるには、実行上の問題をどう考えたらよいのだろうか」といった気持ちがあったに違いない。

　これに対して、山下が「今回の件は小川さんが詳しいことは、君も知っているだろう。それに、関係をこじらせた原因の一部は、君の側にもあったんじゃないか。崩れた関係を修復することも仕事のひとつだ」と正論で説得にかかったらどうだろう。森の気持ちの中

では、「それは、わかっています。でも……」と、頭ではやるべきだと理解していても気持ちの整理がつかず、反発したり、逆に自分の気持ちを抑圧したりという状態が生まれ、前向きに動こうという意欲が阻害されてしまうに違いない。また、こうした状況の中で、山下には本当の気持ちを話しても無駄だと森が考えれば、両者の間に腹を割ってホンネで話しあう関係は生まれてこない。

このように、人は論理的な指示だけでは必ずしも動かない。その最大の理由は、論理的にとるべき行動に対して、自分の感情が抵抗を示しているからに他ならない。受け手に高いＥＱが備わっていれば、このような問題は生じないかもしれないが、現実はこうした自分の感情を制御して動ける人はそれほど多くない。

一般に、論理に基づいて指示を行うことは、話し手の考えをわかりやすく伝え、相手の理解を促し説得を行うのに有効的な方法だ。ここでは、こうしたコミュニケーションを指示的コミュニケーションと呼ぼう。一方で、相手が論理的には理解できても気持ちの上で納得できない場合は、論理だけではなく五感を活用し、話の内容ではなく相手の感情を扱うコミュニケーションが必要となってくる。ここでは、そうした方法を、支援的コミュニケーションと呼ぼう。

話し手と聞き手、どちらが主役か

では、支援的コミュニケーションとは、どのようなものだろうか。支援的コミュニケーションでは、主役は話し手ではなく受け手である。そこで扱うのは、客観的な話の内容ではなく相手の主観的な感情の世界だ。

ここでのコミュニケーションの目的は、自分の考えをわかりやすく伝え、指示することではない。受け手が自分の内面で抱える問題

を自分自身で自ら発見し、解決できるよう支援することだ（図4-9）。

そこで必要となるのが、論理だけでなく五感を使ったコミュニケーション手法だ。そこでは、受け手自身が客観的に自己を内省できるよう、相手の言葉だけでなく感情にも耳を傾け、意図的に評価を控えて事実を事実として伝え、視点を変えるためにさまざまな問いかけを行っていくことが中心となる（図4-10）。

たとえば、森が抱える小川に関する懸念についていえば、まずはどのような懸念なのか、山下が森の気持ちにじっくり耳を傾けてやることが出発点だ。そうすることで、森の抱いている漠然とした不安は、具体的な感情に関わる問題として顕在化する。

また、小川との関係について、はじめから否定的な問題としてと

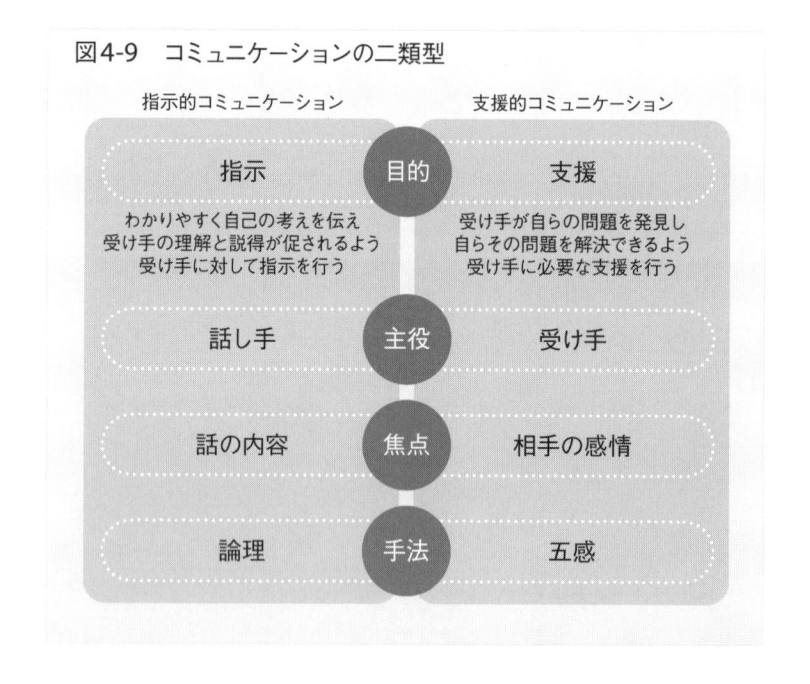

図4-9　コミュニケーションの二類型

指示的コミュニケーション		支援的コミュニケーション
指示	目的	支援
わかりやすく自己の考えを伝え受け手の理解と説得が促されるよう受け手に対して指示を行う		受け手が自らの問題を発見し自らその問題を解決できるよう受け手に必要な支援を行う
話し手	主役	受け手
話の内容	焦点	相手の感情
論理	手法	五感

らえるのではなく、起きた事象に対する評価を留保し、過去に実際に何が起こり、その背景には何があったかを事実として見直すことで、現在の関係に至った原因が客観的に見えてくるかもしれない。さらに、実際に出てきた懸念に関して「小川はどう感じるか」「部長や上層部からは、どう見えるか」「どんな条件がそろえば、克服できそうか」といった問いかけを行うことにより、その懸念が実質的な障害から発しているのか、それとも単に気持ちの問題なのかといったように、森自身が自らの力で客観的な障害と自分の内面に引っかかる問題を発見整理し、解決していくための手掛かりを引き出すことができてくる（図4-11）。

このように支援的コミュニケーション手法の前提にあるのは、「自

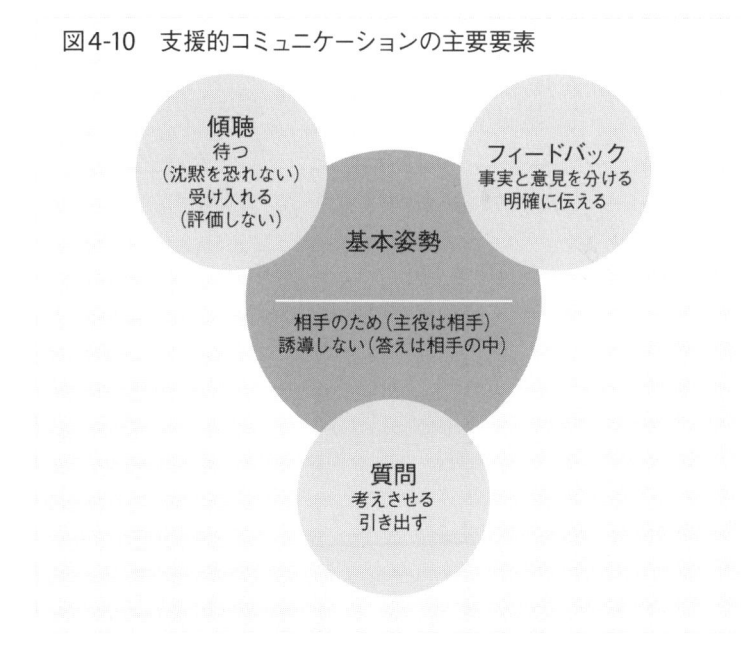

図4-10　支援的コミュニケーションの主要要素

傾聴
待つ（沈黙を恐れない）
受け入れる（評価しない）

フィードバック
事実と意見を分ける
明確に伝える

基本姿勢
相手のため（主役は相手）
誘導しない（答えは相手の中）

質問
考えさせる
引き出す

分の問題を扱い、自分自身を変えることができるのは、直接的には本人以外にいない」という考え方だ。話し手ができることは、受け手が自ら問題を発見し、それを解決するプロセスを間接的に支援することだけであり、受け手がそうした気づきを得るための触媒に徹することがポイントとなる。"コーチング"と呼ばれるコミュニケーション手法は、ここでいう支援的コミュニケーションの考え方を基本として発展したものと位置づけることができる。

支援的コミュニケーションにおける信頼

ここで支援的コミュニケーションについて気をつけておくべきことは、その成立のためには話し手と受け手の間の信頼関係が必要だという点だ。信頼には能力への信頼と意図への信頼の2つがある。

前者は「能力に対する期待としての信頼」で「相手がやるといったことをちゃんと実行する能力をもっているか」、後者は「意図に対する期待としての信頼」で「やるといったことをやる気があるの

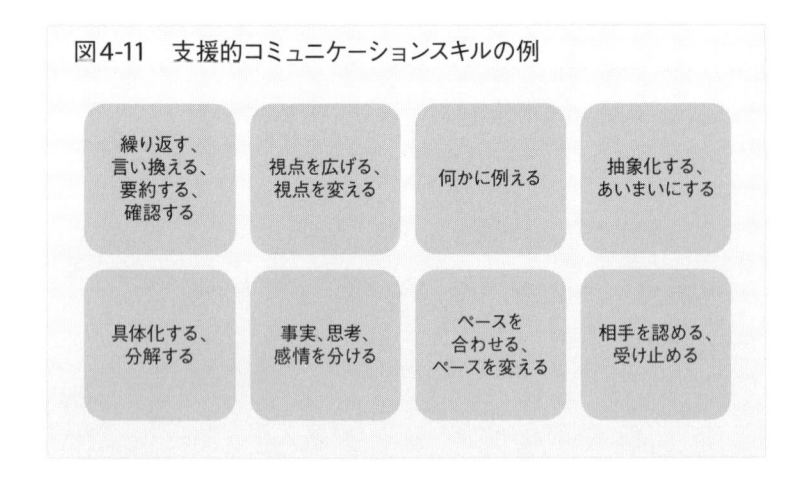

図4-11 支援的コミュニケーションスキルの例

繰り返す、言い換える、要約する、確認する	視点を広げる、視点を変える	何かに例える	抽象化する、あいまいにする
具体化する、分解する	事実、思考、感情を分ける	ペースを合わせる、ペースを変える	相手を認める、受け止める

か」（参考：山岸俊男『信頼の構造』東京大学出版会、1998年）を示すものとして理解するとわかりやすい。

　支援的コミュニケーションにおいては、話し手は「相手が自ら問題を発見し、それを解決する能力を持つとともに（能力への信頼）、その努力を行う意図を持っている（意図への信頼）」という前提を置いている。一方、受け手は話し手に対して、「話し手に支援する力があるとともに（能力への信頼）、こちらが無防備であっても相手がそれを悪用せず誠実に支援をしてくれる（意図への信頼）」という前提を持っている。

　こうした信頼関係がなければ、支援的コミュニケーションはそもそも成立しない。中でも、受け手の持つ意図への信頼は重要で、これがなければ、話し手の問いかけに対して、受け手はホンネを語らないばかりか、話し手からの批判や攻撃を恐れて自己防御に走ってしまう。

　したがって、職場において支援的コミュニケーションを取り入れていくためには、日頃から部下や関係者に対して信頼関係を構築しておくことが前提となる。そのためには、管理職として日常の誠実な行動や発言が重要であることは、言うまでもないだろう。

コミュニケーションの偏り

　ここまで見てきたとおり、相手にわかりやすく物事を伝え動いてもらう際には、論理を基本とした指示的コミュニケーションが有効だ。一方で、論理を超えた感情の問題を扱う場合には、支援的コミュニケーションを取り入れる必要がある。

　では、実態として、あなたは職場でどちらのコミュニケーション手法をより多く使用しているだろうか。以下の質問に当てはまるも

のに「✓」してみよう。

Q1	相手の話を聞くより、自分の考えや意見を伝えることを優先しがちだ	☐
Q2	コミュニケーションの大半は文字や言葉のみで行う	☐
Q3	会話を行う時は、自分と相手のどちらが論理的に正しいかに意識が向く	☐
Q4	話を伝える時には、自分が話す内容に注意が向き、相手の反応はあまり意識しない	☐
Q5	話を聞く時には、相手の話の内容に注意が向き、話す相手の感情はあまり意識しない	☐

　上記の質問で「✓」の数が多ければ、論理を基本とした指示的コミュニケーションを重視する傾向が強い。一般に、管理職にはこうした傾向を持つ人が多い。これは、多くの企業が論理的な分析に基づいて判断を行い、上位者から下位者への指示の連鎖の中で人が動いていくことを前提に、事業活動を進めているためだ。したがって、指示的コミュニケーションを重視すること自体は必然的なことであり、決して悪いことではない。

　しかし、この傾向が強すぎると、組織メンバーの感情面でのケアが手薄になり、不満や疲弊感が蓄積される。これが高じるとタテマエだけのコミュニケーションが蔓延し、理屈ばかりで実行力の欠けた組織となる恐れが生じる。指示的コミュニケーションが支配的な場合は、この点を留意して、支援的コミュニケーションを取り入れることで、その弊害を取り除いていきたい。

指示か、支援か

　では、実際の職場においては、指示的コミュニケーションと支援的コミュニケーションを、どのように使い分けていったらよいだろうか。

　指示を中心にしたコミュニケーションは、指示する側がよりよい判断ができるという前提に立って行われる。極端にいえば、指示的コミュニケーションは、相手と自分の関係における基本スタンスとして、自分が相手を支配し、自分の言うことに従わせることを前提とした手法である。したがって、相手の意向にかかわらず組織として有無を言わさず迅速に相手を従わせる必要がある場合、あるいは、相手がそもそも経験不足で支援的なやり方が機能しない場合など、自分が相手をコントロールすべき場面での有効性が高い。

　一方で、指示する側と指示される側が固定化すると、指示がなければ相手が動かなくなる恐れがあることが、指示的コミュニケーションの欠点だ。企業組織においては、上位の職位にある人が指示する人で、下位の立場にある人が指示される人といった認識がなされがちだ。こうした見方が前提にあると、結果として、常に上の人が下の人に指示を出し、下の人が上の人に依存する組織体質が生まれてしまう。こうなると、指示の有効性はその場限りとなり、指示がなければ動かず、あるいは、指示がなければ同じ過ちを繰り返す危険が生まれる。

　これに対し、支援的コミュニケーションは、受け手が自ら考え、判断し、行動を起こすことを支援するという考え方だ。ここで注意したいのが、相手が困っている時に情報を提供し、あるいは、問題を診断し解決してあげることによって、相手を助けることは、ここ

でいう支援には該当しないという点だ。

こうしたやり方においては、受け手は話し手が提供する情報や判断に従うだけで、受け手自らの主体的行為は生まれてこない。ここでいう支援とは、相手の主体的行為の存在を前提に支援することである。こうした支援を通じて自ら解決に至った相手は、その後は指示がなくとも自律的に動くことができるようになる。

ところが、支援的コミュニケーションは、相手が自分の問題を把握し、解決するまでに時間がかかるという欠点を持っている。結果

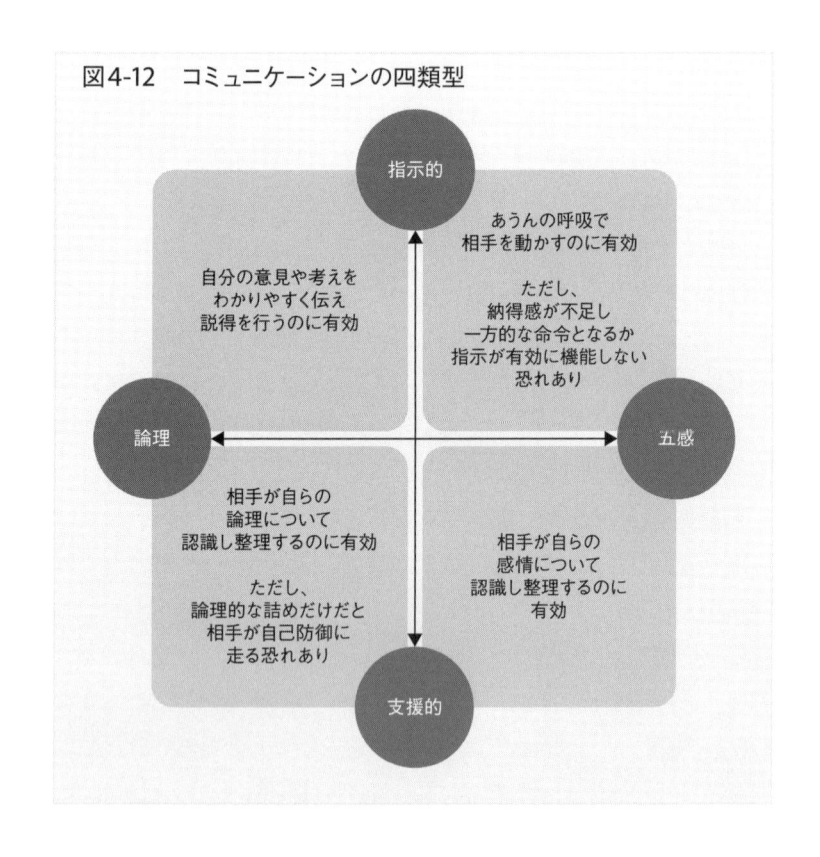

図4-12 コミュニケーションの四類型

指示的

あうんの呼吸で
相手を動かすのに有効

ただし、
納得感が不足し
一方的な命令となるか
指示が有効に機能しない
恐れあり

自分の意見や考えを
わかりやすく伝え
説得を行うのに有効

論理 ←→ 五感

相手が自らの
論理について
認識し整理するのに有効

ただし、
論理的な詰めだけだと
相手が自己防御に
走る恐れあり

相手が自らの
感情について
認識し整理するのに
有効

支援的

が出るまでに、大きな寄り道や失敗があるケースはめずらしくない。したがって、相手が自律的に問題を発見し解決できる力を持つよう相手を育てることを目的に、長期的視点に立って、一定のがまんのもと、継続的に活用すべき手法である。

なお、指示か支援かという軸でコミュニケーションをとらえた場合、論理ではなく五感に基づく指示的コミュニケーション(たとえば、「あれあれ、例の件、頼むよ。わかっているよな」といった話し手と受け手の感覚的な合図による指示)、あるいは、五感ではなく論理に基づく支援的コミュニケーション(たとえば、「なぜ、この目的に対して、こうした手段を選んだのか」といった論理を詰める問いかけ)も考えられる。

前者はあうんの呼吸が成立するような関係があれば有効であるが、そうでなければ一方的な命令になるか、有効に機能しない可能性が高い。後者は相手の論理的欠陥を補うには有効だが、単独で用いると受け手が理詰めで攻め立てられていると感じやすく、自己防御を引き出しやすいため、機能しない危険性が高い(図4-12)。

POINT

【コミュニケーションの基本要素】
コミュニケーション成立のためには「情報の流れ」と「意味の共有」という2つの基本要素が欠かせない。コミュニケーションの有効性の判断は、受け手の認識によって決定づけられる。

【コミュニケーション手法の二類型】
コミュニケーションの手法には、指示的コミュニケーションと、

支援的コミュニケーションがある。相手に指示し説得する場面では、論理に基づいた指示的コミュニケーションが有効である。一方で、理屈で納得しきれない相手の感情を扱う際には、五感を駆使した支援的コミュニケーションが必要となる。

【指示と支援】
指示は話し手が相手の行動を支配することを目的とし、支援は相手の自律と成長を促すことを目的とする。職場においては、各々の利点と欠点を踏まえて、目的によって使い分けることが重要である。

振り返り

◎あなたは、自分が伝えたはずのことが伝わっていないと感じることがありますか。そうした事態を回避するために、あなたが人に何かを伝える時には、どのような工夫ができますか。

◎職務を遂行するためにあなたがコミュニケーションをとる時、あなたの思うとおりに相手を動かすことが重要ですか、それとも相手が自ら判断して主体的に動くことが重要ですか。

◎あなたの話に対して、相手が煮え切らない態度をとることがありますか。そうした場面で、あなたはどのようなコミュニケーションをとりますか。

3 仕事の任せ方

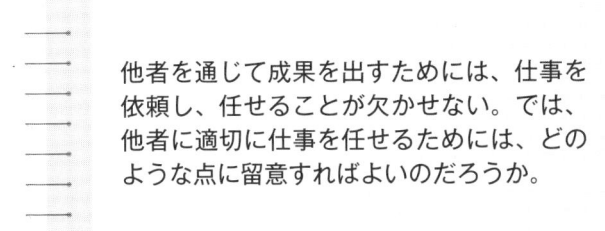

> 他者を通じて成果を出すためには、仕事を依頼し、任せることが欠かせない。では、他者に適切に仕事を任せるためには、どのような点に留意すればよいのだろうか。

うちの部長は、いちいち口を出すんです

「岡本君、あの件はその後どうだ。ちゃんと指示したとおりにフォローしているか」「その問題については、松田さんも後藤君と一緒に直接取引先に行って説明にあたるんだぞ。今週中には、時間のやりくりをして必ず訪問しておいてくれ」「中川君、例のトラブルは、昨日説明したとおり対応を進めているか。あの件は、手順を間違えると大変なことになるからな」

カスタマーサービス部長の藤田は、係長以上が出席する部内会議の席上、次々と細かな指示を出しながら、仕事の進捗を確認していた。いつもどおりの会議の進行を見ながら、いつしか岡田は藤田の部署に異動してからの1年間を振り返っていた。

「うちの部長は、課長時代から新しい提案を考え、さまざまな施策を実行してきました。こうした実績から、社内でも将来の幹部候補と目されています。頭の回転が速く、かつ、行動力も

あり、毎朝7時には出社して自分の仕事を片付け、日中は会議や打ち合わせに社内外を飛び回り、現場に対して次々と指示を出します。夜は夜で日中こなしきれないスケジュールで埋まっていることがめずらしくありません。一方で、予定があいている時には部下たちに声をかけよく飲みに行きます。

　部長はお酒が入るといつも以上に饒舌になり、『10年後には絶対に○○を実現させてやる。なあ、そうだろう』と熱く自分の夢を語ります。こうした部長のそばにいると、そんな熱い思いが伝わってきて自分もがんばろうと思う一方で、この多忙さを支えるエネルギーと体力がどこから出てくるのかと、正直自分との間に距離を感じてしまうこともあります。

　こんな部長ですから、私がこれまで仕えてきた上司の誰よりも仕事ができます。問題があればすぐに対応し、何事もできるまであきらめずにやり続けるのですから、当然といえば当然かもしれません。異動当時は、そんな部長に感銘を受けたりもしました。

　ただ、最近は、無力感を抱くことが多くなっています。特に、課長はおろか私の部下が自分で決めればよいと思うようなことにまで口を出してくると、こうした気持ちは一層強くなります。必要以上に細かいことまで介入されると、自分が部長の手足に過ぎないような気がして、自分の存在意義はどこにあるのか不安になります。そのためか、部長との会議や打ち合わせがあるたびに、自分の意欲が萎えていくのを感じます」

　はたして、藤田の部下との関わり方には、どこに問題があるのだろうか。

効果的な任せ方とは

　管理職が自ら示した目標を実現していくためには、社内外のさまざまな人々に効果的に仕事を依頼し、任せることが求められる。中でも、自分が率いる組織やチームのメンバーに対する仕事の任せ方は、管理職として責任を持つ自己の組織やチーム全体の成果を大きく左右する。では、そもそも仕事を任せるとはどういうことなのか、また、効果的に任せるための鍵はどこにあるのだろうか。

　本来仕事を任せるとは、「他者に対して、目的と目標を明確に示した上で一定の責任と裁量権を与え、具体的な実行の方法やプロセスを任せること」と整理できる。ここで任された側には、任せる側に対する仕事の「遂行責任」が生まれ、一方、任せる側には、任せた仕事がうまく達成されるように必要に応じて指導支援を行うべく「管理責任」が生じる。

　また、仕事を委任するという判断そのものを任せる側が行ってい

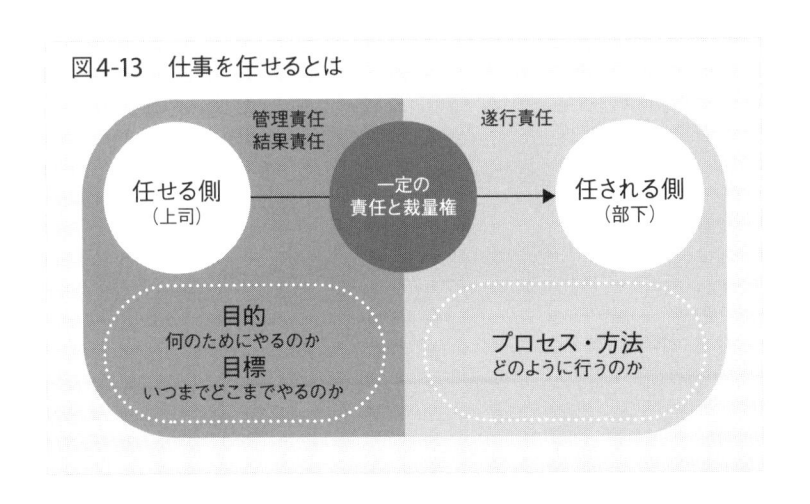

図4-13　仕事を任せるとは

る以上、任せる側には任せた仕事についての最終的な「結果責任」が伴う。ここで結果の責任をとるということは、期待される結果が出ない時には、その結果が出るまで自らが矢面に立って問題に対処するということだ。こうした対処ができないならば、その人は責任者としての役割を果たしていないことになり、その地位に留まる資格はない（図4-13）。

一方で、仕事を任せたように見せかけて、実際には他者に仕事を押しつける場合に使われる言葉に"丸投げ"がある。開封前の封筒を「これやっといて」などと言って渡されたり、「よろしく！」とだけ追記されたメールを転送されたりした経験がある人も少なくないだろう。"丸投げ"は、このように目的や目標を明確に伝えないまま一方的に仕事を渡し、仕事の遂行に必要な指示や指導を一切行

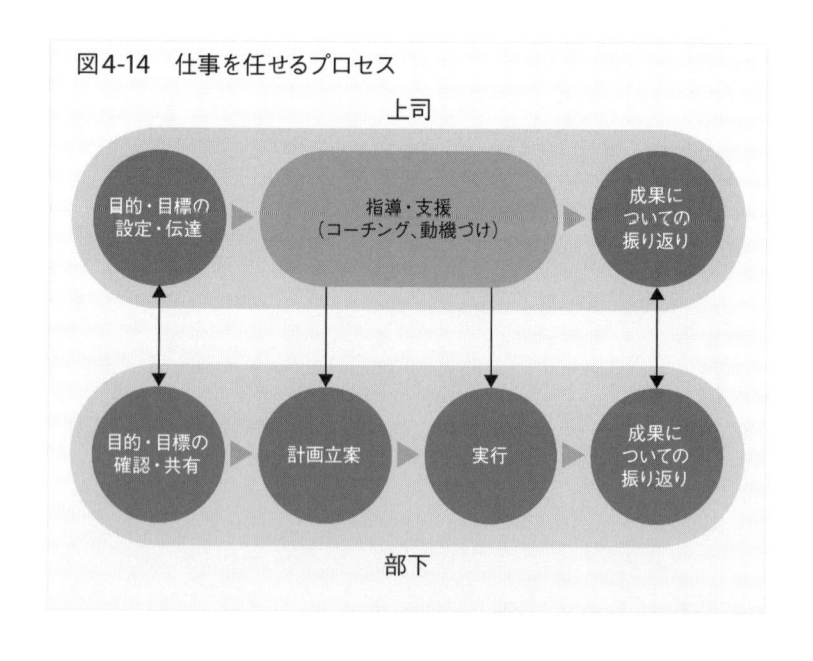

図4-14 仕事を任せるプロセス

わず、結果が好ましくない場合にはその責任を相手に押しつけてしまう場合に使われる。当然のことであるが、これでは、仕事を適切に任せたことにはならない。

図4-14は仕事を適切に任せる際のプロセスを整理したものだ。"丸投げ"は、任せる側に必要なプロセスを構成するいずれの要素も欠けていることがわかる。仕事を任せたつもりが丸投げにならないためには、こうした任せる際のプロセスに漏れがないように自分の行動プロセスを再度確認しておくことが有効だ。

任せることのリスクとリターン

実際に部下に仕事を任せようとする際悩ましいのが、仕事をどこまで任せるかという裁量範囲の問題だ。ここで、裁量範囲を決定する要素は2つある。ひとつは、任せる仕事の大きさだ。ビジョン構築や戦略策定といった仕事には大きな裁量の余地がある一方、定型業務や個別に決められたタスクに裁量の余地は少ない。

もうひとつは、任せた仕事への介入の度合いだ。ビジョン構築や戦略策定においても、細かく介入して指示や指導を行えば、それだけ部下の裁量の余地は限られてしまう。したがって、仕事を任せる際、どの大きさの仕事を任せ、任せた仕事にどの程度介入するか、2つの視点から任せる仕事の裁量の大きさを把握することが重要だ（図4-15）。

では、どのようにして裁量の大きさを決めたらよいのだろうか。仕事のテーマが大きすぎたり、あるいは、与えた仕事を任せっきりにしすぎて、期待どおりの仕事のアウトプットが出てこなかった経験は、管理職なら誰もが経験することだ。逆に、仕事を細かくぶつ切りにして個々のタスクレベルで仕事を割り振り、あるいは、仕事

のやり方やプロセスに介入しすぎて、部下の意欲をそいでしまった経験のある管理職も少なくないだろう。

藤田の例では、藤田が部下の行動に介入することで、自らが想定する成果を確実に出すことには成功している。一方で、部下の岡田は上司の過剰な介入によって、自らが主体的に考え動く機会を奪われ、仕事への意欲は明らかに低下している。こうした状態が長く続くと、極端な場合、部下は上司からの信頼を失っていると感じ、自

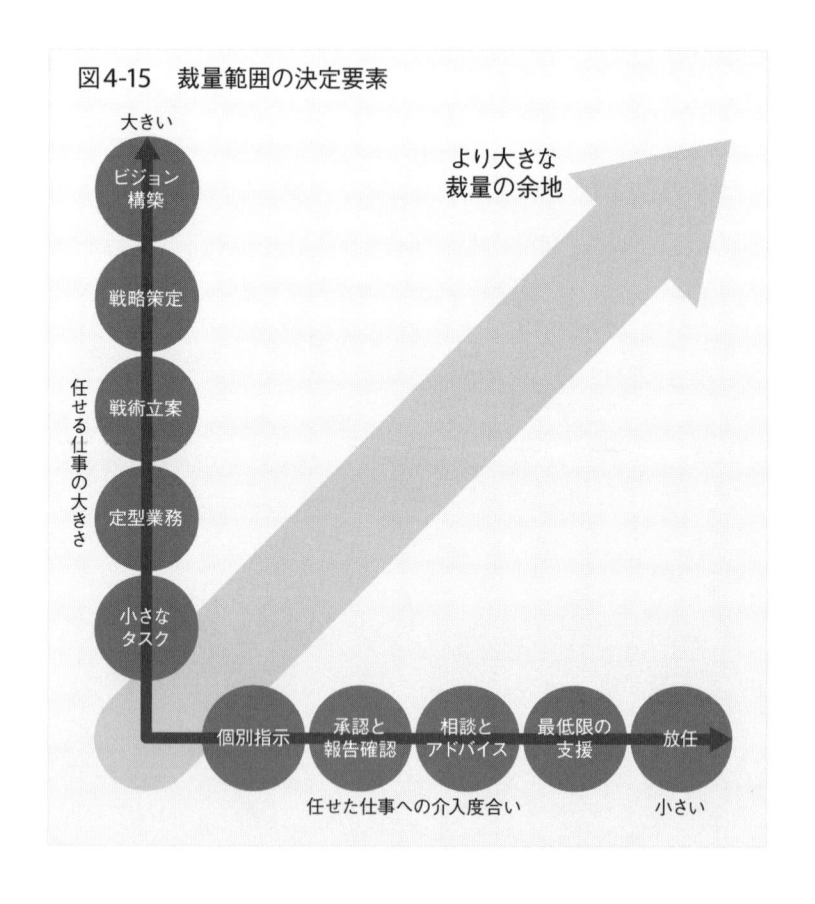

図4-15　裁量範囲の決定要素

任せる仕事の大きさ：大きい
- ビジョン構築
- 戦略策定
- 戦術立案
- 定型業務
- 小さなタスク

任せた仕事への介入度合い：
- 個別指示
- 承認と報告確認
- 相談とアドバイス
- 最低限の支援
- 放任（小さい）

より大きな裁量の余地

ら考えることを放棄し、上司から指示されたことしかしない指示待ち人間になってしまう危険すらある。要するに、上司は介入することにより、自らが想定するアウトプットを予定どおり出す確率を上げることができるが、一方で、介入が大きいと部下の意欲をそぐばかりか、部下の成長をも止めてしまう危険性がある。

　逆に、部下に仕事を大きく任せた場合はどうだろう。裁量の範囲が大きすぎると、何をどうすればよいのかわからず試行錯誤で時間が費やされ、あるいは、目標が高すぎて自信ややる気が失われ、上司が期待するアウトプットが予定どおり出てくる確率は下がっていく。一方で、こうした大きな裁量の中で、自ら主体的に考え行動できる自由の大きさに意義を見出し、やりがいを感じながら新たなチャレンジを通じて部下の潜在力を顕在化させることができれば、部下の成長を促すことができる。

　このように、仕事を任せる際、上司が想定する仕事のアウトプッ

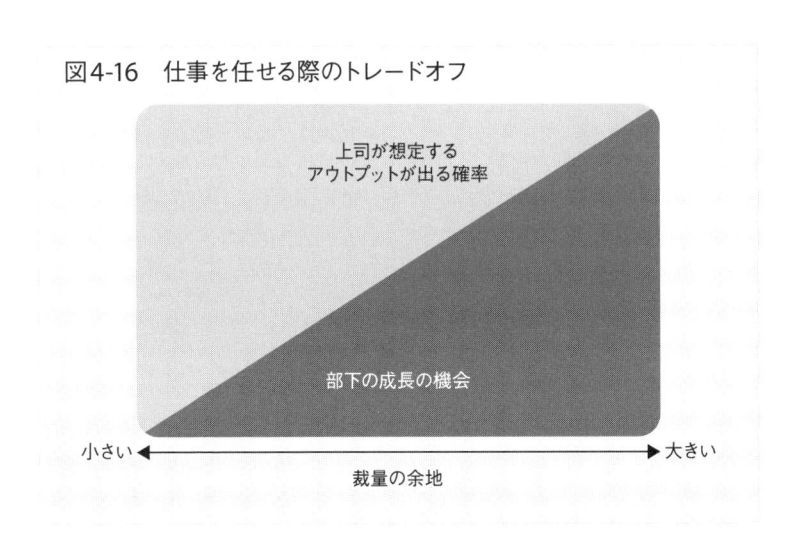

図4-16　仕事を任せる際のトレードオフ

上司が想定する
アウトプットが出る確率

部下の成長の機会

小さい ←　　　　　　　　　　　　　　　　　　→ 大きい
裁量の余地

トと部下の成長とは、ある種のトレードオフの関係にある。上司からすれば、任せた仕事について細かく進捗を確認し介入した方が、自分の想定するとおりのアウトプットが出てくる可能性が高まるが、部下の成長は犠牲となってしまう。一方で、部下の成長のためにと仕事を大きく任せすぎると、仕事が期待どおりに進まないリスクが高まる（図4-16）。

裁量範囲を決めるための判断軸

では、仕事をどこまで任せるべきか、適切な裁量範囲は何を基準に判断すればよいのだろうか。ひとつ目の要素は、任せる仕事に対する部下（個人）の力量だ。任せようとする仕事を遂行するために必要な能力を部下が有しており、かつ、それを遂行する意欲が高ければ、任せた仕事が期待どおり完遂される可能性は高くなる。一方、能力、意欲、いずれか一方でも欠けていれば、期待する成果は出てこない。こうした場合には、予定どおりの成果を出すために、能力に対する指導や意欲を高めるための動機づけといった介入が必要となる。

このように、上司が効果的に仕事を任せるためには、部下の能力を正しく見極めることが出発点だ。具体的には、部下の過去の実績、現状の仕事ぶり、さらには、将来へ向けての提案や計画の内容を観察する中で、部下の能力を適切に把握することが必要だ。同時に、仕事の繁忙状況や本人の性格や志向性を含めた部下の特徴を踏まえ、本人の仕事に対する意欲のレベルを把握することができて、はじめて適切な裁量範囲を考えることができる。

仕事の任せ方を決めるためのもうひとつ重要な要素は、仕事そのものの性質だ。緊急度や重要度が極めて高く、遅れや失敗が許され

ない仕事であれば、上司としては期日までに結果が出るように、細かな進捗確認や指示指導を行わざるを得ないだろう。一方で、仮に遅れや失敗が生じてもリカバリー可能な仕事、あるいは、事業に及ぼす影響が致命的ではない仕事であれば、遅れや失敗を視野に入れながら、育成のための部下のチャレンジを重視して思い切って任せるという判断ができるだろう（図 4-17）。

なお、個人の力量と仕事の性質は、相対的なものとして考える視点も忘れないでおきたい。当然のことながら、緊急かつ重要な仕事でも、それに対応する意欲と能力を備えた部下に対しては、大きく任せるという判断があってもよいし、逆に、やる必要はあるが緊急度や重視度が必ずしも高くない仕事でも、部下の意欲や能力が欠けていれば、指導や支援といった介入が必要であることは、言うまでもない。

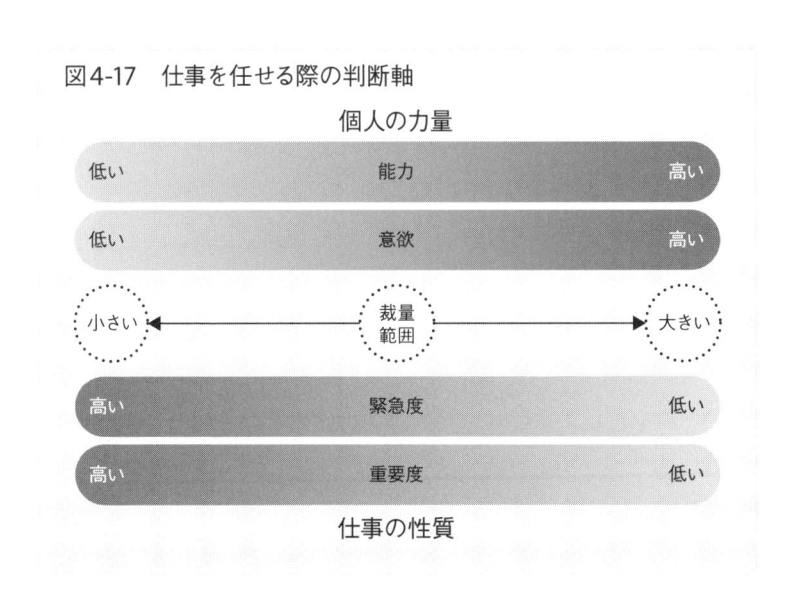

図4-17　仕事を任せる際の判断軸

個人の力量

| 低い | 能力 | 高い |
| 低い | 意欲 | 高い |

小さい ←　裁量範囲　→ 大きい

| 高い | 緊急度 | 低い |
| 高い | 重要度 | 低い |

仕事の性質

なぜ、適切に仕事を任せられないのか

ところが、このような考え方を理解しても、実際に適切に仕事を任せることは、必ずしも容易なことではない。多くの場合、自分では適切に任せたつもりが、部下の目から見ると、丸投げであったり、逆に、過剰介入であったりする。あるいは、そもそも仕事を抱え込んでしまい、任せること自体が十分できていない場合も少なくない。

では、あなたには仕事を任せる際に、どのような傾向があるだろうか。以下の質問に「✓」で答えてみよう。

Q1　部下の力量にかかわらず、どんどん仕事を部下に任せる　☐

Q2　問題が発生しなければ、部下の仕事の進捗を確認することはほとんどない　☐

Q3　部下には、常に報告、連絡、相談を細かく求める　☐

Q4　任せた仕事のやり方や進め方について、細かな指示や指導を行う　☐

Q5　急ぎの仕事や重要な仕事は、人には任せず自分でこなす　☐

Q6　部下には、本人が着実にこなせるレベルの仕事しか与えない　☐

「✓」を入れた質問がQ1、Q2の人は「意図せぬ間に丸投げになっていないか」、Q3、Q4の人は「無意識のうちに過剰な介入を行っていないか」、Q5、Q6の人は「任せられる仕事まで自分で抱え込んでしまっていないか」、立ち止まって確認するとよいだろう。

ここで自己の偏りを自覚することは、より効果的に仕事を任せるための第一歩だ。その上で押さえるべきことは、どうしてこのような偏りが生じてしまうのか、その原因を探ることだ。

　第一に、どんな仕事でもすぐに丸投げをする上司は、そもそも管理職としての責任に対する認識が不足している。嫌な仕事や苦手な仕事を丸投げするのは論外だ。しかし、そうではなくても、自分の仕事が極端に忙しく、部下の活動を見る余裕が時間的にも心理的にもなくなってくると、ついついこなしきれない仕事をそのまま渡したり、部下への指導支援が後回しになったり、結果として丸投げ状態が生じてしまう。

　こうした状況に陥るのは、「自分が対処しきれない仕事も、誰かに渡せば何とかしてくれるだろう」、あるいは「部下の指導より、まずは自分自身の仕事を片付けることが先決だ」といった考えが心の奥底に潜んでいるからに他ならない。だが、こうしたやり方を続けていると、想定した成果が部下からあがってこないばかりか、かえってめんどうな問題が増加してその対処に追われることになってしまう。

　第二に、過剰な介入を行う上司の場合、その背景には、「部下に任せたまま失敗することを避けたい」という心理的不安が潜んでいる。こうした心理は本人が意識していない場合も多く、藤田のケースのように自覚のないまま過剰介入になっている場合もめずらしくない。過剰介入の心理は、職位レベルが上がり、結果責任を負う立場としてのプレッシャーが大きくなればなるほど起こりやすい。

　しかし、過剰な介入は、知らず知らずのうちに部下の成長を蝕み、組織やチームとしてのアウトプットの減少を引き起こす。言い換えれば、現在のアウトプットを着実に出そうとする過剰な介入行動は、

将来のアウトプットを左右する部下の成長を犠牲にすることになるのだ。

第三に、そもそも仕事を自分で抱え込み他者に任せることが苦手な人には、過剰介入と同様に「任せて失敗したくない」という意識があるとともに、「自分で仕事を片付けた方が速い」という考えが潜んでいる。自分の方が部下よりも仕事を正しくかつ効率的に進めることができるという思い込みがあるので、本来部下に任せるべき仕事まで自分でこなしてしまうのだ。これを続けると、自分の仕事が多くなりすぎて首が回らなくなってしまう。そうでなくとも、本来時間をとるべき将来へ向けての仕事は、先送りにされてしまいがちだ。自分は仕事ができると思っている人ほど、こうした傾向に陥りやすい。

仕事を適切に任せることができないと、組織やチームとして本来生み出せるはずの成果を生み出すことができない。適切に仕事を任せるためには、自分の仕事の任せ方における偏りを自覚し、その偏りが生み出すマイナスの影響を理解し、偏りの背後にある心理を認識することが重要だ。そうすれば、適切に仕事を任せるための糸口がつかめてくるだろう。

なお、ここでは上司と部下の関係を中心に任せることについて考えてきたが、部下以外の仕事上の関係者に仕事を依頼する際にも、基本的な考え方のプロセスと判断の拠り所は共通だ。ただし、直接の上下関係がないため、依頼と介入にあたっては、相互の組織上の力関係を踏まえながら、権限を超えた影響力の行使について考慮することが必要だ。

任せることの効用

　適切に仕事を任せることは、管理職が自ら率いる組織やチームの成果を最大化するためには不可欠である。では、一歩視点を広げて会社全体の視点から考えると、仕事を任せることにはどのような効用があるのだろうか。

　第一に、管理職にとっては、組織やチームとしてより効率的に仕事を進めるとともに、仕事を任せることよって生まれた自己の時間を、より付加価値の高い創造的な業務のために割けることが大きな利点だ。

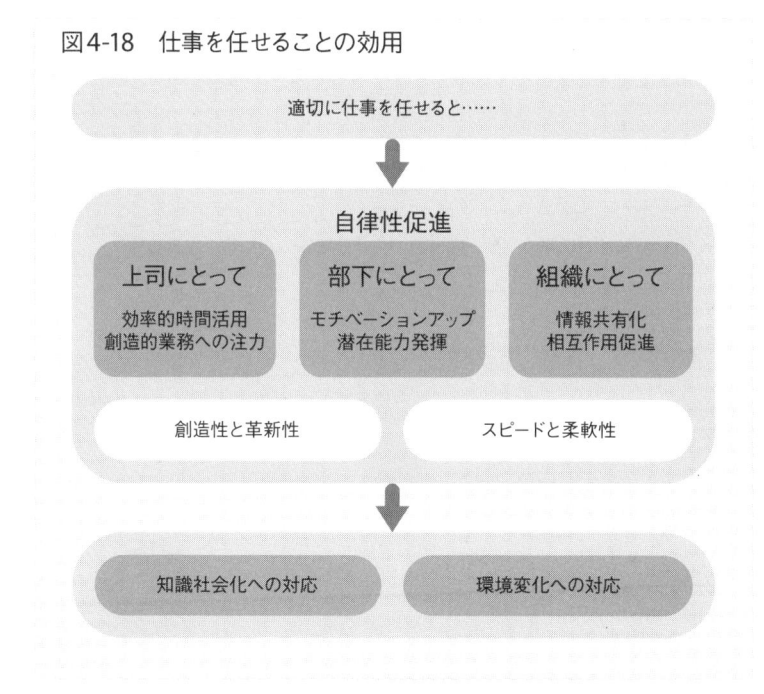

図4-18　仕事を任せることの効用

```
適切に仕事を任せると……
           ↓
        自律性促進
┌──────────┬──────────┬──────────┐
│ 上司にとって │ 部下にとって │ 組織にとって │
│ 効率的時間活用│モチベーションアップ│ 情報共有化  │
│ 創造的業務への注力│ 潜在能力発揮 │ 相互作用促進 │
└──────────┴──────────┴──────────┘

  創造性と革新性          スピードと柔軟性
           ↓
  知識社会化への対応       環境変化への対応
```

第二に、部下にとっては、自ら主体的に考え行動する機会が増え、モチベーションのアップと潜在能力の発揮につながり、ひいては自分の成長を促すことになる。

　第三に、組織やチームにとっては、階層を超えてより多くの情報を共有化することになり、また裁量権を持った主体的な活動を通じてメンバー間の相互作用が活発化し、組織の活性化につながる。

　このように組織メンバーが大きな裁量のもと自発的に活動することは創造性と革新性の発揮につながり、また、現場レベルでの自律的活動はスピードと柔軟性を高める。今日の企業活動においては、新たな知恵やアイデアの創出、あるいは、激しい環境変化への柔軟かつスピーディな対応が、事業成功を左右する重要な鍵となっている。こうした状況を考えると、適切な仕事の委任を通じて組織メンバーの潜在的な力を引き出していくことの重要性は、ますます大きくなっていることを理解しておきたい（図4-18）。

POINT

【何を任せるのか】
仕事を任せるとは、他者に対して、目的と目標を明確に示した上で一定の責任と裁量権を与え、具体的な実行のやり方やプロセスを任せることである。

【どこまで任せるか】
任せる仕事の大きさと任せた仕事の介入の度合いによって、受け手の裁量の範囲が決まってくる。裁量の大きさによって、期待する仕事のアウトプットが出る確率と部下の成長機会の大き

さが左右される。裁量範囲の決定の際には、個人の力量（能力と意欲）と仕事の性質（緊急度と重要度）を見極めて判断することが重要である。

【任せる際の落とし穴】
適切な任せ方を理解していても、管理職の隠れた心理によって、任せ方に偏りが生じやすい。

【任せることの効用】
企業全体として適切な仕事の委任が進むことは、組織全体としての創造性や革新性の発揮あるいは柔軟かつスピードある対応を可能とする。

振り返り

Q あなたは、仕事を依頼し任せる時、目的と目標を明確に伝えていますか。

Q あなたは、部下に仕事を任せる際、部下の能力と意欲の状態を考慮していますか。また、仕事の成果と部下の成長のどちらに力点を置いた仕事の委任と指導を行っていますか。

Q あなたの仕事のやり方は、丸投げ、過剰介入、仕事の抱え込みといった傾向はありませんか。そうした傾向が出る背景には、どのような気持ちや考え方が潜んでいますか。

❓あなたが部下に仕事をより適切に任せることができたら、あなた自身、あなたの率いるチームや組織、あるいは、あなたの会社にどのようなメリットが生まれますか。

第5章
組織との向き合い方を考えるための視点

1 チームのつくり方

> 企業活動において、新たなテーマや課題に対して、チームとして取り組む場面は少なくない。では、管理職として、組織における身近な活動単位であるチームについて、その成果を最大化するためには、どのような視点を持てばよいのだろうか。

💬 みなが勝手なことばかり言って、話がまとまりません

　事業部長の長谷川は、急速に変化する市場ニーズに対し、これまでの延長線上にはない斬新な新商品開発を進めていくため、固定観念にとらわれない若手を中心とした事業部長直轄のプロジェクトチームを発足させた。選ばれたメンバーは30歳前後の係長および30代半ばまでの若手の課長が中心で、プロジェクトリーダーには事業企画部で課長を務める石井が任命された。

　7月1日キックオフミーティングが開催され、事業部長からは、上期末までの3カ月間にこれまでの発想を超えた具体的な新商品を提案するよう、直接チームに指示が与えられた。事業部長の説明を受け、石井は3カ月間の大まかなスケジュールの説明を行い、翌週に行う第1回プロジェクト会議までに、まずは斬新な新商品のアイデアを考えてくるようメンバーに依頼を

行った。長谷川が各部長の抵抗を押しきって直接選りすぐりのメンバーを指名して結成したチームだけに、プロジェクトに対する長谷川の期待は大きかった。

　半月後、廊下で石井とすれ違った長谷川は、「どうだ、プロジェクトは順調か」と声をかけた。石井が「ええ……」と答える間もなく、長谷川は「期待しているぞ」と言いながら、次の会議へ足早に向かっていった。

　ところが、長谷川の期待とは裏腹に残された石井の顔には暗い表情が漂っていた。というのも、既に３回目のプロジェクト会議を終えていたにもかかわらず、会議では各メンバーのプロジェクトへの不満や各部門のエゴのぶつかり合いばかりが表面化し、いまだプロジェクトは方向性が定まらないまま迷走状態にあったからだ。石井は「このままでは、建設的な議論もないままあっという間に３カ月がたってしまう。いっそのこと、自分ひとりで提案書をまとめてしまった方が早いかもしれない」とさえ感じていた。

　実際、ほとんどのメンバーは、そもそも通常業務だけでも手が回らないのに、通常の業務はそのままでプロジェクトの仕事が追加されたことについて、大きな不満を抱いていた。また、「これまでの延長線上にはない斬新な新商品開発」という漠然としたテーマに対して、それぞれ自分勝手な興味や関心をもとに、好き勝手な発言ばかりがなされていた。さらに、どのメンバーも自部門の仕事に影響がある話になると急に後ろ向きの姿勢になって否定的なコメント出すため、まともな議論が成立しない状態であった。

　一方、各部の部長は、プロジェクト活動に自分の優秀な部下

たちの時間をとられ、部内の業務遂行が二の次になることへの反感や、新たな提案によって部の仕事に余分な負荷がかかるのではないかとの危惧を抱いていた。プロジェクトメンバーの中には、上司の部長から「プロジェクトに没頭して、自分の本来業務に穴があかないように、しっかり頼むぞ」と釘をさされたり、あるいは「部の代表として、われわれの立場をしっかり考えて進めてくれ」と指示を受けたりする者もあった。

　はたして、石井はどうやってチームの現状を打開していけばよいのだろうか。

チームとは

　企業には、組織図上の公式組織、公式組織内にある小グループ、プロジェクトチームやタスクフォースなど、さまざまな個人の集まりとしての集団が存在する。

　では、あなたが率いる人々の集団は、実態として、以下のどちらに該当するだろうか。

A　メンバーには、各々が分担する業務を明確に示している。各メンバーには、自分の分担する業務を確実に行うことを第一に期待している。

B　メンバーには、おおまかな役割だけを示している。各メンバーには、メンバー間で相互に協働することで、全体として相乗効果を生み出すことを期待している。

　企業では、グループとチームという言葉を、しばしば明確に区別

しないで使用する。しかし、複数のメンバーからなる組織内の人の集まりについて、組織行動学では、"グループ"と"チーム"を異なる概念として区別している。この違いを理解しておくことは、各々の活動を効果的に進める上で重要だ。前記の質問で、Aと答えた人は"グループ"として、Bと答えた人は"チーム"として、自ら率いる集団を位置づけていると考えてよいだろう。

では、"グループ"と"チーム"の違いとは何であろうか。グループは各メンバーの成果の総和がグループ全体の成果であることを前提としているのに対し、チームは各メンバーの成果の総和を超える成果をチーム全体で出すことを前提としている。したがって、通常、管理職としてグループを率いる場合には、グループ全体の仕事を個人ごとに分解して割り当て、各々のメンバーが出した成果をまとめることによって、グループ全体の成果を生み出すことになる。

一方、チームを率いる場合には、チーム全体の仕事は必ずしもす

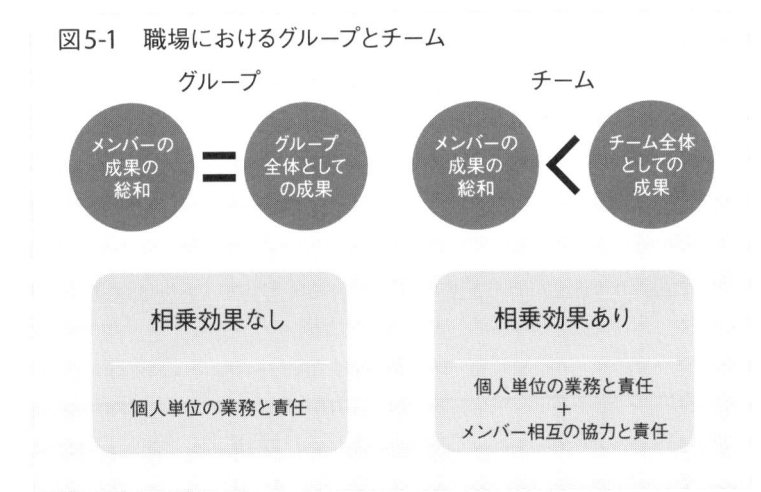

図5-1 職場におけるグループとチーム

グループ
メンバーの成果の総和 ＝ グループ全体としての成果

相乗効果なし

個人単位の業務と責任

チーム
メンバーの成果の総和 ＜ チーム全体としての成果

相乗効果あり

個人単位の業務と責任
＋
メンバー相互の協力と責任

べてが明確に分解されないままメンバーに共有され、流動的な役割分担とメンバー同士の相互作用の中で新たな価値を生み出すことを目指す（図5-1）。

こうしたチームの概念は、プロジェクトチームのように特定の課題に対して期間限定で結成される場合に適用されることが多い。だが、チーム活動は、必ずしもこうしたケースに限定されるものではない。

公式に規定された継続性のある組織やグループにおいても、環境変化とともに固定的定型的な業務から流動的非定型的な業務内容の比率が増えるに従い、業務を分解して各担当者に割り当てるグループ的な仕事のやり方から、メンバーが協力しながら相乗効果をねらって相互補完的に仕事を進めるチーム的な仕事のやり方が求められる場面が増加している。

したがって、複数のメンバーを率いる立場にある管理職としては、自らが率いるメンバーの集まりを単なるグループと見なすのか、相乗効果をねらうチームとしての機能を目指すのか、自己の率いる集団の位置づけを明確にすることが重要だ。その上で、メンバーに対する業務の割り振りとメンバー間の仕事の進め方を設計していくことが求められる。

効果的なチーム

自ら率いる集団をチームとして機能させていこうとする場合、個人単位で仕事を与え、上司対部下という一対一の関係の中で仕事を進めるグループとは異なる観点が必要だ。すなわち、チーム全体をひとつの活動単位と見なし、チームメンバー間相互の関係を考慮し、チーム全体としての能力と意欲を最大化することで、相乗効果が期

待できるような工夫を凝らすことが必要となる（図5-2）。

ここで能力面については、メンバーのスキルが相互補完的になるよう、メンバー構成を工夫することが重要なポイントだ。たとえば、新規事業推進チームにおいては、将来ビジョンを語る人、それを実現するタネとしての技術やアイデアを持つ人、ビジネスの対象となる市場に詳しい人、資金繰りや経営数値の面倒を見る人、実際の事業運営や組織運営をつかさどる人といった具合だ。このようにチーム全体の目的（ここでは、新規事業推進）にあったスキルがチーム全体として相互補完的にカバーできるよう、各々の得意分野が相互に

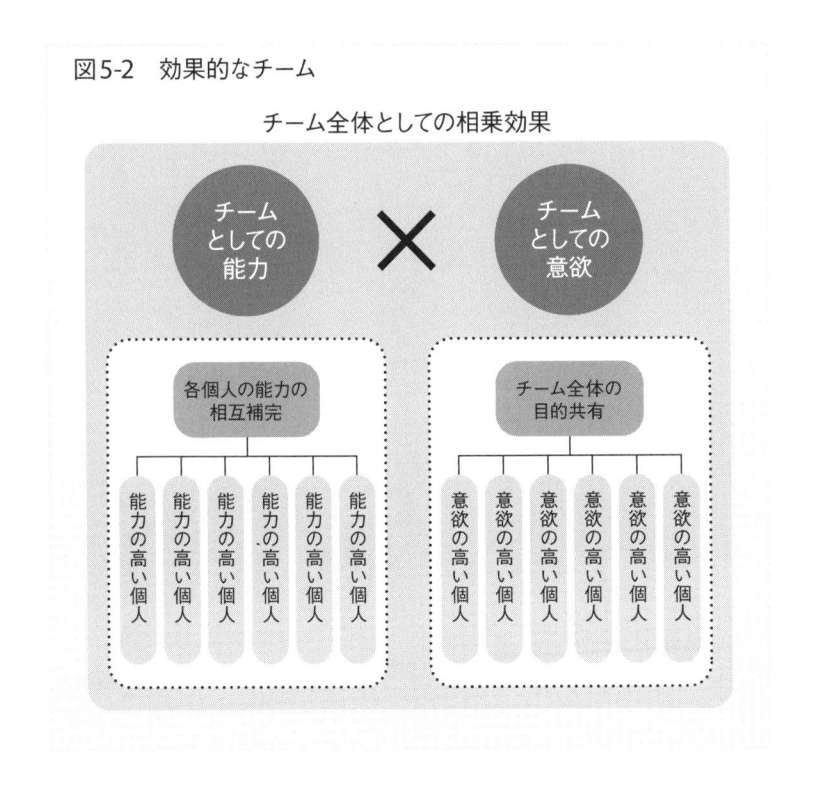

図5-2　効果的なチーム

チーム全体としての相乗効果

チームとしての能力 × チームとしての意欲

- 各個人の能力の相互補完
  - 能力の高い個人
  - 能力の高い個人
  - 能力の高い個人
  - 能力の高い個人
  - 能力の高い個人
  - 能力の高い個人
- チーム全体の目的共有
  - 意欲の高い個人
  - 意欲の高い個人
  - 意欲の高い個人
  - 意欲の高い個人
  - 意欲の高い個人
  - 意欲の高い個人

異なるメンバーの組み合わせを押さえることが重要になる。

一方、意欲面については、チーム全体としてのベクトルをそろえるために、チーム全体の目的をメンバー間で共有していくことが重要になる。こうした共通の目的がないと、チーム全体としての求心力が伴わず、メンバー相互の協力関係も築けないことになる。

なぜ、チームとして機能しないのか〜プロセスの問題

ところが、仮にチーム全体の目的を示したとしても、新規にチームを結成した場合、石井の例にも見られるようにメンバー間の軋轢が生じることが少なくない。その主たる原因は、メンバー構成の多

図5-3　タックマンによる集団発展モデル

1	Forming	グループが結成される「形成段階」
2	Storming	グループ内で軋轢が生まれる「混乱段階」
3	Norming	グループ内の基本ルールが形成される「規範形成段階」
4	Performing	グループとして業務が遂行される「実現段階」
5	Adjourning	グループの活動が完了する「終了段階」

出所．: S.P. Robbins, T.A. Judge (2007) *Organizational Behavior*, 12th Edition, Pearson Education Inc. をもとに作成

様性にある。新たに結成されたチームでは、新メンバー同士必ずしもお互いをよく理解しているわけではない。部署が違えば、ものの見方考え方も異なるだろうし、議論の進め方や意思決定のプロセスも異なってくるだろう。そこの理解がないままに内容を議論し具体的業務を進めようとしても、活動の基本ルールが異なり、議論や仕事の進め方そのものが異なっているのだから、うまく機能しないのは当然だ。

　新チーム結成においてチームリーダーが見落としやすいのは、この点だ。石井の例では、プロジェクトチームに課された「斬新な新商品」というテーマについて、第1回プロジェクト会議でいきなり議論に入ろうとしている。しかし、活動の基本ルールが共有されないまま内容の検討に入っても、議論は噛み合わない。

　こうした問題を避けるためには、チームを率いるリーダーは、まず内容に入る前に、チームとしての活動の目的に加え、そのプロセスについてメンバー間での合意を形成することが重要となる。

　ここで、新たなチームを率いる際に有効な概念に5段階の集団発展モデルがある（図5-3）。

　B・W・タックマンによれば、一般にグループやチームといった一定の目的を持った複数の人々の集まりとしての集団は5つの発展段階を経る。

　第1段階は、新たに集団がつくられ、各々が集団の目的や相互関係についてはまだ不確かな状態で、お互いに状況を探っている段階である（形成段階）。

　第2段階では、集団の存在そのものは受け入れられるが、集団のメンバー間において目的の優先順位やお互いの関係について軋轢が生じる（混乱段階）。

第3段階では、メンバー相互の関係が固まり、集団としての目的や業務の進め方に関する基本ルールについて合意が形成され、集団としての一体感が形成される（規範形成段階）。

　第4段階では、相互に理解された役割や実行プロセスに基づいて、実際の業務そのものが遂行される（実現段階）。

　第5段階では、集団結成の目的が達成され、集団としての活動が完了する（終了段階）。

　こうした発展段階は、一定の活動期限を持って結成されるプロジェクトチームや委員会活動で典型的にみることができる。一方、企業の組織図に示されるような継続性のある集団は、通常、集団の結成から一定時間経過し、第4段階の状態にあると考えられる。ただし、こうした集団も組織改編や大幅な人事異動などが起こった場合は、新たに第1段階からの発展段階を経ることになる。

　管理職にとってこのようなモデルを知っておくことは、チームを率いる際、2つの大きな意義を持つといえる。

　第一は、チーム結成後の初期段階で軋轢や混乱が生じたからといって落胆する必要はないということだ。新たなチームで生じるこうした混乱は、互いに異なる個性や背景を持ったメンバーが集まれば当然生じる自然なことであり、チームとして機能する第4段階へ進むために必要なものだという認識を持っていれば、石井のようにプロジェクトの初期段階で意気消沈し、リーダー自らがチームの推進力を阻害してしまうことを避けることができる。

　第二は、チームを機能させるためには、内容の検討に入る前にまずは目的とプロセスについて合意を得ることが重要であるという点だ。そうすることで、第1段階から第4段階までの移行をより早くスムーズに行うことができる。逆にいえば、この点を見落としてし

まうと、第2段階から第3段階への移行が進まず、最悪の場合はチーム活動が機能不全に陥り、崩壊してしまう危険性がある。

新たなチームの結成後に留意すべき点は、混乱段階をいかに乗り越えていくかという第二の視点を見落とさないことだ。石井の場合も、この点に気づいて、プロジェクト全体の最終的な目的と背景を共有し、同時に、チームとしての規範形成を進めることができれば、実現段階に進むことができるだろう。

なぜ、チームとして機能しないのか〜 取り巻く組織環境の問題

ここでもうひとつ問題となるのが、実際にチームリーダーとして、こうしたチームの目的や規範について合意を得ようとすると、総論賛成でも各論反対という状況が生まれやすいという点だ。こうした問題の発生は、チームメンバーから見ると、個人および自分の所属部署の立場が、往々にして、チームとしての目的から生まれる立場と相反することに起因する。

石井のケースでは、各チームメンバーは、自分の業務を遂行しながらプロジェクト活動を行うことを求められている。個人の立場からすれば、プロジェクト遂行による個人としてのメリットがなければ、ただ業務負荷が拡大したに過ぎないため不満を持つのは当然だ。また、メンバーの上司からは、部門としての利害を考えてプロジェクトに臨むようにとの圧力がかかっている。

こうした状況のもとでは、プロジェクト活動で所属部署の部分最適よりも会社の全体最適を優先することは、メンバー自身の所属部署での立場を危うくしてしまう。チームメンバーの所属部署の上司の意向が、プロジェクトでの意思決定への同意を阻害しているのだ。

こうした問題を避けるためには、事業部長だけでなく、チーム外の事業部メンバーがプロジェクトの重要性に対して十分な理解を示していることが不可欠だ。特に、上司にあたる部長たちがプロジェクトに対して肯定的な態度を示し、部署の立場を超えた活動を行うことを容認し、さらには、プロジェクト遂行に対して肯定的な評価を行うことがなければ、プロジェクト活動における個人および所属部署の立場から発生する利害相反を乗り越えることは難しい。

したがって、石井の立場であれば、メンバーの上司である部長に対し、あるいは、それが難しければ、事業部長を動かすなど間接的な手段を用いることで、部長をはじめとする事業部メンバーに対してプロジェクトに対する理解と支援の徹底を働きかけることが必要

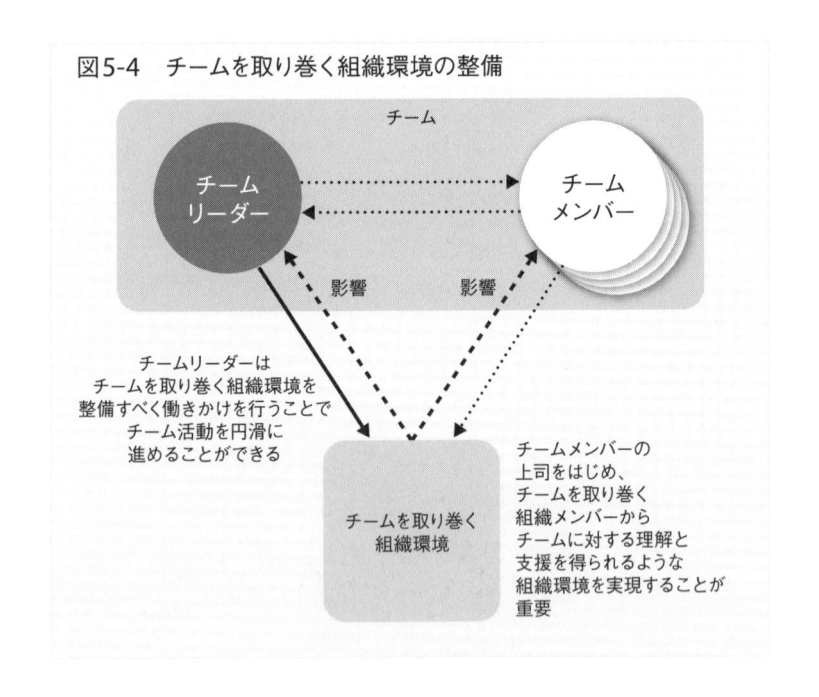

図5-4 チームを取り巻く組織環境の整備

チームリーダーはチームを取り巻く組織環境を整備すべく働きかけを行うことでチーム活動を円滑に進めることができる

チームメンバーの上司をはじめ、チームを取り巻く組織メンバーからチームに対する理解と支援を得られるような組織環境を実現することが重要

だ。また、長谷川のようにプロジェクトチームを設置する側の立場であれば、自らこうした環境整備を進めることが、チームを活かすためのポイントとなる。

環境変化により、企業として既存の組織の枠組みで対応しきれない業務が増えるに従い、管理職として、自らがプロジェクトで新たなチームを率いるリーダーの立場になる機会も、増加することが考えられる。こうした立場になった場合、上司や周囲の人々に働きかけることにより、チーム内だけでなくチームを取り巻く組織環境整備をはかっていくことが、チームを機能させるための状況づくりという視点で重要なことだ（図5-4）。

一方で、管理職としての立場から、部下のひとりをリーダーとしたチームを組ませ、チーム活動を見守る立場になることもあるだろう。こうした場合には、自らが直接、チームを取り巻く環境整備への配慮を行うことを忘れないようにしたい。

なお、チーム内で生まれる対立は、すべてが悪いものではない。共通の目的へ向けて建設的な議論を行う中で生まれる衝突や葛藤は、新たな価値創造へ向けての生みの苦しみであり、必要なものだ。チームを率いる管理職は、無用な軋轢と建設的対立を混同し、せっかくのメンバーの多様性のメリットを損なうことのないよう気をつけたい。

POINT

【グループとチーム】
グループは、各メンバーの成果の総和からグループ全体の成果が成り立つことを前提としているのに対し、チームは、各メン

バーの成果の総和を超える成果をチーム全体で生み出すことを前提としている。

【効果的なチーム】
チームとしての成果を高めるには、相互補完的なメンバー構成によりチームとしての能力を最大化し、チームの目的を各メンバーが共有することによりチームとしての意欲を高めることが欠かせない。

【集団の発展段階】
新規に結成したグループやチームを機能させるためには、具体的な活動に入る前に、業務遂行にあたっての基本ルールについて合意を形成することが肝要である。

【チームを取り巻く環境】
チーム活動を円滑に進めるためのチーム外の要因として、チームを取り巻く組織メンバーのチームに対する理解を促すことが重要である。

振り返り

◎あなたはグループを率いていますか、それともチームを率いていますか。

◎あなたがチームを率いる際、メンバー間の能力の違いを活用して

いますか。また、チーム全体の目的と目標をメンバー間で共有させていますか。

◉あなたの率いる組織やチームでは、仕事の進め方に関する基本ルールが共有されていますか。

◉チーム活動に支障が生じた時には、チーム内部だけでなく、チームの外部にある原因についても突き止め、対処していますか。

2 なぜ、組織をつくるのか

> 管理職は、部下を率いる立場にあると同時に、より大きな組織の一員として、日々の業務にあたっている。では、そもそも組織とは何か、なぜ組織をつくるのか、組織が有効に機能するには何が必要か。また、管理職として、どのように組織をとらえ、組織と向き合っていったらよいのだろうか。

私には、知らない部下がたくさんいます

　大手製造業で技術課長を務めていた村上は、任期3年の予定で生産子会社への出向辞令を受け取った。赴任先での役職は技術部長で、技術部門全体の統括業務に加え、親会社で開発した次世代新技術を生産子会社に円滑に移転することが、その任務として求められていた。それまで11名だった部下の数も、課長4名を含め正社員だけで60名余りと一気に5倍以上に膨らんだ。

　前任の技術部長とは、1週間の引き継ぎ期間があった。この間、技術部の業務概要と現状の課題に加え、出向先の組織体制や諸制度について詳しい説明があった。また、新技術の移転を効果的に進めるための部内の新体制については、出向先の担当役員とよく話をして決めてほしいとのことだった。

　「これまでは、具体的な業務についてメンバーひとりひとりを

指導する形をとってきたが、これからは、ずいぶん仕事のやり方を変えなければいけないみたいだ。何しろ、体制変更だ、人事考課だ、中途採用だと、いろいろと技術以外のめんどうな仕事が多すぎる。それに、誰が自分の部下なのか、顔と名前を覚えるだけでも結構時間がかかりそうだ」

さて、村上は、一気に増大した部下たちを、どのように率いていけばよいのだろうか。

あなたは何人を率いることができるか

異動、昇進、転職、あるいは事業の急成長に伴い、自らの部下の数が大きく増えることは、管理職としての実績を積む中で、誰もが経験しうることだ。では、部下の数が現在の5倍、10倍、100倍と増えていったとしたら、あなたが部下を率いるやり方はどのように変わるだろうか。あなたは何人の部下を直接率いることができるだろうか。

技術課長時代の村上のように、部下の数が10名程度であれば、部下のひとりひとりと直接コミュニケーションをとることもできるし、全員が一堂に会しての活発な議論も可能である。こうした機会があれば、ひとりひとりの性格や力量を詳しく知ることもできるだろう。

ところが、部下が50人を超えるとどうだろう。日常的に全員とコミュニケーションをとることは難しく、全員が集まる機会をつくっても、限られた時間の中では、部門方針の伝達など一方向のコミュニケーションが中心とならざるを得ない。さらに500人、1000人規模の部下を率いるとなると、全員の顔と名前を一致させること

さえ容易ではない。要するに、ひとりの管理職が個人の取り組みだけで多くの部下を統率するのには限界があるのだ。

てことしての組織

では、多数の組織メンバーを率いていくにはどうしたらよいのか。ここで有効なのが組織の概念である。組織とは、企業の目標達成へ向け組織メンバーの行動を方向づけるためのしかけとしてとらえることができる。これを管理職の立場から見ると、管理職は組織を築くことによって間接的に他者を動かすことを意味する（図5-5）。

では、組織は何から構成されるのか。以下、組織構造、組織システム、組織文化という3つの要素に分けて見ていこう（図5-6）。

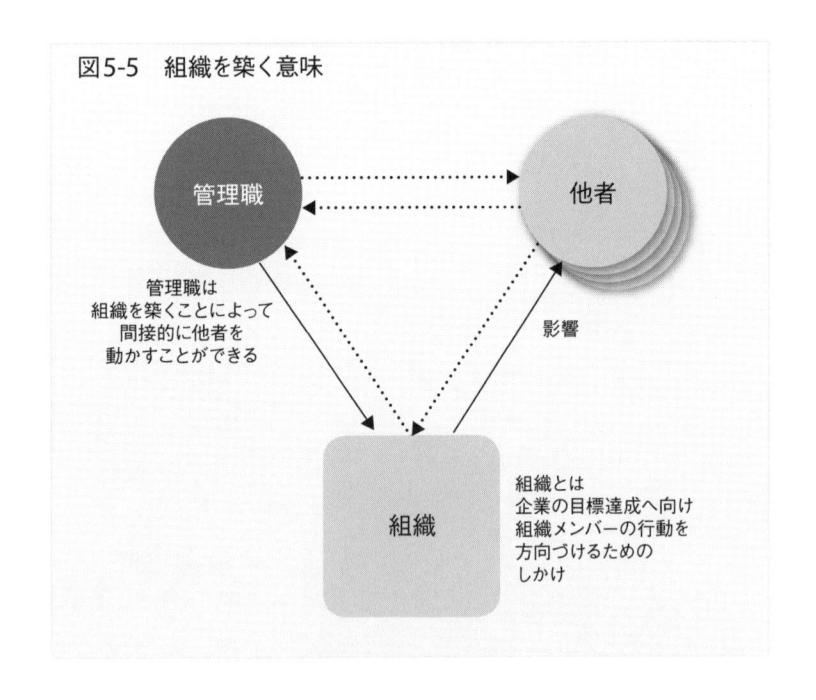

図5-5　組織を築く意味

第一に、組織構造とは、通常、企業の組織図として表現されるもので、簡単にいえば、誰が誰と何をするのかを定めたものである。したがって、管理職が組織構造をつくることは、組織メンバー間の仕事上の関係を規定し、メンバーの動き方を制御することに他ならない。ここで誰が誰と何をするのか、具体的な分業のやり方は、大きく垂直方向と水平方向とに分けて考えることができる。

　垂直方向の分業は、階層によって規定される。既に見たとおり、ひとりの管理職が統制できる直属の部下の数には限界がある。そこで、統制可能な人数単位でグループをつくり、上位の管理職が複数

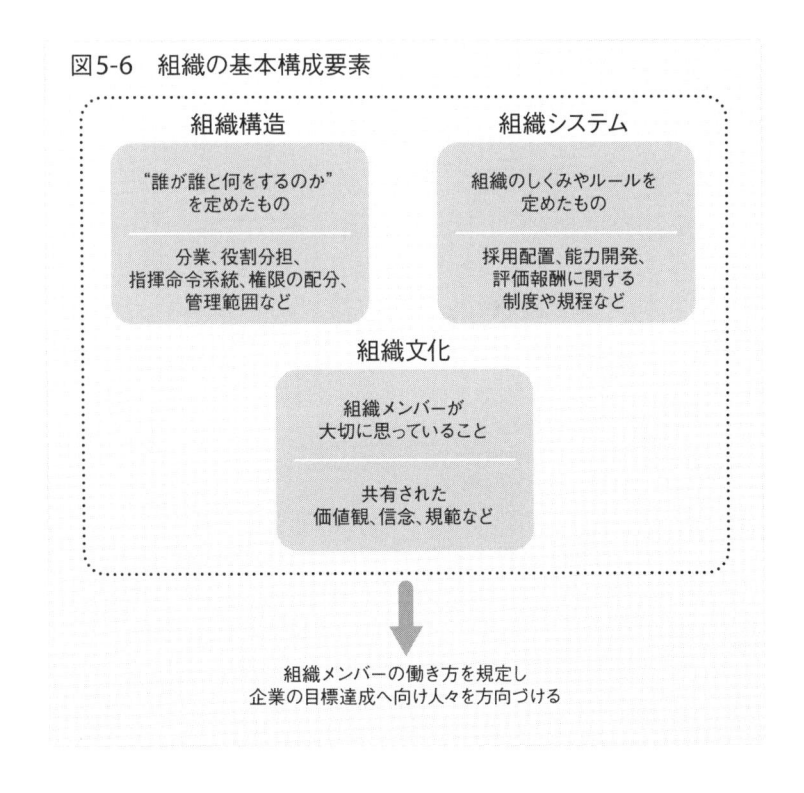

図5-6　組織の基本構成要素

組織構造
"誰が誰と何をするのか"
を定めたもの

分業、役割分担、
指揮命令系統、権限の配分、
管理範囲など

組織システム
組織のしくみやルールを
定めたもの

採用配置、能力開発、
評価報酬に関する
制度や規程など

組織文化
組織メンバーが
大切に思っていること

共有された
価値観、信念、規範など

↓
組織メンバーの働き方を規定し
企業の目標達成へ向け人々を方向づける

の管理職を束ねる形で組織に階層をつくる。階層上の各職位には、職務上の決定権限によって組織を統合する機能が与えられる。上位の管理職は、こうした階層構造があるからこそ、部下である下位の管理職を通じて多数の組織メンバーを動かすことができるのだ。

では、ひとりの管理職は何人の部下までを直接統括できるのだろうか。統制可能な部下の数は管理範囲（Span of Control）と呼ばれるが、これは統括する仕事の特徴に大きく左右される。たとえば、本社の専門スタッフや最先端の技術部門のように高い専門性が求められる部署では狭く、工場や店舗のように比較的定型的な業務が多

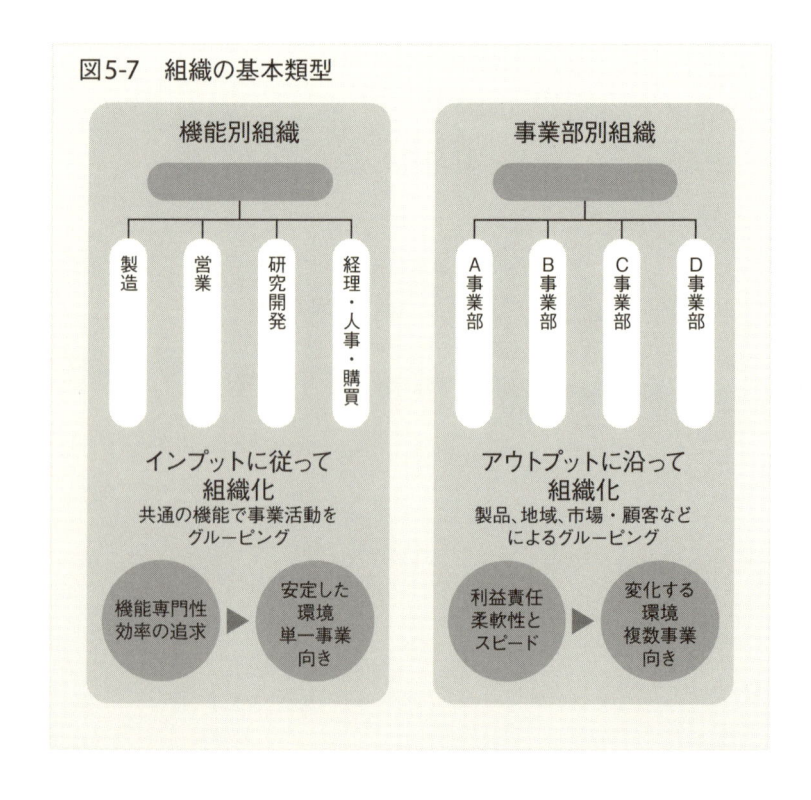

図5-7　組織の基本類型

機能別組織
- 製造
- 営業
- 研究開発
- 経理・人事・購買

インプットに従って組織化
共通の機能で事業活動をグルーピング

機能専門性効率の追求 ▶ 安定した環境 単一事業向き

事業部別組織
- A事業部
- B事業部
- C事業部
- D事業部

アウトプットに沿って組織化
製品、地域、市場・顧客などによるグルーピング

利益責任柔軟性とスピード ▶ 変化する環境 複数事業向き

い部署では広いことが多い。当然のことながら、同じ規模の会社であれば、管理範囲が狭ければより階層の多い組織となり、広ければよりフラットな組織となる。

　一方、水平方向の分業は、組織目標達成に最も適した形で決定される。たとえば、会社組織全体の分け方として、職務機能ごとに束ねるか、事業ごとに束ねるかによって、組織の基本形態とそこでの人の動き方は異なってくる（図5-7）。

　第二に、組織システムは、組織の内部で適用されるしくみやルールを制度や規程として定めたもので、中でも人の動きを制御するシステムの代表的なものは人事制度（採用配置、能力開発、評価報酬などの諸制度）である。たとえば、営業部門の評価制度において、その評価を売上だけで決めれば、営業部員をできるだけ多く売る方向に動機づけることができる。

　その結果、仮に押しつけ販売が横行しはじめたとしよう。こうした動きを修正させるために顧客満足度の評価を加えれば、売上だけでなく顧客満足を意識せざるを得なくなり、顧客の不満を生み出す押しつけ販売を抑制する効果が期待できるだろう。このように、企業はその目標達成に向けて、適切な人材を採用し、仕事と組み合わせ、育成し、動機づけていくためのツールとして、こうした組織システムを活用している。

　第三に、組織文化は、組織メンバーが共有する価値観、信念、規範などの総体である。平たくいえば、組織のメンバーが大切に思っていることが、その中身だ。たとえば、鉄道事業では時刻どおり電車を運行させることが事業運営上欠かせない。こうした組織では、時間を守ることが重要なことであるという価値観を浸透させることによって、メンバーの行動を時間厳守へと向けることができる。あ

るいは、革新的な製品開発を強みとする会社では、アイデアや創造性を重視し、将来へつながる失敗は認めるような価値観を共有することによって、メンバーを革新的な行動へと駆り立てることができる。組織文化は形として示すことが難しいが、組織構造や組織システム同様、人の行動を方向づけるための有効な手段である。

このように、大きな目的を小さな力で達成するための手段として使われてこのように、企業は組織をつくることで、企業目標に向けてより多くの人を動かす工夫をしている。管理職の立場から見れば、こうした組織に組み込まれたさまざまなしかけは、多くの組織メンバーを効果的に動かすための極めて有益なツールである。

なぜ、組織は機能不全を起こすのか

ここで、あなたが組織の基本要素をどの程度活用しているか、確認してみよう。

以下の質問に「✓」で答えてほしい。

Q1	より効果的効率的な業務遂行のために、定期的に部下の業務分担の見直しを行っている	☐
Q2	新規採用や人事異動について、上司や関係部門に提案を行ったり、必要な人材要件を議論したりしている	☐
Q3	部下のスキルアップのために、適切な教育研修機会を積極的に活用している	☐
Q4	評価面談を、部下の動機づけや育成の貴重な機会として活用している	☐
Q5	部門内のよい慣習は引き継ぎ、悪しき慣習は変えるよう、周囲に働きかけている	☐

前記の質問で「✓」の数が多いほど、あなたは既に組織の基本構成要素を効果的に活用していると考えられる。逆に、少なければ、組織メンバーを動かすためのツールを有効活用していないことになる。

ここで企業の実態を見ると、せっかく企業として組織構造や組織システムが整備されていても、こうしたしかけがその主旨に沿って有効に活用されていないケースは少なくない。たとえば、年功序列に基づく従来の制度について、「黙っていても年齢とともに職位も給与も上がっていく。だったら、適当に働いていればいい」といった弊害への対策として、成果主義に基づく人事制度が導入されたとしよう。

ところが、実際に評価を行う管理職が、「制度改定はあったが、年次が逆転するような評価を行うと、本人への説明が難しい」と考え、過去の慣習に沿ったまま年功による評価を行ってしまうと、せっかくの評価制度の改定は骨抜きになってしまう。

要は、適切なしかけを構築しても、管理職の取り組みとして、その主旨に沿った運用が伴わなければ、組織は機能不全に陥ってしまうのだ。

組織を機能させる管理職の取り組み

このように、組織を有効に機能させるためには、管理職の取り組みが欠かせない。有効に機能する組織をつくることは、枠組みとして組織の構成要素を整えるだけでは十分でない。それは、管理職がその取り組みを通じて組織に魂を吹き込むことによって、はじめて可能となるのだ（図5-8）。

にもかかわらず、企業の現場では、組織の構成要素を人を動かすための手段として意識し、積極的に組織構築に関与し、あるいは、

構築された組織の枠組みを活用している管理職は多いとはいえない。それどころか、人事制度の運用など必要な取り組みを雑務であるかのようにとらえる管理職さえ存在する。しかし、組織が活きるか死ぬかは、管理職の組織の構築と運営への取り組み方に大きくかかっている。同時に、こうした組織の枠組みをうまく構築し活用できれば、管理職にとって多くの人を同時にある方向へ動かすために、これほど効果的な道具はないのだ。

もちろん、組織構造や組織システムといった組織の枠組みのあるべき姿について、基本的な方向性を決める権限を持つのは、事業経営を担う立場にある経営陣であることは否定できない。しかし、組

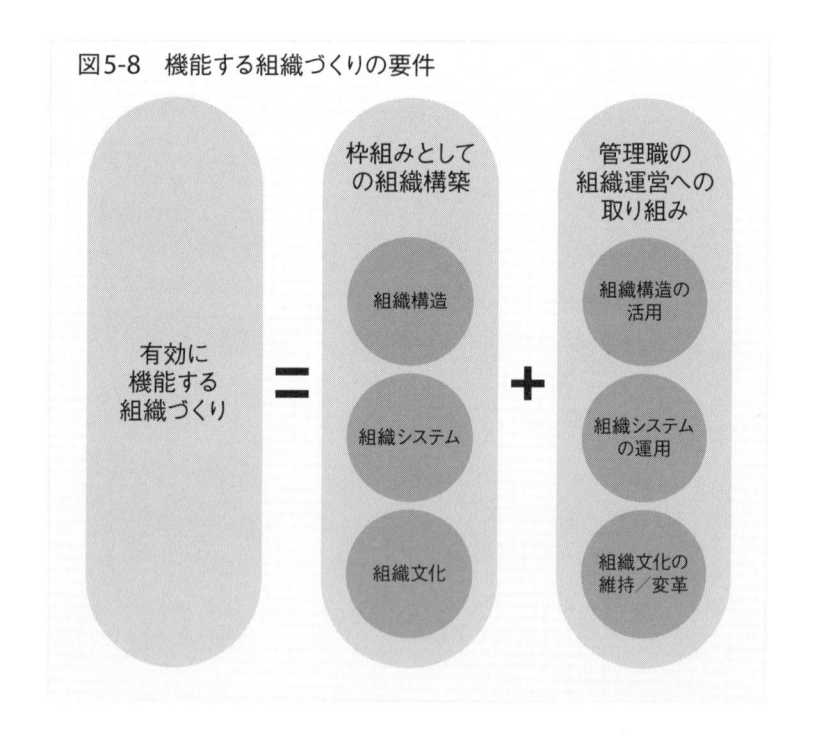

図5-8　機能する組織づくりの要件

有効に機能する組織づくり ＝ 枠組みとしての組織構築（組織構造／組織システム／組織文化）＋ 管理職の組織運営への取り組み（組織構造の活用／組織システムの運用／組織文化の維持／変革）

織が、管理職が人を動かすためのツールである以上、その有効性を高めるためには、一線の管理職の視点が不可欠であることも事実だ。

　その意味で、直接的な権限はなくとも、組織上の課題を把握し、どのような組織をつくっていくかを考え、この点について経営陣とコミュニケーションをとっていくことは、管理職が企業目標へ向けて組織メンバーを動かすことのできるよりよい組織を構築していく上では、極めて重要なことだといえる。また、少なくとも、既存の組織の構成要素について理解し、その活用や運用を担い、実際の組織を効果的に機能させることは、すべての管理職にとって重要な任務のひとつだ。その意味では、管理職は組織づくりの主役といってもよいだろう。

　村上の例でいえば、担当役員と連携をとりながら、技術部長として、新技術移転と現行のオペレーションの両者を効果的に進めるための部内の新体制を決めていくことは、今後の部の効果的な業務遂行のための鍵だ。また、出向先の人事制度を理解し、メンバーを動かすためにそれらを活用することも重要である。さらに、出向先の組織文化を把握し、業務遂行に合致した文化を継承し、業務遂行を阻害する文化を変えていくことも、村上の担うべき役割のひとつに他ならない。

　したがって、どのような組織を構築し、どのように維持していったらよいのかについて適切に考えることができる視点を持つことは、経営幹部だけでなく、すべての管理職にとって必須の条件である。日本の企業では、人や組織に関する課題は人事部門の仕事だと考える向きが多いが、本来人事部門は、こうした組織づくりを専門的な立場から支援する役割を持つに過ぎない。

　こうした観点を踏まえ、自らが率いる組織のあり方をとらえ直す

ことは、管理職として組織を活かしてメンバーを率いていくためには欠かせない。

POINT

【組織とは】
管理職が直接多数の組織メンバーを率いることには限界がある。そこで有効なのが組織という概念だ。組織とは、企業の目標達成へ向け人々の行動を方向づけるためのしかけである。

【組織の有効性】
適切な組織の枠組みをつくっても、管理職の取り組みが伴わなければ、組織は機能しない。管理職には、自らが組織づくりの当事者であるという意識を持ち、どのような組織を築いていくべきかについて、自ら適切に考えるために必要な視点を持つことが求められる。

振り返り

◎あなたの組織には、どのような特徴がありますか。そのような特徴があるのは、なぜですか。

◎あなたは、組織のしくみをどの程度、活用していますか。組織構造、組織システム、組織文化の各々について、具体的に考えてみてください。

3 よい組織、悪い組織の見分け方

> 管理職として一度に多数のメンバーを率いていくためには、組織づくりが欠かせない。では、事業活動において掲げた目標を効果的に達成していくためには、どのような組織を築いていけばよいのだろうか。

職場の雰囲気はよいのですが、赤字が続いています

「入社して10年、会社に来るのが嫌だと思ったことは一度もありません。今の会社は、どこの職場も明るく、お互いを思いやるような平等で家族的な雰囲気があります。組織はフラットで、仲間意識が高く、みなで協力して仕事を進めていこうという気持ちも感じられます。そのためか、家庭の事情など特別なケースを除けば、離職する人はほとんどいません。また、こうした社風を感じてか、新しく入社してくる人も誠実で協調的な人が多く、"俺が俺が"と他人を押しのけるような人は誰もいません。

　給与水準は世の中の同業他社と比べると高いとはいえませんが、働きやすさを考えれば不満はありません。それに、会社の方針に従って堅実に仕事をこなしていけば、少しずつですが昇

給もあります。社員間の給与格差は小さく、また、昇進もゆっくり段階的に行われるので、個人間の競争による弊害も見られません。

　こうしたよい会社なのですが、最近、ひとつだけ気になることがあります。このところ6期続けて赤字なのです。以前は、長年つきあいのある得意先から出される要求に従って、着実に商品を供給し、誠実にサービスに努めていれば売上があがっていたのですが、最近は、こちらから顧客の隠れたニーズを汲み取って魅力的な提案をしていかないと、受注ができなくなっています。このままの状態が続くと、こんな会社でもリストラの話が出てくるのではないかと、不安になります」

　従業員満足度調査のフォローインタビューで、このように中野はコメントした。今年も満足度調査の結果は高く、また、インタビューでは、中野と同様のコメントが数多く見られた。人事部長を務める遠藤は、高い満足度調査の結果と赤字続きの会社の業績を前にして、これから経営陣に対しどのような提言をしていくべきか、頭を悩ませていた。

　はたして、この会社は、組織上どのような問題を抱えているのだろうか。

職場から見たよい組織、経営から見たよい組織

　はじめに、あなたの所属する組織について考えてみよう。以下のどのタイプに近いだろうか。

A　みなが前向きに働き、事業の成果も十分出している。

B　みな前向きに働いているが、事業の成果は十分出ていない。
C　不平不満があるが、事業の成果を十分出している。
D　不平不満が多く、事業の成果も十分出ていない。

　あなたは、どんな組織を築いていきたいですか。こう問いかけると、多くの管理職からは「明るく生き生きとした職場」「社員が働きがいを感じる職場」といった回答が返ってくる。これは、自分の部下に気持ちよく働いてほしいという純粋な思いの表れであるとともに、社員ひとりひとりが気持ちよく働くことが仕事を円滑に進める上でも重要だとの考えがあるからに他ならない。
　たとえ事業上の成果が出ていても不平不満が多い組織（選択肢C）は、遅かれ早かれ事業活動にも支障をきたし、事業成果も出ない組織（選択肢D）に陥ってしまうことになるに違いない。管理職の立場から見て、事業成果を創出するために、仕事の直接の担い手である社員たちが生き生きと働く職場を実現することが必須の条件であることに異論はないだろう。遠藤の会社は、こうした働きやすい職場を実現したひとつの例だ。
　一方で、みなが前向きに働き不平不満のない働く側から見てよい組織が、常に経営の側から見てよい組織とは限らない。遠藤の例では、従業員の高い満足度は継続しているものの、経営面では６期連続の赤字という厳しい現実がつきつけられている。先の質問でいえば選択肢Bにあたる状態だが、このまま赤字が継続し給与水準や雇用の維持が難しくなれば、従業員の不満も顕在化し、選択肢Dの状態になりかねない。
　さらにいえば、最悪の場合は倒産の可能性も出てくる。したがって、企業として、社員の側から見て働きやすいだけでなく、経営の

側から見てよい組織、すなわち一定の利益を出し続けられる組織をつくることは、必要不可欠の条件である。

戦略実行を支える組織とは

経営から見たよい組織、利益を出せる組織の要件とは何だろうか。この問いを考えるには、企業組織は戦略実行を支える基盤であるという視点が有用だ。戦略の実行を支えるのが組織だと考えれば、組織のあり方は戦略のあり方に大きく依存することになる。「組織は戦略に従う」（A・チャンドラー）といわれるゆえんである。ただし、ここでいう組織は、チャンドラーが主に焦点をあてた組織構造との関係はもちろん、広く組織システムや組織文化を含んでいる。

ここで中野の例を見てみよう。中野が勤める会社は、これまで顧客の要望を忠実に受け止め、誠実かつ着実な対応を行うことが事業成功の鍵であった。こうした戦略を実現するためには、誠実かつ堅実な社員が高い意欲を持って得意先からの要求にまじめに対応する組織をつくっていくことが求められていた。

では、実際に築かれた同社の組織は、どのようなものであったか。同社は安定志向で協調性を重んじる人材を採用し、そうした人々が堅実かつ誠実な仕事を行うことを評価する組織システムを取り入れ、同時に、フラットな組織構造の中で社員同士が強い帰属意識と忠誠心を持って長期にわたって働くことをよしとする文化を築いていた。要するに、戦略に整合した組織が構築されていたといってよい。

組織構築の考え方

このように、儲かる組織を築くためには、事業成功の鍵を押さえた戦略に対して、それに整合した組織を築くことが必要だ。そのた

めの考え方をまとめると、まず戦略実行のために、「どのような仕事を、どのような人が、どのように行うか」を具体化し、組織の基本運営方針を決定する。

その上で、戦略に適合する具体的な組織構造、組織システム、組織文化のあり方を設計していくことになる（図5-9）。

たとえば、仕事を誰でも同じように一定の品質を保持できるように標準化し、マニュアルに沿って定型的な業務を効率よくかつ着実

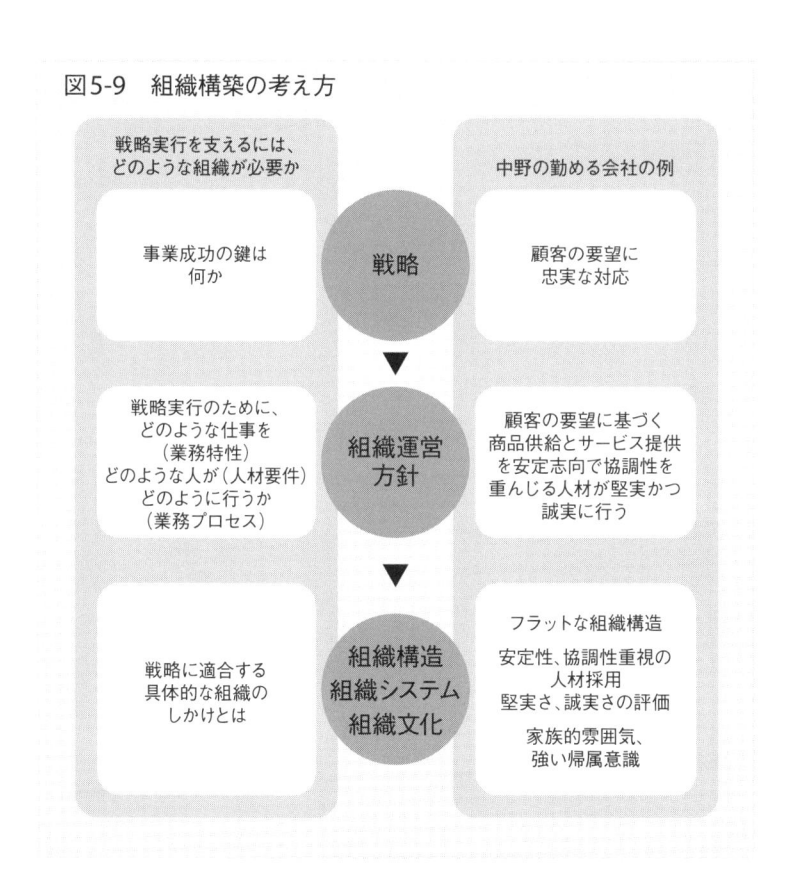

図5-9　組織構築の考え方

戦略実行を支えるには、どのような組織が必要か		中野の勤める会社の例
事業成功の鍵は何か	戦略	顧客の要望に忠実な対応
戦略実行のために、どのような仕事を（業務特性）どのような人が（人材要件）どのように行うか（業務プロセス）	組織運営方針	顧客の要望に基づく商品供給とサービス提供を安定志向で協調性を重んじる人材が堅実かつ誠実に行う
戦略に適合する具体的な組織のしかけとは	組織構造組織システム組織文化	フラットな組織構造 安定性、協調性重視の人材採用 堅実さ、誠実さの評価 家族的雰囲気、強い帰属意識

にこなしていくことを武器に事業を行うのであれば、まじめに辛抱強く働く人を採用して育成し、確実堅実に仕事を行う人に報いるしくみをつくっていくことが重要だ。

一方で、アイデア勝負の事業であれば、大幅に権限を委譲し、働く上での社員の自由度を大きく認め、チャレンジを奨励するようなしくみを築くことが欠かせない。

経営の視点から見るよい組織とは、単に社員が生き生きと働けるというだけでは十分とはいえない。組織目標達成へ向けて効果的な働き方を促すことで、戦略の実行を支える組織を築くことが必要だ。そうでなければ、事業そのものの存続が危ぶまれ、最悪の場合は、組織そのものが消滅せざるを得ない事態に発展する危険性がある。

一般に、組織構造や組織システムは、一定規模の部門を預かる上級管理職や企業全体の舵取りを担う経営幹部でなければ、直接改定する権限を持たないのが現実だろう。

しかし、組織が戦略実行という視点で適合しているかを最も身近に肌で感じることができるのは現場の管理職であり、そこでの不適合によって人々を動かす際の問題に直面するのも現場の管理職に他ならない。また、部門内の体制といった小さな組織単位で考えれば、より広く中間管理職も組織構築に関わることになるし、組織システムの運用や組織文化の形成においては、すべての管理職の日々の取り組みが中心的な役割を果たす。

したがって、少なくとも各管理職がこうした経営の視点から見た組織の良し悪しを判断する視点を持ち、上位者と連携をとりながら組織構築に直接間接に関わっていくことは、会社が生き残っていくためには、欠かせないポイントだ。同時に、上級管理職や経営幹部を目指す人にとっては、自ら組織のあり方を描き、実現していくこ

と自体が求められる。どのような組織を構築するかという問題は、既に述べたとおり、人事部門の専任事項ではなく、まさに経営に直結した重要課題であることを再認識しておきたい。

環境変化と企業変革

　戦略実行を支える組織という視点に立つと、企業を取り巻く外部環境が変化し、戦略が変われば、組織も変化することが必要となる。中野の例では、顧客の要望が変化し、提案型営業により顧客の問題解決を実現することが事業成功の鍵となるに伴い、これまでの堅実さと誠実さを基盤とする組織が、求められる戦略と不整合を起こしている。そのため、堅実さや誠実さよりも、新たなアイデアや問題解決能力、あるいは、業界や顧客の理解と積極性を備えた人と組織に変えていくことが求められている。

　ところが、同社の組織は、こうした人材を確保育成し、評価し、報いていくものではなかった。この結果、これまで同様社員にとっては働きやすい職場であるにもかかわらず、6期連続の赤字という、経営の視点から見ると戦略実行を支え、利益を生み出す組織ではなくなってしまったのだ。

　第1章で見たとおり、外部環境、すなわち政治、経済、社会、技術といったマクロ環境の変化、そして、市場、競合といった企業を直接取り巻く事業環境の変化は、企業変革の必要性を増大させる。なぜならば、こうした変化の中でこれまでのやり方を続けていては、企業業績が悪化し、事業が立ちいかなくなるからだ（フェーズ0）。

　たとえば、政府の規制緩和によって新規参入する企業が現れ、市場競争が激しくなった場合、既存企業がこれまでと同じ商品やサービスを提供していては、競争に打ち勝つことは難しい。そこで、従

来とは事業のやり方を変えること、すなわち、変革の必要性が生まれてくるわけだ。

では、ここで企業は、何を変えるのか。第一に、会社として利益を出し生き残っていくための新たな戦略を示すことが必要だ（フェーズ1）。次に、戦略の実行を支えられるような組織の構造、システムを築いていく必要がある（フェーズ2）。最後に、そうした新たな組織のしくみを適切に機能させていけるように組織文化を変えて

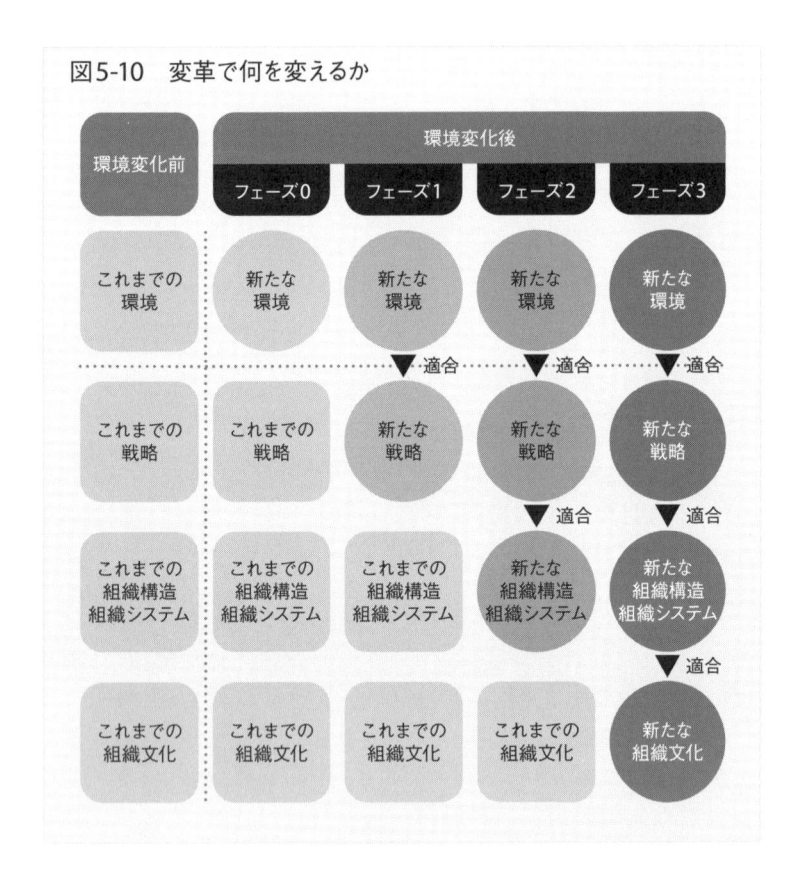

図5-10　変革で何を変えるか

	環境変化前	環境変化後			
		フェーズ0	フェーズ1	フェーズ2	フェーズ3
環境	これまでの環境	新たな環境	新たな環境	新たな環境	新たな環境
			▼適合	▼適合	▼適合
戦略	これまでの戦略	これまでの戦略	新たな戦略	新たな戦略	新たな戦略
				▼適合	▼適合
組織構造・組織システム	これまでの組織構造組織システム	これまでの組織構造組織システム	これまでの組織構造組織システム	新たな組織構造組織システム	新たな組織構造組織システム
					▼適合
組織文化	これまでの組織文化	これまでの組織文化	これまでの組織文化	これまでの組織文化	新たな組織文化

いくことが求められる（フェーズ3）（図5-10）。

中野の例に戻れば、市場の求めるニーズが、顧客の要求に沿った確実かつ堅実な対応から、顧客の抱える問題に対する提案と解決へと変化した（フェーズ0）。これに対応するため、会社の戦略は提案型営業によるソリューション提供へのシフトが必要だ（フェーズ1）。その結果、組織のしくみを顧客の理解と問題解決を奨励するものへと転換させ（フェーズ2）、社員の意識も積極的に提案を行っていくスタイルに変革していくことが求められる（フェーズ3）。

ここで理解しておきたい第一のポイントは、企業が変革を進める局面では、いずれのフェーズにおいても、新旧の環境、戦略、組織が一時的にどこかで相互に不整合を起こし、変革への痛みが生じるという点だ。特に、フェーズ3は、社員のスキルや意識の変化までをも強要する。これは、働く当事者にとっては、これまでの自己のあり方と決別し新たな仕事のやり方や価値観の受け入れを強いるた

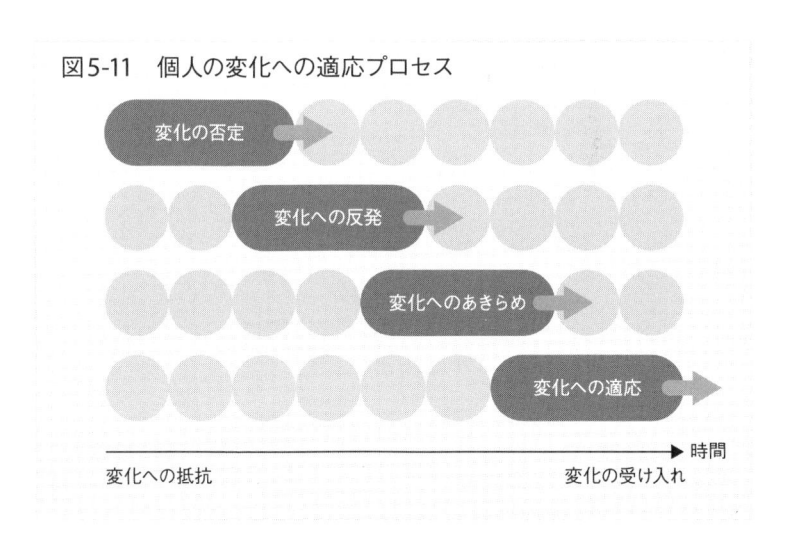

図5-11　個人の変化への適応プロセス

変化の否定
変化への反発
変化へのあきらめ
変化への適応

→ 時間
変化への抵抗　　　　　　　　変化の受け入れ

め、変化には一定の時間が必要で、その痛みも大きい（図5-11）。

　しかし、変化に対して不作為のままでは、いずれ限界にぶち当たり、企業の存続が危険にさらされるのは時間の問題だ。したがって、企業として変化をいち早く察知し、あえて変革の痛みに挑戦できるかどうかが、企業が変化の中で生き残れるか否かの分かれ目となる。

　また、第二のポイントとして認識しておきたいのが、トップの力量だけで企業の変革を推し進めることはできないという点だ。確かにフェーズ1、2は経営陣の一方的な意思決定によって変えることも不可能ではない。しかし、それを強行しても、管理職の支持がなければ、現実問題として実行が伴わず、いわゆる骨抜きの改革に陥ってしまう危険性が大きい。また、フェーズ3では、ひとりひとりの社員の意識や行動まで変えていくことが必要であることから、現場の管理職の力なしにこれを達成することは困難だ。要するに、変革を支持する管理職の取り組みがあってこそ、企業は変革のプロセスを全うすることができるといえよう。

　このような変革プロセスの枠組みとポイントを理解しておくことは、管理職として変革にどのように関わっていくかを考える上で、大きく役立つだろう。ここで管理職として最も大切なことは、組織の中の一個人として、変革の受け手として、変化に翻弄されるのではなく、変化の必要性をいち早く理解し、変革の担い手として自らを位置づけていくことだ。

　こうした基本スタンスがとれていれば、場合によっては、企業幹部よりも早く変化を察知し、新たな戦略や組織のあり方を上位者に提言することができるし、そうでなくとも、経営幹部から示された変革の方向性を十分理解した上で、自らその推進者として変革を進めることが可能だ。少なくとも、短期的な視点から既得権益や既存

の利害関係にとらわれて、無意識のうちに変革への抵抗勢力としての行動に走ってしまうことだけは、企業のためにも自分自身のためにも、管理職としては絶対に避けなければならない。

変革で変わらないもの

　環境変化に対応するために企業の変革が不可避であるとすれば、変革の中で痛みを伴う組織メンバーを、どうやって束ね、求心力を維持していったらよいのだろうか。ここで見落とさないようにしたいのが、企業は単に利益を生み出す機械ではないという点だ。すなわち「利益とキャッシュフローは健全な身体にとっての血と水のようなものである。生きていくためには必要不可欠なものだが、生きていく目的ではない」（ジェームズ・C・コリンズ『ビジョナリーカンパニー②飛躍の法則』日経BP社、2001年）のである。

　では、利益を超える目的とは何だろうか。それは、企業が何のために事業活動を行い、何のために存在するのか、企業の存在意義を問うことに他ならない。たとえば、パナソニックであれば、松下幸之助の"水道哲学"に基づく社会への貢献が、ディズニーであれば"人を楽しませること"が、その原点にある目的だといえるだろう。こうした企業の目的は、その企業固有の中核となる価値を反映したものであり、それらの価値は時代を超えて引き継がれる組織のDNAとでも呼ぶべきものだ。

　こうした企業の目的を働く側の視点で見てみよう。「なぜ私はこの企業で働こうと思うのだろうか」と問えば、お金、地位、安定、やりがいなど、人によってさまざまな働くモチベーションの源泉が出てくるだろう。ここで、こうしたモチベーションの源泉のひとつに、企業の目的とそのベースにある価値への共感が含まれていると

すれば、そのことが変化を超えた求心力となるに違いない。自社への愛着や帰属意識は、こうした目的や価値への共感がベースとなっている。企業の目的と価値は、変化の中でもゆらぐことのない組織としての求心力を維持するための重要な基盤となりうるのだ。

コリンズは「偉大な企業への飛躍をもたらした経営者は、……（中略）……まずはじめに、適切な人をバスに乗せ、不適切な人をバスから降ろし、その後にどこに向かうべきかを決めている」（『ビジョナリーカンパニー②飛躍の法則』）と述べている。ここでバスに乗せる人と降ろす人を決める判断基準となるのが、まさにここでいう組

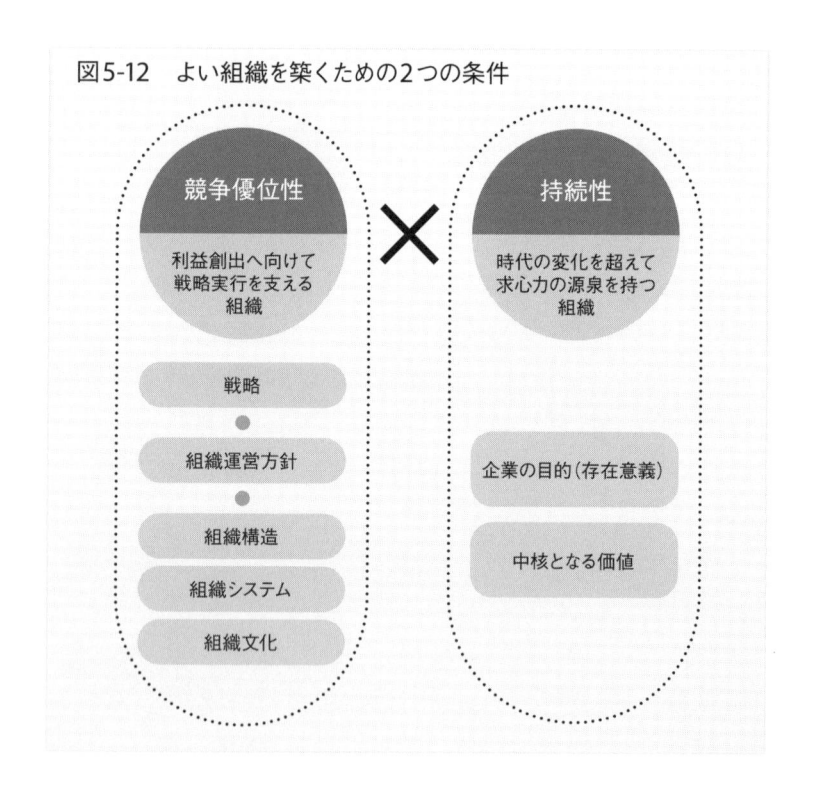

図5-12 よい組織を築くための2つの条件

競争優位性
利益創出へ向けて戦略実行を支える組織

- 戦略
- 組織運営方針
- 組織構造
- 組織システム
- 組織文化

×

持続性
時代の変化を超えて求心力の源泉を持つ組織

- 企業の目的（存在意義）
- 中核となる価値

織の目的であり、中核にある価値だ。このように企業の目的と価値を明確にし、これらに共感する人々を採用し維持していくことによって、企業はその目的と価値の共有をベースに組織メンバーをひきつけ、変化の中でもまとまりを維持する組織をつくることができるといえるだろう。

　企業が働く側から見ても、経営の側から見ても、よい組織であるためには、2つの条件が必要だ。ひとつは、利益創出に有効な戦略実行を支える組織であること、もうひとつは、変化の中でも組織メンバーをまとめる力となる変わらぬ企業の目的と価値を備えた組織であることだ。これら2つの条件がそろって、はじめて利益を出しながら永続できる組織、すなわち持続的な競争優位性を持った組織を築くことができるのである（図5-12）。

POINT

【組織の良し悪し】
経営から見たよい組織には2つの条件が必要である。ひとつは、競争に勝って儲かる組織、すなわち、戦略の実行を支えるのに適した組織としてのしかけをつくることが必要だ。もうひとつは、時代を超えた企業の目的と中核となる価値を共有維持し、永続性のある組織を築くことが重要である。

【環境変化と組織変革】
環境変化の中で企業が生き残るためには、変化に対応した戦略転換と組織変革が不可欠だ。現代の管理職には、中核となる企業の価値を維持しつつも、一方で、変化をいち早く察知し、痛

みを伴う変革に挑むことが求められる。

振り返り

❓あなたが携わる事業の成功の鍵は何ですか。あなたの組織は、成功の鍵を押さえた戦略を策定し、その実行を支える儲かる組織になっていますか。

❓あなたの組織は、何のために存在しますか。また、あなたの組織において時代を超えて誰もが大切にしている価値とは何ですか。あなたは、その価値に共感していますか。また、それを維持継承するために、どのような行動をとっていますか。

4 2つの組織モデルとリーダーシップのあり方

> リーダーシップのあり方が違えば、そこで築くべき組織のあり方も異なってくる。では、リーダーシップと組織の関係をどのようにとらえ、どのような視点を持って自己のリーダーシップのあり方にあった組織を築いていけばよいのだろうか。

部長のおかげで、好業績です

「ぶれない方針と明快な指示、過去にとらわれない大胆な発想、素早い問題解決と即断即決型の意思決定、現場を歩き自ら動く実行力……」。次長から担当者まで、営業部長の近藤に対する信頼には極めて厚いものがあった。俗な言葉を使えば、近藤は第三営業部におけるカリスマ的な存在だ。こうした認識は、万年三流といわれ一時は撤退の危機に直面していた同部門を立て直した実績によって裏づけられていた。近藤が第三営業部長に就任して3年、大胆な営業戦略の見直しによって、今では社内で売上伸長率トップの優良営業部にまでなっていた。近藤は、まさに第三営業部の英雄でもあった。

近藤のスケジュールは、今日も分刻みでぎっしりと埋まっていた。次から次へと持ち込まれる報告、連絡、相談に次々と対応し、短時間のうちに的確な指示や意思決定を行う姿を見ると、

誰もが近藤をたぐいまれな資質を持った営業部長だと感じた。同時に、こうした迅速な動きを支えているのが、時間さえあれば社内外を問わず現場をくまなく歩き、観察することで得た現場感覚だった。営業部のメンバーはみな近藤の力を信じ、細かな案件についても、近藤にアドバイスや意思決定を求めた。こうした部下たちからの期待に対し、近藤は応えていった。

　近藤は営業活動のあらゆる側面について精力的に関わるようになり、就任当時にもまして仕事は多忙を極めた。だが、近藤は忙しくなればなるほど不思議とエネルギーが湧いてくるのを感じていた。それは、自分が部門を率いているという強いやりがいと達成感から生まれてくるように思えた。「この営業部も、立て直しの段階から成長の段階へと軌道に乗ってきた。そろそろ新たなビジョンを示して、次の飛躍的な成長へと率いていく必要がありそうだ」

　近藤の夢は、ますます膨らんでいった。

　一方、社長の坂本の頭の中には、まったく別の考えがよぎっていた。「そろそろ近藤を次の役職へ就けることを考える時期に来ている。しかし、この３年間で近藤なしには考えられないほどにまで、近藤の第三営業部への関わりが深まってしまった。それを考えると、しばらくは近藤を動かすわけにはいかない。今後の第三営業部の発展と近藤の育成を、どのように考えていったらよいのだろう」

　社長のジレンマは、どこから生まれてしまったのだろうか。

変革期に生まれるカリスマ

　企業において組織を率いる立場にある管理職は、自らの組織が目指すべき目標を示し、その達成へ向けてメンバーを統率するという役割を担っている。近藤の事例に見られるとおり、そこで示した目標を達成するためには、卓越した能力と特性を備えた管理職が、強力なリーダーシップを発揮していくことが、最も効率的かつ効果的だ。特に、事業活動において利益を出せずに存亡の危機にある組織は、正しい方向性を示し、定めた方向へ多少の強引さを持ってでも人を動かし、短期間で成果を生み出すことが求められる。こうした状況において、これまでにはない型破りなやり方で成果を生み出す人物が出現すると、その評価は一気に高まる。

　こうしたカリスマ的リーダーは危機的状況の中でしばしば登場する。ギリシャ語を起源とするカリスマという言葉は、神のごとく傑出した天賦の才を持つ人を意味する。危機的状況における不安と失望の中では、人はこうしたカリスマの出現を無意識のうちに期待している。そこに抱いていたものと近いイメージを持ったリーダーが現れ、実際に危機脱出へ向けてのビジョンが示されると、人々はその人物を救世主として見なしはじめる。さらに小さな成功が生まれるとビジョン達成へ向けての変革の動きは一気に加速され、リーダーのカリスマとしてのイメージが強化されていく（図5-13）。

　ビジネスの世界でも、変革期においてカリスマ的リーダーが生まれやすいのは、こうした背景からだ。すなわち、企業変革が必要な組織の危機的状況が、フォロワーの中にカリスマ出現の期待を生み出し、そこに合致したリーダーの出現がカリスマとしてのイメージを作り出す。そして、そのリーダーが期待される成果を生み出すこ

とに成功すると、カリスマのイメージは実体を持ち、英雄伝説が生み出される。

実際、日本でも、バブル経済崩壊後、企業経営が危機に瀕する中で、企業トップに対しカリスマ的な強いリーダーシップの要請が急拡大した。バブル期以前、主流派を占めた調整型の経営者は影を潜め、この頃から古い風習を打破して変革を導く大企業の経営者たちが注目を浴びるようになる。Ｖ字回復を導いた日産のカルロス・ゴーンや松下電器産業（現パナソニック）の改革を率いた中村邦夫は、典型的な例であろう。

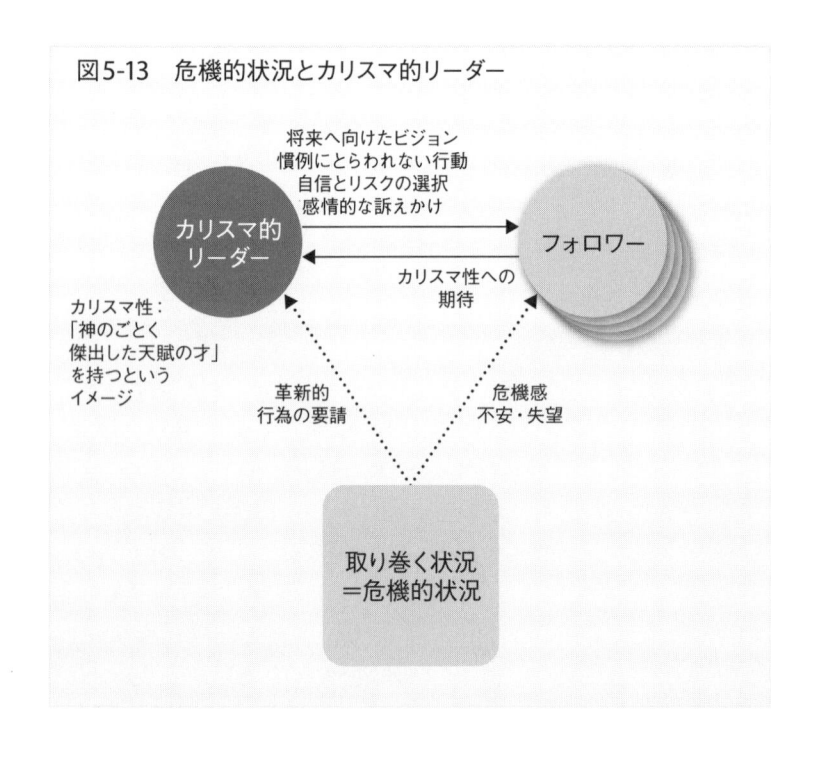

図5-13 危機的状況とカリスマ的リーダー

カリスマ的リーダー　→　フォロワー
　将来へ向けたビジョン
　慣例にとらわれない行動
　自信とリスクの選択
　感情的な訴えかけ
　←　カリスマ性への期待

カリスマ性：「神のごとく傑出した天賦の才」を持つというイメージ

取り巻く状況＝危機的状況
　革新的行為の要請　／　危機感・不安・失望

統率型リーダーシップの落とし穴

このように危機的状況を救う上では、強力な統率力を持ったカリスマ的なリーダーの有効性は、疑う余地がない。同時に、危機の救済は人々に強く印象づけられるため、こうしたリーダーの存在は、英雄的リーダーとして心に残りやすい。そのためか、企業の管理職に対して優れたリーダーシップのあり方を問うと、強烈な個性を持った強いリーダー像が描かれることが少なくない。カリスマ的英雄的なリーダーに典型的に見られるように、自ら示したビジョン達成へ向けて、メンバーを強い牽引力を持って引っ張っていくリーダー

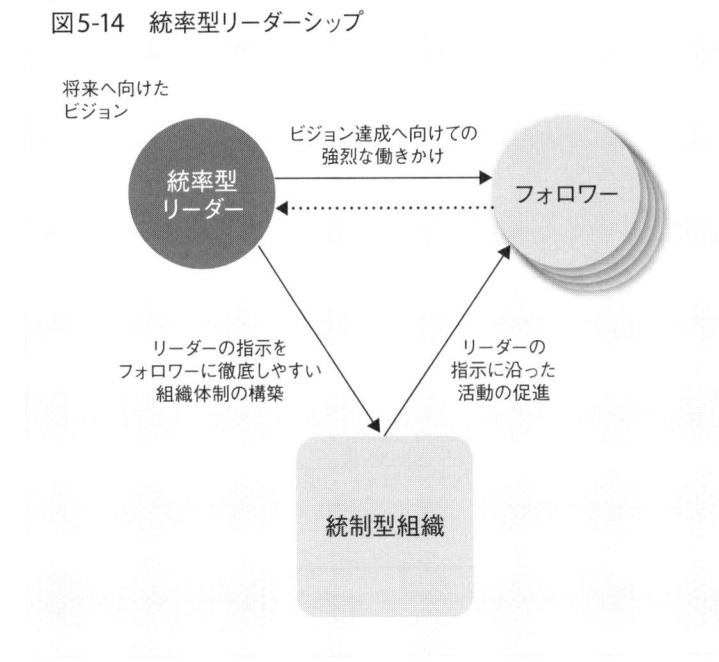

図5-14　統率型リーダーシップ

シップを、ここでは統率型リーダーシップと呼ぼう（図5-14）。

　統率型リーダーは、危機の脱出をはじめ、定めた目標へ向け短期的に多くの人を導いていく場面において大きな力を発揮する。一方で、そこには落とし穴も潜んでいる。

　近藤の例に見られるように、リーダーの力が強すぎると、組織メンバーは自ら考え判断することを放棄し、リーダーへの依存度を増していく傾向が出やすい。これは、第4章で示した他者との関わり方における指示型のスタイルが、組織全体に蔓延した状態と見ることができる。そこには、組織のリーダーこそが最も正しい答えを持っており、そのリーダーに従えば確実に目標が達成されるという期待がある。実際に組織がこのような状態に陥ってしまうと、大きく3つの問題が生じてしまう。

　第一は、組織メンバーがリーダーの偉大さを過信し、リーダーが示した指針に対するチェック機能が働かないという点だ。仮に、リーダーの方向性が間違っていても、フォロワーはそのことに気づかない可能性が高いし、仮に気づいたとしても、リーダーの力が強すぎると、それを指摘することが難しくなる。その結果、リーダーが進む方向を誤った場合、組織全体が破滅への道を進む危険性が生まれてくる。

　第二は、仮にリーダーの示す指針が正しかったとしても、強いリーダーのもとでは、そのリーダーの掲げた目標と指示の範囲内にメンバーの活動が限定されるため、リーダーの力量を超える成果を生み出すことが難しい点だ。そこでは、リーダーが示した目標を確実に達成することにエネルギーが集中するため、目標の達成確率は高まるが、リーダーの想像力を超えた目標設定や実行プロセスが生まれる確率は低い。したがって、リーダー自身の予測を超えた大きな

組織成果が生まれる可能性は小さくなる。

　第三は、組織メンバーがリーダーに依存してしまうことから、組織内で人材が育ちにくくなることだ。結果として、カリスマ的なリーダーなきあと後継者が不在となり、組織としての継続性に問題が生じる。また、仮に後継者が指名されても、後継となるリーダーは通常以上にリーダーに依存する体質が染みついた組織を率いるという負担を負わされることになる。

落とし穴への対処

　では、これら3つの落とし穴に対して、企業で組織を率いる立場にある管理職は、どのように対処していけばよいのだろうか。

　第一に、自分が成功すればするほど、傲慢になることを避け、謙虚さを失わないよう気をつけることだ。ミンツバーグは、傲慢さの本質を端的に「自信－能力＝傲慢」（H・ミンツバーグ『MBAが会社を滅ぼす』日経BP社、2001年）と表現しているが、能力を超えた自信の大きさが傲慢の大きさだとすれば、常に、自己の自信と能力を客観的に比較する視点を持っておきたい。

　そして、自らの過ちに気づくよう、他者の発言に耳を傾けるとともに、そもそも否定的な情報が共有されるような雰囲気を組織の中につくることが重要である。

　第二に、人には潜在能力があり、リーダーが予期しない高い成果を組織メンバーが出す可能性を認めることだ。すなわち、自分の想定を逸脱した個人の自由な活動を許容し、メンバーひとりひとりに潜んだ力を引き出し、同時にメンバー間の相互作用を通じた相乗効果を生み出すことにより、組織能力発揮の最大化を目指すことが必要だ。

第三に、企業が将来にわたって事業を継続していくというゴーイング・コンサーンという前提に立てば、管理職は自己の後継者を常に想定し、いつでも円滑な引き継ぎができるよう意識しておくことが必要だ。任期内に歴代ナンバーワンの業績を残しても、退任後の継続性がなければ、優れた管理職ということはできない。ここに、次のリーダーを育てることが優れたリーダーの重要な要件のひとつであるといわれる理由がある。

　ただし、これら統率型リーダーシップの弊害に対処することは、統率型リーダーシップの持ち味である強いリーダーシップそのものと矛盾する行為を許容することになりかねない。緊急事態においては強い統率型リーダーシップが有効性を発揮する。一方で、統率型リーダーシップには、リーダーの暴走、組織能力への制約、企業の永続性への不安といった弊害がつきまとう。だとすれば、こうした弊害を克服する別のタイプのリーダーシップについて、その特徴と有効性を考えておくことが必要だ。

私の組織では、みながリーダーシップを発揮しています

　「私の勤める会社は100人ほどの小さな組織ですが、とても活気があります。形式上は4つの部があり、部長、課長という役職も設けていますが、いずれも対外的なもので、社内でこうした所属やタイトルを気にする人は誰もいません。みな各々自分の得意分野を持っていて、何かあると業務上の役割分担にかかわらず意見を求め、お互いに首を突っ込みあいます。もちろん人間ですから議論が熱して言い争いが生じることもあります

が、会社として目指す方向性や大切にしている考え方を共有しているので、最後は落ち着くところに落ち着きます。

こうした雰囲気なので、その時々で仕事によって旗を振る人はさまざまです。担当者であっても、問題意識を持って新しい提案をどんどん出してきます。そこで重要だと判断されれば、一定の権限をあたえられて実行までやらせてもらえます。ここでは、上司や先輩を説得して動かすことは、当たり前です。テーマや分野によって、リーダーシップを発揮する人もついていく人も流動的です」

入社6年目の青木は、自社の特徴について、このように語っている。

一方、部長の藤井は、「われわれ役職者の役割は、各メンバーが会社全体の方向感を維持しながらも、これまでの枠にとらわれることなく自由に活動を行い、ひとりひとりが最大限潜在能力を発揮できるよう支援することです。そうすることで、たくさんのメンバーがリーダーシップを発揮して活躍してくれます」と語っている。

青木と藤井が勤める会社は、いったい誰が率いているのだろうか。

支援型リーダーシップ

先の近藤の例に見られるように、統率型リーダーシップを通じて危機を救うリーダーは、英雄性を備えている。こうした英雄型リーダーシップに対し、R・K・グリーンリーフは、ビジョン達成へ向けてリーダーがフォロワーに尽くす奉仕型リーダーシップとして

"サーバント・リーダーシップ"という概念を提示した。ここでは、こうした奉仕型リーダーシップのように、組織目標へ向けてフォロワーが主体的に力を発揮することを支援するリーダーシップのあり方を、支援型リーダーシップと呼ぶことにする。

一般に、英雄型リーダーシップはリーダーそのものが主人公であり、すばらしい結果が出るのはリーダーの力量に負うところが大きい。また、こうしたリーダーの多くが備えるカリスマ性というものは、普通の人が訓練で習得できるような類のものではない。

一方、支援型リーダーシップでは、主人公はむしろフォロワーであり、リーダー自らが成果を出すことよりもメンバーがより高い成

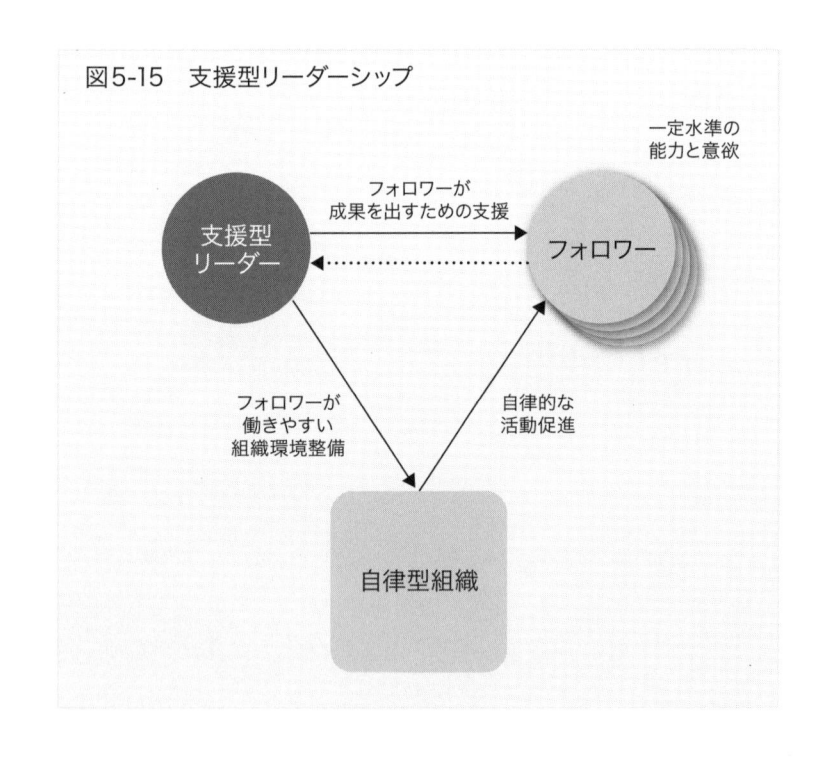

図5-15　支援型リーダーシップ

- 支援型リーダー → フォロワー：フォロワーが成果を出すための支援
- フォロワー：一定水準の能力と意欲
- 支援型リーダー → 自律型組織：フォロワーが働きやすい組織環境整備
- 自律型組織 → フォロワー：自律的な活動促進

果を出すことに焦点があてられる。これは、第4章で示した他者との関わり方における支援型のスタイルを、リーダーが組織全体に対して広く適用する考え方と見ることができる。そこでは、他者を活かせるか否かがリーダーとしての有効性を左右する。

こうした支援者としてのリーダーのあり方は、カリスマ性を身につけることに比較すれば、はるかに実現性が高い。相手の主体性を尊重し、適切に仕事を任せ、支援的コミュニケーションを行い、相手が成果を出す上で働きやすい組織環境をつくることで、相手の潜在能力を引き出すことは、誰にでも実現可能な行動であるとともに、次のリーダーを育てる上でも有効である（図5-15）。

支援型リーダーシップは、知識労働や人的サービスによって生み出される付加価値が中心の事業などでは、より大きな有効性を発揮する。なぜならば、事業成功を支える知恵が現場にあり、適切な環境と支援さえあれば、現場に近い社員の方が、よりよい意思決定と行動が可能な状況にあるからだ。そこでは、トップの指示に沿ってメンバーが手足として動くよりも、メンバーがよりすばらしいものを成果として生み出すことが重要となる。

世の中には、奉仕者（サーバント）や支援者（コーチ）は指導者（リーダー）ではないとの見方もある。しかし、一見リーダー（指導者）という言葉とは矛盾するようなこうしたスタイルであっても、組織の進むべき方向性や目標をメンバーと共有し、組織全体をその達成へ向けて動かすことができれば、支援型リーダーシップもひとつのリーダーシップのあり方ととらえることができる。

ここで確認しておきたいのが、実際の企業でこうしたスタイルが成立すれば、そこでは、リーダー個人の暴走の可能性は小さく、組織のトップの力量を超える成果が組織として期待でき、後継者とな

るリーダーの育成もより円滑に行われる点だ。要するに、英雄型リーダーシップのもとでの弊害を克服することが可能となる。

支援型リーダーシップの前提条件

しかしながら、現実の企業組織において、支援型リーダーシップが成立するためには、組織メンバーと組織に一定の条件が成り立つことが必要だ。

フォロワーについては、指示的行動より支援的行動においてより大きな力を発揮する状態、すなわち、主体的な活動を支えうるフォロワーの能力と意欲が、潜在的に備わっていることが前提だ。教育レベルが十分な水準になく、業務遂行に必要な基本的な知識やスキルが不足し、生理的欲求と安全欲求さえ満たされていない経済状態で働く人々に、フォロワーの主体性を期待することは困難だ。このような場合には、リーダーの支援型行動のみで人を動かすことは容易ではない。

また、組織については、短期的な成果や個人の英雄的行動ばかりが注目評価される状態であれば、そもそも支援型リーダーが生き残っていくこと自体が難しい。個人の力技を称賛するのではなく、長期的視点からチームや組織としての成果創出に価値を認めるような組織システムや文化が存在することが、こうしたスタイルが機能するためもうひとつの条件だ。

リーダーシップと組織のあり方

このように、強い統率力か、メンバーへの支援か、組織トップのリーダーシップのあり方が異なると、そこで有効となる組織の築き方も異なってくる。

その違いについて、まずは企業組織全体をひとつの組織モデルと見る視点から、各々の特徴を整理しておこう（図5-16）。

統率型リーダーシップは、組織メンバーがフォロワーとしてリーダーに仕えることを前提としている。こうしたリーダーシップを前提とする企業では、企業のトップである経営者は会社全体のビジョンや進むべき方向性を明確に示し伝えていく。事業部長をはじめとする経営幹部は、これを受けてビジョン実現へ向けての道筋としての戦略構築を行い、現場の管理職たちが具体的な計画を立て、一般の社員が実行を担うことになる。

このようなリーダーシップが活きる組織とは、どのようなものだ

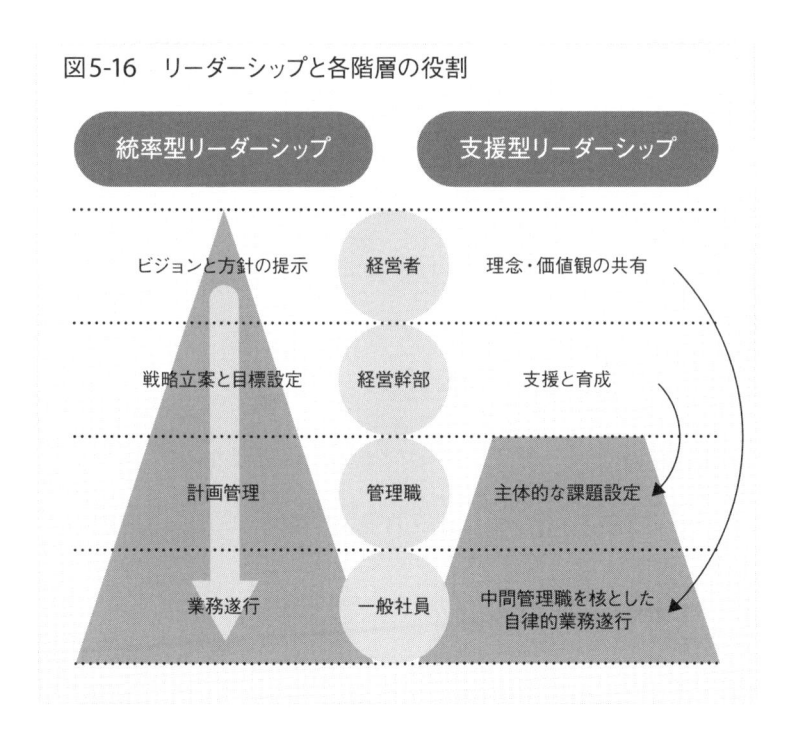

図5-16 リーダーシップと各階層の役割

統率型リーダーシップ		支援型リーダーシップ
ビジョンと方針の提示	経営者	理念・価値観の共有
戦略立案と目標設定	経営幹部	支援と育成
計画管理	管理職	主体的な課題設定
業務遂行	一般社員	中間管理職を核とした自律的業務遂行

ろうか。そこでの組織は、ひとつのピラミッドとして構成され、中央集権的な組織運営のもと、課題設定は上から下へと分解されていく。その結果、管理職の活動の自由度は少なく、裁量の余地は狭い。すなわち、管理職が自分の権限を超えて提言を行い、新たな構想の実現へ向けてリーダーシップを発揮する余地は限られ、トップに対するフォロワーとしての役割に徹することになる。

このような組織は、管理職の裁量の余地が小さいという点では、計画管理を中心とするマネジメント重視の組織に似ているが、あらかじめ決められた規則やルールよりも、トップの属人的な指示が優

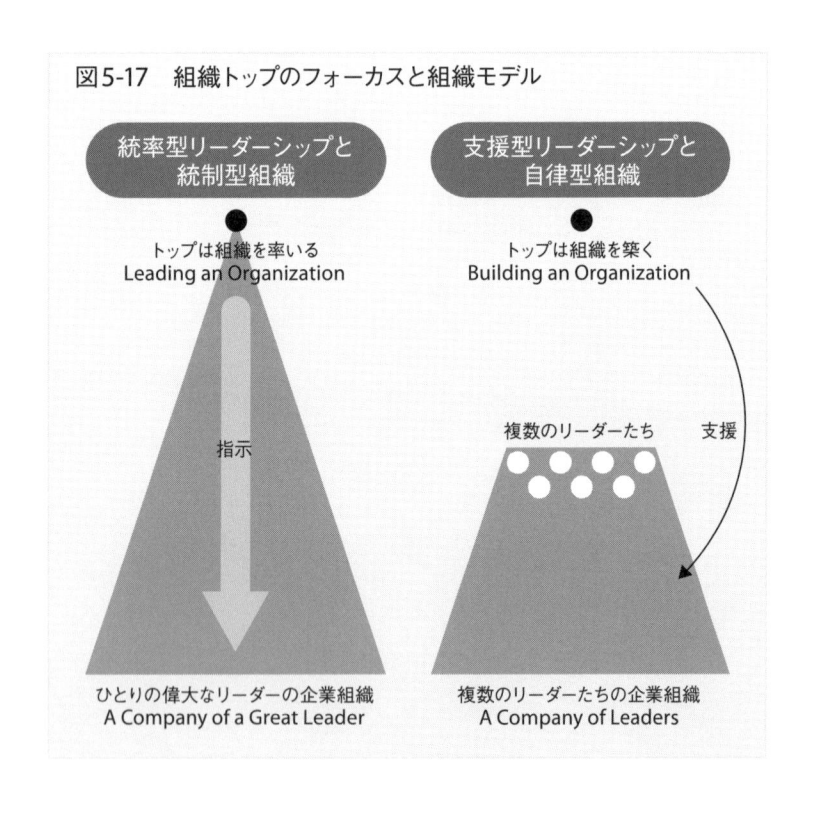

図5-17　組織トップのフォーカスと組織モデル

統率型リーダーシップと
統制型組織

トップは組織を率いる
Leading an Organization

指示

ひとりの偉大なリーダーの企業組織
A Company of a Great Leader

支援型リーダーシップと
自律型組織

トップは組織を築く
Building an Organization

複数のリーダーたち　支援

複数のリーダーたちの企業組織
A Company of Leaders

先するという点が、大きな違いだ。当然のことながら、こうした組織では、経営トップの力量によってその成果が大きく規定される。

一方で、支援型リーダーシップは、複数の組織のメンバーが機動力と創造性を持って主体的に活動することを前提としている。こうしたリーダーシップを前提とする企業では、事業活動における目標設定や戦略立案は一線の管理職に任され、経営幹部は事業遂行プロセスの設定や組織環境の整備といった支援活動により多くのエネルギーを費やす。すなわち、経営幹部は、管理職の自律的な活動を側面から支援するコーチとしての役割を果たし、さらに上に立つ経営者は、現場の自由と自己規律や長期的な組織成果の重視など、理念や価値観の維持継承者としての役割を担う。

では、こうしたリーダーシップが活きる組織は、どのような特徴を持っているだろうか。そこでの組織は、複数の自律的な活動単位に分解され、分権的な組織運営のもと、現場の管理職の主体的な課題設定と職務遂行が重視される。その結果、各管理職の活動の自由度は高く、組織内のあちこちでリーダーシップを発揮する機会が生まれる。

このように、組織トップのリーダーシップのあり方によって有効な会社組織のあり方は異なってくる。ジェリー・I・ポラスは、組織のトップが、"組織を率いること（Leading an Organization）"に焦点をあてるか、"組織を築くこと（Building an Organization）"に焦点をあてるかによって、こうした2つの組織のあり方を対比している。前者の組織は、"ひとりの偉大なリーダーの企業組織（A Company of a Great Leader）"、後者の組織は"複数のリーダーたちの企業組織（A Company of Leaders）"と表現することができる（図5-17）。

管理職から見たリーダーシップと組織のあり方

　このようにリーダーシップのあり方と有効な組織のあり方は、深く関連している。では、これら2つの組織モデルを、管理職の視点から見ると、どのようにとらえ直すことができるだろうか。

　第一に、組織を率いる立場にある管理職の視点から見ると、先に示した企業組織を自らが率いる組織と置き換えて考えることが可能だ。経営幹部が率いる企業内のカンパニーや事業部はもちろんのこと、管理職として一定規模の部門を率いる場合についても、リーダーシップと組織のあり方について、同様の考え方が適用できるだろう。すなわち、統率型リーダーシップのもとに自らが司令塔となる組織を築くのか、それとも、支援型リーダーシップのもとに組織メンバーが自律的に動く組織環境づくりに注力するのか、自分の目指したいリーダーシップと組織のあり方を描き、実際に自分のリーダーシップが活きる組織を築いていくことが重要だ。

　一般に、統率型リーダーシップを前提とした組織を構築している企業は多い。しかし、支援型リーダーシップを前提とした後者の組織構築ができれば、組織メンバーの潜在力が引き出され、より多くのリーダーが育ち、組織のトップの力量を超える組織成果を生み出すことが期待できる。一方で、こうした組織を機能させるための条件、すなわちフォロワーである社員の主体性の創出とそれに適した組織環境の整備は、その実現により大きな時間と労力を伴う。これら利点と欠点の両者を理解した上で、管理職としてどのようなリーダーシップを選択し、同時に、どのような組織構築を目指していくのか、自らの意思で選びとっていくことが求められる。

　第二に、自分より上位の管理職や経営陣が率いる組織の一員とし

ての管理職の視点から見ると、各々の組織モデルにおいて、自分の果たすべき役割が異なってくることが理解できる。統率型リーダーが率いる組織においては、管理職に期待される役割は、よきフォロワーとなることだ。すなわち、統率型リーダーの置かれた状況を理解し、そこでの意思決定の意図を汲みながら、示されたビジョンを現場の実行に落とし込んでいくことが重要である。

　一方で、支援型リーダーが率いる組織においては、管理職には現場を率いるリーダーシップが要求される。すなわち、主体的に目標を設定し、その達成へ向けて部下を動かし、自律的に事業活動を進めていくことが重要だ。

　このように、自分が属する組織が、どのようなリーダーシップのもとに運営され、そこでどのような組織を築いていくべきかを理解しておくことは、管理職として上位のリーダーシップのあり方に合致した自らのふるまい方を見極め、上位者の目指す組織構築の一翼を担っていく上で欠かせない。

　なお、統率型リーダーの暴走のリスクに対しては、残念ながら管理職の立場での万能の対処法はない。しかしながら、統率型リーダーが事実を客観的に見る機会をできるだけ提供し、本人が自らの脱線に気づきやすい状況をつくること、そして、フォロワーの要である管理職全体としてリーダーに対する認識を一致させておき、いざという時にはフォロワー全体として結束ができる状況をつくっておくことは、管理職として統率型リーダーの暴走に歯止めをかけるために有効な対策だといえる。

POINT

【統率型リーダーシップ】
強い統率力を持って組織を率いるリーダーシップは、危機的状況において変革を導く際に有効だ。そこで結果を出すためには、これまでの枠組みにとらわれない大胆な考えと行動が必要となる。こうした状況において結果が出ると、リーダーのカリスマ性や英雄伝説が生まれやすい。一方で、このようなリーダーシップのもとでは、リーダーの暴走、後継者の不在、あるいは、組織成果がリーダーの力量を超えられないという欠点が伴いやすい。

【支援型リーダーシップ】
組織メンバーの成果創出の支援を重視するリーダーシップは、危機的状況下で短期的な変革を進める際には必ずしもなじまない。一方で、組織の継続性を保つのには適しており、また、現場の知恵や現場の対応が重要な事業を行う場合には、大きな有効性を発揮する。

【2つの組織モデル】
統率型リーダーシップを有効たらしめるには、上位者の決定に基づき下位者が動くことを前提とした組織をつくることが重要だ。一方で、支援型リーダーシップを有効たらしめるには、上位者は下位者が動きやすい環境を実現する組織を構築することが鍵となる。また、各組織モデルにおいて、組織の一員としての管理職の立場によって果たすべき役割は異なってくる。

振り返り

❓あなたは、統率型リーダーシップ、支援型リーダーシップのどちらを目指したいですか。それは、なぜですか。

❓あなたは、自らのリーダーシップの有効性を高めるために、どのような組織を築いていきたいと考えますか。

第6章
現状からのさらなる飛躍へ向けて

1 なぜ、優れた管理職がつまずくのか

> これまで活躍していた管理職が、何かをきっかけとして、つまずいてしまうことは少なくない。なぜ、このような優れた管理職がつまずいてしまうのだろうか。つまずきを避けるためには、どのような視点を持っておけばよいのだろうか。

💬 どこで歯車が狂ったのでしょうか

「新任の管理職になってから、これまで以上に仕事に打ち込んでいます。特に技術面には自信があるので、どんな業務であってもうまくいかなければ、私が率先してカバーするようにしています。こうした努力の甲斐あって、私の率いるチームは、何とか期待される最低限の結果は出しています。

しかしながら、管理職昇進後は種々の管理業務や調整にてこずって、これまでのように本来の技術の仕事に打ち込めなくなってきています。そのせいか、管理職初年度の上司からの評価は、主任時代に比べて大きく下がってしまいました。どこかで歯車が噛み合わなくなってきているような気がします」

開発部の管理職に昇進して1年、かつて開発のエースと見られていた西村の評判は大きく低下していた。西村は、もともと鋭い論理思考を武器に技術的難問へチャレンジを行い、結果が

出るまではどんなことがあってもやり抜こうとするタイプで、人一倍強い仕事へのコミットメントが彼の持ち味であった。こうした特徴を活かして、西村は若いうちから実績をあげ、主任時代には開発部門の技術的リーダーとしての高い評判を築いてきた。

しかし、管理職になって早々、彼は問題にぶち当たった。営業部門からの強引ともいえる新規開発案件の仕様変更要求への対応について、あれこれ考えている間に、決断が遅いと営業部長の田村から直接クレームを受けてしまったのだ。田村の強い圧力を正面から受け、西村が営業部門の要求を受け入れたところ、今度は、当初の日程のままでの仕様変更など間に合うわけがないと、部下から突き上げをくらってしまった。

これまで上からの無理な要求を何とかこなしてきた西村の目から見れば、営業部の要求は厳しいものではあっても実現不可能なものではなかった。にもかかわらず、上司の指示に対して安易に反発する部下たちの姿勢は、西村から見ると仕事に対する甘えとしか見えなかった。こうした部下の態度について、西村は失望を抱いていたが、一方で、管理職就任早々、部下たちとの軋轢は極力避けたいとの思いもあった。そこで、仕様変更に伴う仕事の増加に対しては、西村自身の時間を割くことで何とか対応を行うことにした。

この一件は、その後の西村の行動を象徴していた。計画を逸脱した他部門からの要求や予定外のトラブルに対しては、決まって西村自らが対応にあたった。管理職に昇進したにもかかわらず、技術的な諸問題への対応に時間を割く姿は、昇進前の主任時代と変わりがなかった。一方で、管理職としての新たな管

理業務や自部門や階層を超えた調整業務への対応は、ますます後手に回っている感が否めなかった。

　西村は、どこで、つまずいてしまったのだろうか。

変化する強みと弱み

　病気や怪我といった理由でもなければ、人の知識やスキルが突然衰えたり消滅したりすることはない。にもかかわらず、異動、昇進、転職などをきっかけに、それまで優秀と思われていた管理職がつまずくケースは少なくない。なぜ、こうしたつまずきが起こるのだろうか。その最大の原因は、本人が置かれた状況の変化に隠れている。

　西村の例では、管理職への昇進に伴い、組織内で西村自身に求められる役割が大きく変化した。自らが技術開発そのものを担う主任の立場から、事業全体の動きを踏まえて技術開発の位置づけを明確にし、開発を担うメンバー全体を率いる管理職の立場への転換だ。そこで西村に求められるのは、営業部門との折衝を通じて仕様変更の内容とスケジュールについて適切な解を見極め、合意を得ることであり、部下とのコミュニケーションを通じて業務の目的とゴールを伝え、納得に導き、部下たちが技術的な対応を行うことを支援することに他ならない。

　ところが西村はこうした役割の変化に対応できていない。営業部門とのやり取りは、折衝力や調整力という彼自身の弱点を顕在化させている。また、これまで彼の強みであった技術的な問題解決力と仕事へのコミットメントは、本来部下が行うべき業務の肩代わりといった形で、逆に弱みに変化している。さらに、これまでの成功体験に基づく自信からか、管理職としての業務においても、主任時代

の思考と行動のパターンを引きずっている。

モーガン・マッコールは、つまずいたリーダーたちに関する調査に基づき、彼らがつまずく原因として4つの項目をあげている（図6-1）。

西村の例に見るとおり、こうしたつまずきは、本人の置かれた状況の変化、特に昇進や異動といったことを機に本人の役割が変わった際に生じやすい。なぜならば、組織の中での役割が変われば、求められる行動が変わり、結果として、そこで必要な知識、スキル、マインドセットが変わってくるからだ。そのため、新たな役割で必

図6-1　脱線の要因

M・マッコールによる脱線の要因	管理職にみられる脱線の例（著者作成）
すべての「強み」は「弱み」になりうる	問題解決能力に優れた管理職が、部下が行うべき課題を取り上げて自分で解決してしまったり、部下に任せるべき問題に細かく介入したりする。
最終的に、隠れた欠点が問題になる	入社以来、本社管理部門のみでキャリアを重ねてきた管理職が、顧客やマスコミなど、社外の関係者に対応する場面で不適切な発言をしてしまう。
次々に成功を重ねると傲慢になる	常に高い業績を上げ、最年少で課長、次長、部長と昇進していった管理職が、自分の考えが最も正しいと思い込み、部下の提案に耳をかさなくなったり、自分の意見に反対する部下に制裁を加えたりする。
「不運」とそれに対する行動	経済状況の急激な悪化や前任者の残した負の遺産など、直接制御できない外的要因によって、管理職がつまずくことがある。こうした状況に対して、すべてを「不運」のせいにしてしまうことにより、自分が生み出した問題までをも外部や他者の責任にして、ごまかしてしまう。

出所：モーガン・マッコール『ハイ・フライヤー』プレジデント社、2002年をもとに作成

要な知識、スキル、マインドセットが伴っていないと、このタイミングで強みが弱みに転化したり、隠れた弱みが顕在化したりする。また、成功した人ほど、これまでの自分のやり方に固執し、新たな状況に対する自己変革を怠り、傲慢に陥りやすい。

なお、不運については避けえない現実であるものの、不運をどう受け止め、どう対処し、そこから何を学びとっていくかという視点が、その後の自己の復活と成長へのポイントとなる。西村自身の立ち直りも、自分の新たな役割と現実の自分の姿とのギャップを正しく認識し、自己変革できるかが分かれ目だ。

儲けることは難しい

「大学院を卒業して20年余り、これまで技術一筋でがんばってきました。もともと研究が好きな私でしたが、技術が製品として世の中に出ていくことに感銘を受け、民間企業に就職しました。入社後は、希望どおり事業部の技術部門に配属され、いくつか異なる製品分野で、さまざまな技術分野に関わることができました。自分の関わった製品が、実際に世の中で売られ使われているのを見ることは、技術者としてのやりがいに大きくつながりました。こうした経験を経る中で、卓越した技術をもとに、よい製品を開発していくことが、事業にとって大切なことだと漠然と思うようになりました。

ところが、事業部長になってみると、会社の動きはまったく異なっていました。優れた技術を持っていることは大切ですが、それは、事業活動の一部に過ぎません。営業、製造、購買など、各々の部門は、技術部門と同じく、売上あるいは費用といった

側面から、各々が利益をあげるために貢献しています。技術部長時代から、少し考えれば、そんなことはわかっていたことですが、頭でわかることと肌で感じることは、まったく異なります。事業部の利益責任を持ち事業活動全体を見る立場になって、はじめてビジネスとは何か、儲けることの難しさを知った思いがします」

　技術一筋で技術部長から事業部長に昇進した原田は、利益責任を問われる事業部長の難しさを、このように語った。

　原田の経験談は、管理職の将来への備えという点で、どのような教訓を授けてくれるだろうか。

つまずきに対する備え

　最初に、あなたのこれまでの備えについて、自己診断しておこう。以下の質問に当てはまるものに「✓」で答えてほしい。

Q1	定期的に自分のキャリアプランを描き、必要に応じて軌道修正をしている	☐
Q2	業務上、今後新たに必要となる知識、スキル、マインドセットを理解している	☐
Q3	自分の強みと弱みについて、明確に表現することができる	☐
Q4	自分が周囲からどのように見られているか、客観的に把握している	☐
Q5	読書や講習を通じて、自分の知識やスキルを磨いている	☐

Q6　これまで成功や失敗の経験をするたびに、そこから教訓を得て現在に活かしている　□

　ここで、「✓」の数が多いほど、あなたの備えは充実している。

　では、管理職として、つまずきに備えるには、具体的にどうしたらよいのだろうか。有効な対策のひとつは、自分を取り巻く状況の変化をあらかじめ予測し、そこで求められる新たな知識、スキル、マインドセットを特定し、磨いておくことだ。もちろん、いつどのような変化が起こるかは、その時点になってみないとわからない。しかし、管理職としての自分のキャリアを描く中で、自分が将来遭遇するだろう役割の変化を予測することはある程度可能だ。

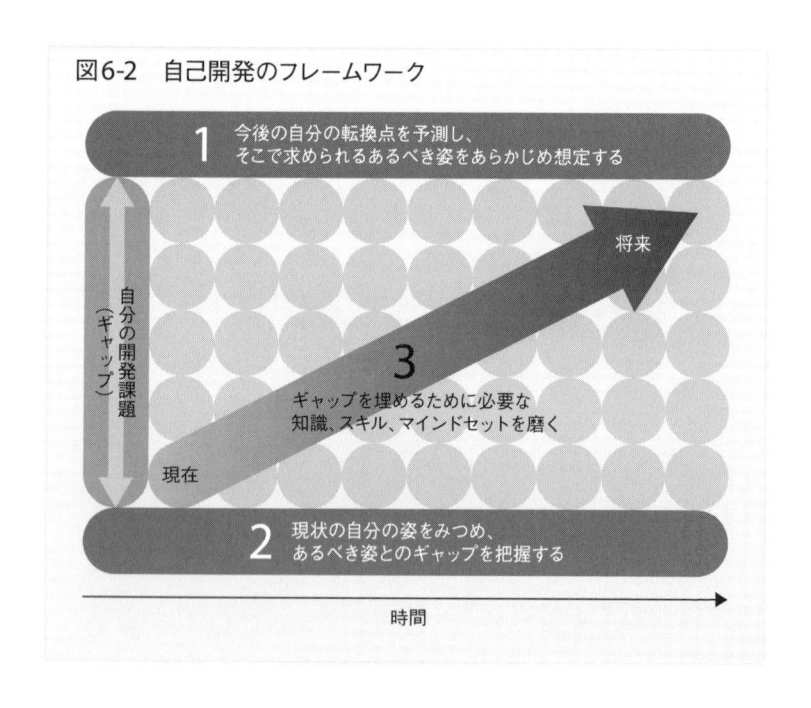

図6-2　自己開発のフレームワーク

1. 今後の自分の転換点を予測し、そこで求められるあるべき姿をあらかじめ想定する
2. 現状の自分の姿をみつめ、あるべき姿とのギャップを把握する
3. ギャップを埋めるために必要な知識、スキル、マインドセットを磨く

自分の開発課題（ギャップ）

現在　→　将来

時間

こうした考えに立って、自己開発を考えるための３つのポイントを示したのが、自己開発のフレームワークだ。具体的には、①今後の自分の転換点を予測し、そこで求められるあるべき姿をあらかじめ想定すること、一方で、②現状の自己の姿をみつめ、あるべき姿とのギャップを把握すること、その上で、③両者のギャップを埋めるために必要な知識、スキル、マインドセットを磨くことにより、自分の将来の変化に備えることが可能となる（図6-2）。

　以下、各々のポイントを押さえておこう。

非連続的に変化する管理職の要件

　第一の点については、自分の転換点として、異動、昇進、出向、転職、あるいは、事業戦略の転換や組織の再編成といった変化が該当する。これらの変化の中で、昇進に伴う職位レベルの変化は、管理職として共通の変化だ。ラム・チャランらは、複数の事業を行う大企業の組織を基本に、初級管理職から経営者に至るまでの昇進に伴う役割変化をモデル化し、昇進に伴う６つの転換点と各転換点で生じるチャレンジを提示している（図6-3）。

　ここで注目すべきは、昇進による役割変化に伴い必要となる要件の変化は、非連続的であるという点だ。西村の例でいえば、管理職への昇進によって、他部門との折衝のスキルや部下への配慮といったマインドセットなど、新任管理職としての新たな要件が本人に求められている。また、原田の例でいえば、技術部長から事業部長への昇進は、これまで求められなかった機能横断的な視野や利益創出のための戦略的思考を新たに持つことを要請する。

　このような職位レベルの変化に伴う非連続的変化をあらかじめ理解しておくことは、管理職の陥りやすいつまずきを避け、自分のキ

ャリアプランに沿って中長期的視点から自己開発を進めるために重要だ。

どうすれば、自分を正しく認識できるか

自己開発のための第二のポイントは、自分の現状把握だ。すなわち、つまずきに対する備えとして、自分の現状の強みと弱みを客観

図6-3 ラム・チャランらによる各職位レベルにおけるチャレンジ

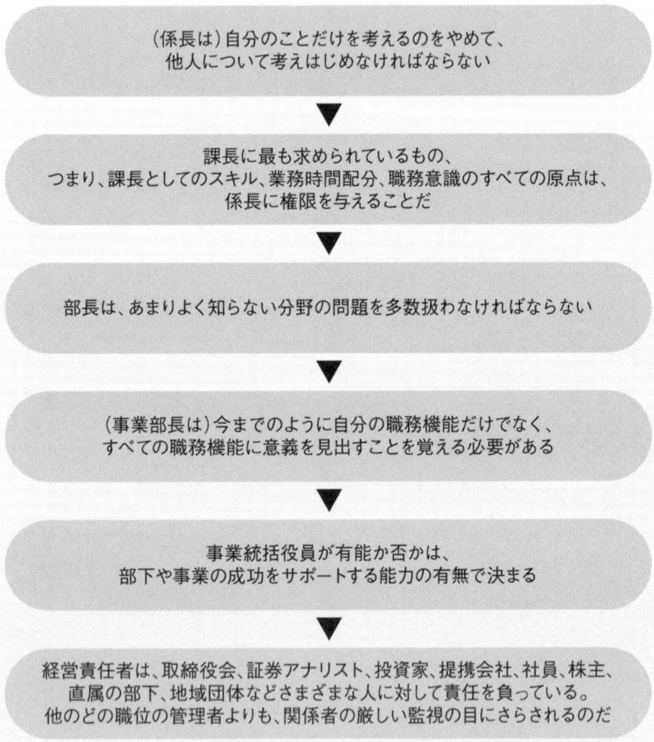

（係長は）自分のことだけを考えるのをやめて、他人について考えはじめなければならない

▼

課長に最も求められているもの、つまり、課長としてのスキル、業務時間配分、職務意識のすべての原点は、係長に権限を与えることだ

▼

部長は、あまりよく知らない分野の問題を多数扱わなければならない

▼

（事業部長は）今までのように自分の職務機能だけでなく、すべての職務機能に意義を見出すことを覚える必要がある

▼

事業統括役員が有能か否かは、部下や事業の成功をサポートする能力の有無で決まる

▼

経営責任者は、取締役会、証券アナリスト、投資家、提携会社、社員、株主、直属の部下、地域団体などさまざまな人に対して責任を負っている。他のどの職位の管理者よりも、関係者の厳しい監視の目にさらされるのだ

出所：ラム・チャラン他『リーダーを育てる会社つぶす会社』英治出版、2004年より抜粋作成
ただし、括弧書き部分は筆者追記

的に見つめ、求められる要件とのギャップを認識し、自分の開発課題を特定することが求められる。

　では、どうすれば、自分の姿を把握できるのだろうか。ひとつは、一歩立ち止まって自分の姿を客観的に見つめ直すことだ。たとえば、日誌をつけることで日々の自分の行動を振り返る、期ごとの評価面談に先立ち評価期間の活動を自己評価する、あるいは、MBTI、DiSC、ストレングスファインダーのような自己診断ツールを活用するといったやり方があげられる。

　ところが、鏡がなければ自分の背中を自分で見ることができないのと同様、自分の視点から見える自分の姿には限界がある。そこで、自分には見えない側面を見るために有効なのが、他者からのフィードバックである。

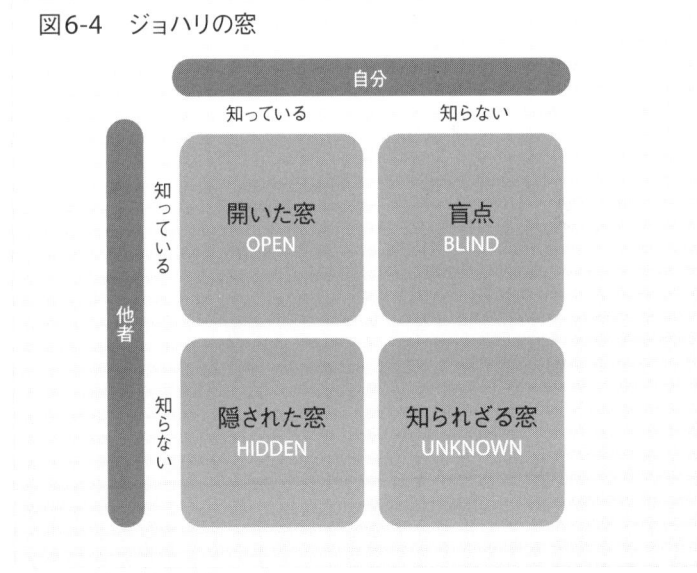

図6-4　ジョハリの窓

	自分 知っている	自分 知らない
他者 知っている	開いた窓 OPEN	盲点 BLIND
他者 知らない	隠された窓 HIDDEN	知られざる窓 UNKNOWN

by Jaseph Luft and Harry Ingham

他者からのフィードバックの有効性を理解するのに有効なのが、「ジョハリの窓」（図6-4）と呼ばれる概念だ。「開いた窓」は自分も他者も知っている自己の姿、「隠された窓」は自分だけが知っている自己の姿、「盲点」は自分では気づかないが、他者には見えている自己の姿、「知られざる窓」は自分も他者も気づいていない自己の姿だ。

　このように自己の姿を4つに分類すると、他者からのフィードバックは、「自他ともに認める強みと弱み（＝開いた窓）」を再確認するとともに、「自分自身気づかなかった隠れた強みと弱み（＝盲点）」を発見するための強力なツールだと考えることができる。

　管理職として、こうしたフィードバックを得る機会は、大上段に構えなくても日常的に存在する。日々の職場において、自分に対する上司からの指導、または、同僚や部下からの要望に耳を傾ける、評価面談での評価について上司と意見交換を行う、あるいは、信頼できる友人や家族との会話の中で最近の自分の様子についてどう見えるか尋ねてみるなど、工夫次第だ。同時に、上司、同僚、部下から見える日常の行動について質問票を用いて調査し、その結果を集計して匿名で本人にフィードバックする360度調査といったツールを活用することも有意義だ。

　ここで気をつけなければならないのが、他者からのフィードバックの受け止め方だ。耳が痛いという言葉に象徴されるように、他人から否定的な情報を伝えられるのは嫌なものだ。実際、「仕事がら、そうせざるを得ないんだ」「ご指摘はごもっともだが、僕は気にしないさ」「勘弁してくれよ、それは誤解だよ」など、自己弁護、開き直り、他責の気持ちが出てきがちだ。

　こうした自己防御のメカニズムは、人間が感情を持つ生き物であ

る以上、必然的に発生するもので、こうした反応が生まれること自体を必ずしも否定する必要はない。しかし、こうした感情に流されてしまっては、せっかくの自己の盲点を発見する機会を自ら放棄してしまうことになる。だからこそ、こうした反応が自らの中に生じてきたら、いったんその感情を分離し横に置いてフィードバック情報を受け入れ、なぜ他者はそのような認識に至ったのか、フィードバックが自分にとって意味するところを解釈する理性を持つことが重要となる。自己の成長のヒントは、他者からのフィードバックの中に隠れているのだ。

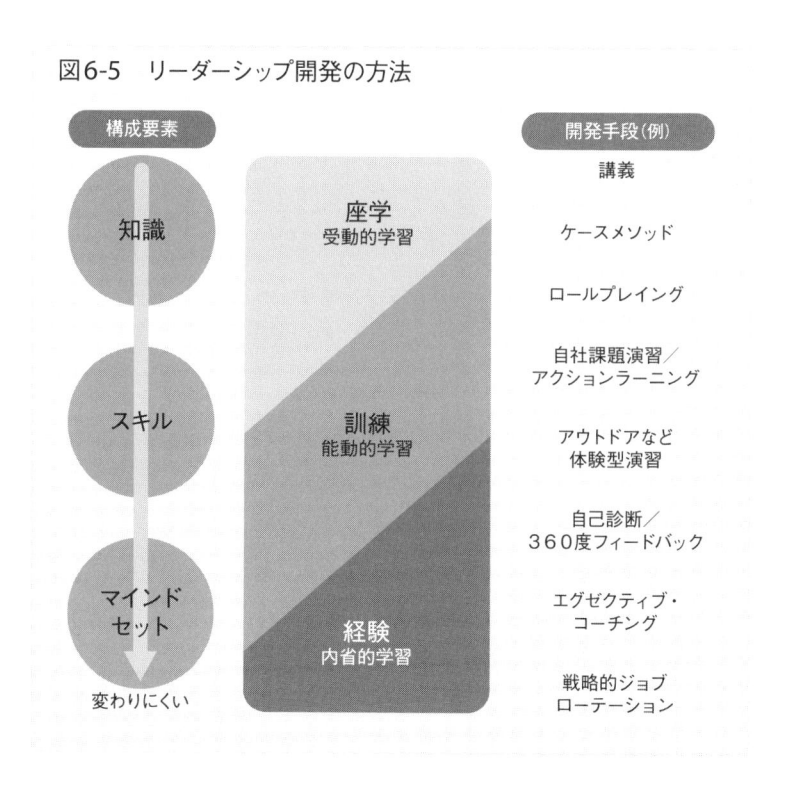

図6-5 リーダーシップ開発の方法

構成要素		開発手段（例）
知識	座学 受動的学習	講義 ケースメソッド ロールプレイング
スキル	訓練 能動的学習	自社課題演習／ アクションラーニング アウトドアなど 体験型演習 自己診断／ 360度フィードバック
マインドセット ↓ 変わりにくい	経験 内省的学習	エグゼクティブ・ コーチング 戦略的ジョブ ローテーション

どうすれば、自分の開発課題を克服できるか

　こうして自分の開発課題を特定できたならば、自分の開発のために取り組むべき第三のポイントは、どのようにして自分の開発を進めるかだ。ここで大切なことは、開発課題を行動レベルから要件レベルへと分解して特定することである。既に第3章で見たとおり、やるべき行動を実現するためには、そのベースとしての知識、スキル、マインドセットが必要だ。自分の開発を考える際には、これらの行動を支える具体的な要件レベルで何を開発するかを特定し、開発項目にあった開発手段を採用していくことが鍵となる。

　一般に、知識は書籍や講義からのインプットによって習得が可能だ。また、獲得した知識を活用して何らかのアウトプットを出す力がスキルだととらえると、スキルの習得は一定の訓練によって実現できる。一方で、物事の考え方や姿勢としてのマインドセットについては、座学や訓練によって変えられるものではなく、経験を通じた内省的学習によってはじめて獲得できるものだといえる（図6-5）。

　ここで座学や訓練のやり方については、開発すべき知識やスキルが特定できれば、容易にイメージが湧くだろう。一方で、経験を通じた学習については、具体的にどのような経験を通じて、どのように学べばよいのだろうか。次の節では、この点に焦点を絞って見ていこう。

POINT

【つまずきの原因】
管理職が直面するさまざまな役割の変化は、管理職に新たな知

識、スキル、マインドセットを要求する。こうした変化に対応しきれないことで、管理職のつまずきが生まれる。

【自己開発のフレームワーク】
つまずきを避けるためには、将来へ向けての自己開発が欠かせない。すなわち、①今後の自分の転換点を予測し、将来の自分のあるべき姿を想定し、②現状の自分の姿をみつめ、あるべき姿とのギャップを把握し、③ギャップを埋めるための自己開発を進めることがポイントだ。

振り返り

Q あなたは、これから先、どのような職位を目指したいですか。そこで求められる役割は、どのようなものですか。

Q あなたの強みと弱みは何ですか。強みが活きるのは、どのような場面においてですか。逆に、強みが足かせになることはありませんか。また、弱みが目立つのは、どのような場面でしょうか。

Q あなたが強化していきたい強みとは何ですか。克服したい弱みとは何ですか。それらを強化、克服していくために、どのような取り組みを行っていくとよいでしょうか。

2 自分の成長を導く経験からの学習

> 人は実際の経験を通じて多くを学び、成長する。では、管理職として、どのようにして経験からの学習を最大化させ、自己開発につなげていったらよいのだろうか。

順調だった私の職歴が、今ではあだとなっています

　入社して20年、課長の大田は、合弁会社への出向辞令を前に、これからの自分の仕事の行方を案じていた。
「私の経歴はこれまで驚くほどに順調でした。この会社には大学の先輩からの誘いで入りましたが、事前に聞いていたとおり働きやすい会社でした。毎年、私のゼミからは入社の実績があり、採用試験も形式的なものに思えました。

　初任配属は希望どおり、本社の経理部門でした。面倒見のよい上司に恵まれ、会社生活にはすぐになじめました。5年が経過したタイミングで、事業所の管理部門に異動となりました。異動とはいっても専門分野が変わったわけではなく、これまでより事業部門に近い立場で、同じ経理を担当することになっただけなので、これまでの仕事の蓄積を活かして仕事を進めるこ

とができました。

　その後、主任になるタイミングで、本社経理部の別のチームに戻りました。そこでは、2名の部下をまとめる立場になりましたが、どちらも入社数年がたった中堅クラスで、ほとんど手がかからない優秀なメンバーだったため、仕事は順調に進みました。

　入社15年目に課長に昇進し、これまで見ていた自分のチームに加え、2年後輩の福田君が主任として率いる隣のチームを合わせてみることになりました。彼とは事業所の経理部門で一時一緒に働いた仲で、お互いに気心も知れていたため、課全体としてまとめるのに、大きな苦労は要りませんでした。また、仕事の方も、入社以来携わってきた経理関係が中心で、戸惑うことはあまりなく、その後の5年間は、さしたる問題もなく日々の仕事が過ぎていった感じです。

　ところが、入社20年目になる今年、突然、国内にある合弁会社に経営管理部長として出向を命じられました。任期は3年の予定です。出向先では、経理のほか、法務、総務、人事などスタッフ全体を統括する立場になります。これまで経理しか経験がないため、他の分野をうまく管理できるか不安です。また、部下となる5人の課長は、法務を除いて合弁先に本籍のある人たちです。さらに、出向先の社長と部下となる課長のひとりは、外国人です。悪いことに、合弁先とは、最近何かともめごとが多いと耳にしています。

　これまで業務の繁忙こそあれ、それまでの経験の延長線上の業務を担当してきたため、仕事自体は驚くほど順調に進んできました。本音でいえば、このまま国内で事業所の経理部長あた

りに納まれば、御の字だと思っていました。そんな中、背景のまったく異なる人々を率いる立場になることは、私にとって劇的な変化です。これまで楽をしすぎたつけでしょうか。これまでの順調な職歴が、今ではあだとなっています」

はたして、大田の合弁先への出向は、本人にとって不運としか言いようがないのだろうか。

人は、どのような経験から多くを学べるか

はじめに以下の質問について考えてほしい。あなたは、各々の状況に置かれた時に、どのように感じるだろうか。自分の感情の状態を想像してみよう。

A これまでの自分の経験やそこで培った能力を存分に使いこなして、円滑に仕事を進めている。
B 有能な部下を多く抱え、仕事は順調に進んでいる。
C 未解決の問題が山積しているポジションへ、異動が決まった。
D 今の仕事は、突発的な変化がよく起こり、かつ極めて複雑であるため、せっかく計画を立てても無駄になることが多い。
E 自分の職務権限が直接及ばない他部門の人々が動いてくれないと、今の仕事は前に進まない。

一般に、人は経験を通じて数多くの事柄を学んでいる。リーダーシップを開発するためには、効果的な学習機会としての経験と、経験から学ぶ力が欠かせない。では、どのような経験を積むことが自分の開発のために有効なのだろうか。

先の質問について、A、Bの2つの状況下では、気持ちの上での負担は軽く、肯定的な感情を持つ人が多いだろう。一方、C、D、Eの3つの状況下では、気持ちの上での負担は重く、否定的な感情を持つ人が多いに違いない。

　ここで、視点を変えて、実際に5つの状況を経験した場合、どの状況から学べることが多いと思うかについて考えるとどうだろう。おそらく、気分的に快調なA、Bよりも、負荷の高いC、D、Eの状況の方が、多くのことを学ぶことができると思うに違いない。

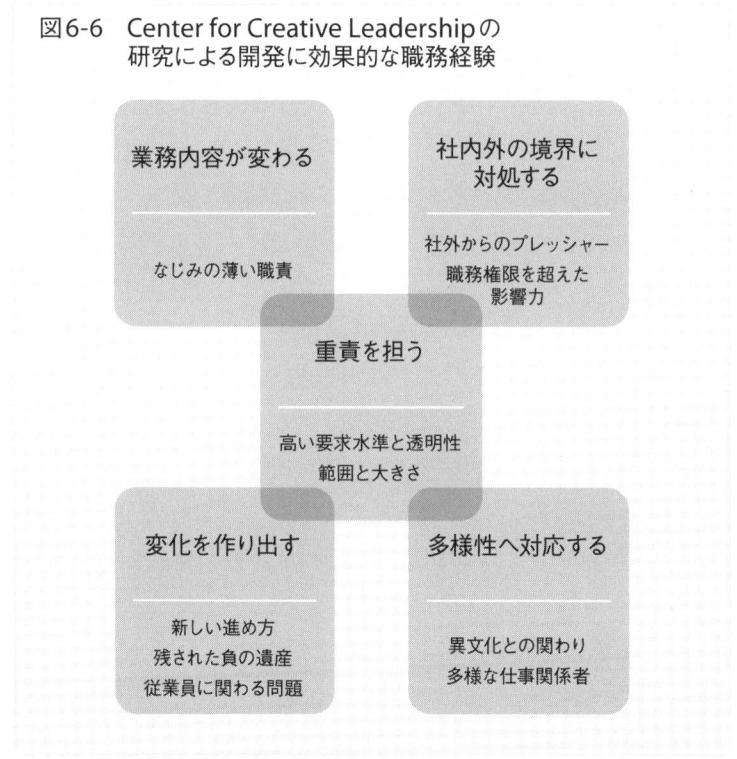

図6-6 Center for Creative Leadershipの研究による開発に効果的な職務経験

業務内容が変わる
なじみの薄い職責

社内外の境界に対処する
社外からのプレッシャー
職務権限を超えた影響力

重責を担う
高い要求水準と透明性
範囲と大きさ

変化を作り出す
新しい進め方
残された負の遺産
従業員に関わる問題

多様性へ対応する
異文化との関わり
多様な仕事関係者

出所：シンシア・D・マッコーリー他『仕事を通じたリーダーシップ開発1——成長機会の探求』英治出版　2004年より抜粋作成

人は困難な経験からより多くの事柄を学ぶことができる。これまでのリーダーシップ開発研究においても、リーダーシップが修羅場を通じて開発されることはしばしば指摘されてきた。

　たとえば、リーダーシップ開発の研究で名高いCCL（Center for Creative Leadership）による調査では、困難でチャレンジングな経験が、リーダーの開発を行うのに効果的な学習機会であることが示されている（図6-6）。

　ではなぜ、困難な経験が有効なのか。ひとつの仮説として考えられるのは、困難な状況に置かれることで、人はこれまで試したことのない新たなやり方に挑戦せざるを得なくなり、そこで自分の潜在的な力を発揮する機会を得るという点だ。

　ここで重要なポイントは、仕事における気持ちの状態と、そこでの学びの大きさとは、しばしば反比例の関係にある点だ。言い換えると、仕事が順調な時ほど仕事経験を通じた学びは小さく、逆に感情的に試練に立たされている時ほどそこでの学びが大きい。つまり、ストレスもなく仕事がうまく進んでいる場合は、自分の成長が止まっている危険性が高いということだ。逆に、困難にぶち当たった時は、経験からの学びを通じて自分を成長させるチャンスだと考えることができる。

　このように業務経験を学習機会としてとらえると、大田の順調な職歴は、実際には彼の成長機会を奪っていたとみることができる。また、入社20年にして訪れた合弁先への大田の出向は、ようやく訪れた大きく自分の殻を破る成長のチャンスだと考えることができる。大田自身がこの機会を自分の成長に活かせるかどうかは、彼がこうした見方をできるか否かにかかっている。

現在の自分は、いかにして築かれたか

　ノエル・ティシーは、こうした仕事の困難さとそこでの感情の状態との関係に注目し、自分の経験と成長を振り返るのに効果的な方法を「感情の軌跡」と呼ぶエクササイズとして示している。図6-7は、このエクササイズを例として示したものだ。

　ここで、縦軸は感情の状態、横軸は時間軸を示している。図の例では、社会人としての自分の過去を振り返って、自分の感情の軌跡をグラフ化し、自分の基本的な考えや行動原理を形成したと考えられる重要な出来事についてのポイントを記載している。この例にならって、実際に自分の感情の軌跡をグラフ化し、特にネガティブな感情エネルギーが強い時期の経験や出来事を思い出してみよう。そこでの経験が、現在の自分のものの考え方や姿勢に大きな影響を与えていることを発見できるに違いない。

　人員削減への対応から他者の感情への対処の仕方を学んだ人、ベンチャー企業立ち上げの経験からリスクのとり方や走りながら考える仕事のスタイルを学んだ人、海外経験を通じて論理的な主張の仕方や異文化の中でのコミュニケーションのあり方を学んだ人など、そこでの経験の質と学んだ事柄はさまざまだろう。ここで大切なことは、どのような経験がどのような学びにつながったのかという視点だ。

　このように自分の過去の経験を振り返りそこでの学びを棚卸しすることは、現在の自分がどのように形づくられてきたかを理解するのに大いに役立つ。同時に、これから強化したい自分のスキルやマインドセットのあり方を学ぶために、どのような経験が必要かを考察するためにも有効だ。自分の今後の成長へ向けて、どのような経

験が学習機会として活きてくるのかという視点から、今後のキャリアプランを描いてみてはどうだろうか（図6-8）。

成長＝経験機会×学習能力

仮に困難な経験が有効な学習機会だったとしても、そうした機会を活かして学ばなければ、自分の成長は期待できない。だとすれば、困難な経験からより効果的に学ぶためには何が重要だろうか。経験

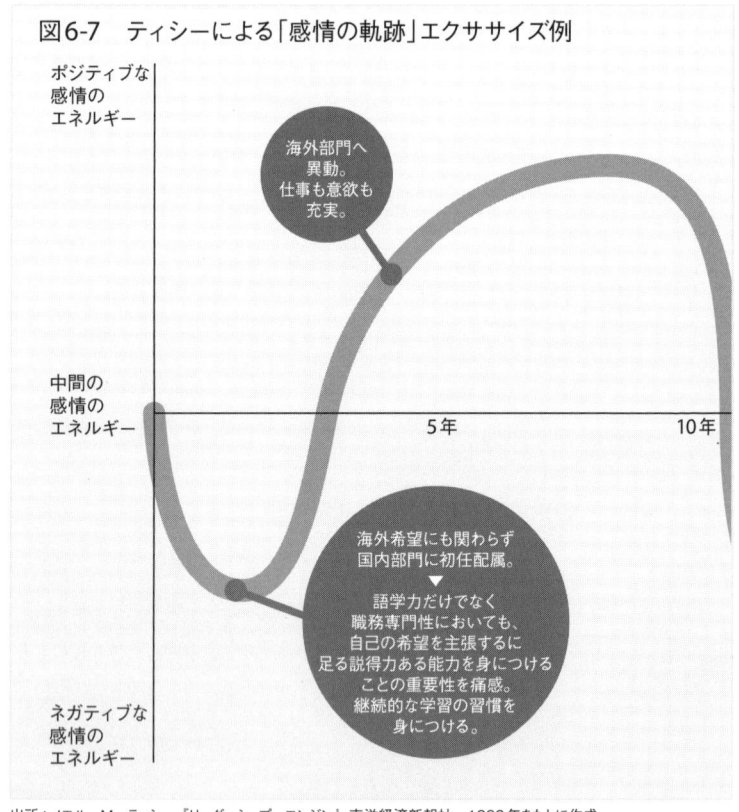

図6-7　ティシーによる「感情の軌跡」エクササイズ例

ポジティブな感情のエネルギー

海外部門へ異動。仕事も意欲も充実。

中間の感情のエネルギー

5年　　　10年

海外希望にも関わらず国内部門に初任配属。
▼
語学力だけでなく職務専門性においても、自己の希望を主張するに足る説得力ある能力を身につけることの重要性を痛感。継続的な学習の習慣を身につける。

ネガティブな感情のエネルギー

出所：ノエル・M・ティシー『リーダーシップ・エンジン』東洋経済新報社、1999年をもとに作成

から学ぶために必要な条件として欠かせないのが、自分の経験を振り返り、そこから出てくる自分自身への教訓や意味合いを引き出す内省的な学習の力だ。

前節の西村の例に戻ると、管理職昇進後、営業からの圧力と部下からの突き上げに直面する中で、彼が営業や部下に問題発生の原因を押しつけるようであれば、西村の成長は望めない。しかし、ここでの苦しい経験を通じて管理職に求められる役割と要件を理解し、

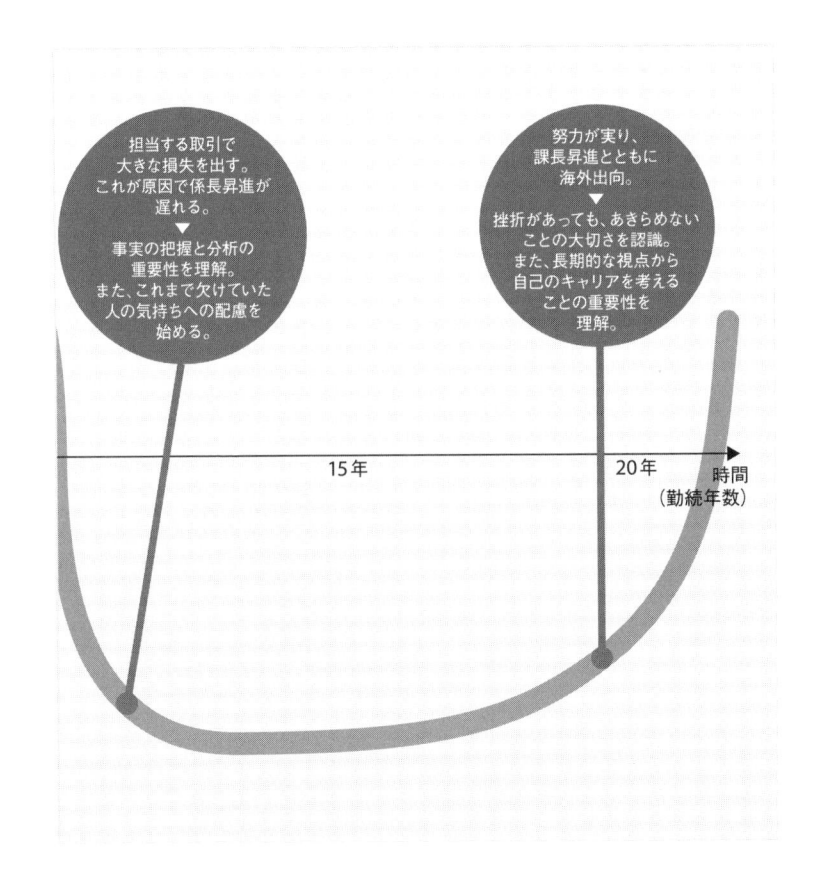

担当する取引で
大きな損失を出す。
これが原因で係長昇進が
遅れる。
▼
事実の把握と分析の
重要性を理解。
また、これまで欠けていた
人の気持ちへの配慮を
始める。

努力が実り、
課長昇進とともに
海外出向。
▼
挫折があっても、あきらめない
ことの大切さを認識。
また、長期的な視点から
自己のキャリアを考える
ことの重要性を
理解。

15年　　　20年　　時間
　　　　　　　　（勤続年数）

自分に欠けていたスキルやマインドセットに気づき、ここでの失敗から他部門との折衝のやり方、あるいは、部下への説得と権限委譲の進め方をもがきながらも学びとることができれば、西村は大きく成長していくに違いない。

また、大田の例では、これまで直面したことのないチャレンジに対し、できる限り困難を回避し無難に３年の任期を過ごそうといった姿勢に陥ると、業務上の大きな成果を期待できないだけでなく、これから先の本人の成長も望めない。一方で、自分の殻を破る機会として前向きにとらえ、待ち受けているだろう困難や試練から学ぶという前向きな姿勢を持つことができれば、今回の出向を今後の自己の成長のために活かすことができるだろう。

Ｊ・コリンズは、よい企業を偉大な企業に変えたリーダーを調査した。そして、そこで発見された特徴を第五水準のリーダーシップ

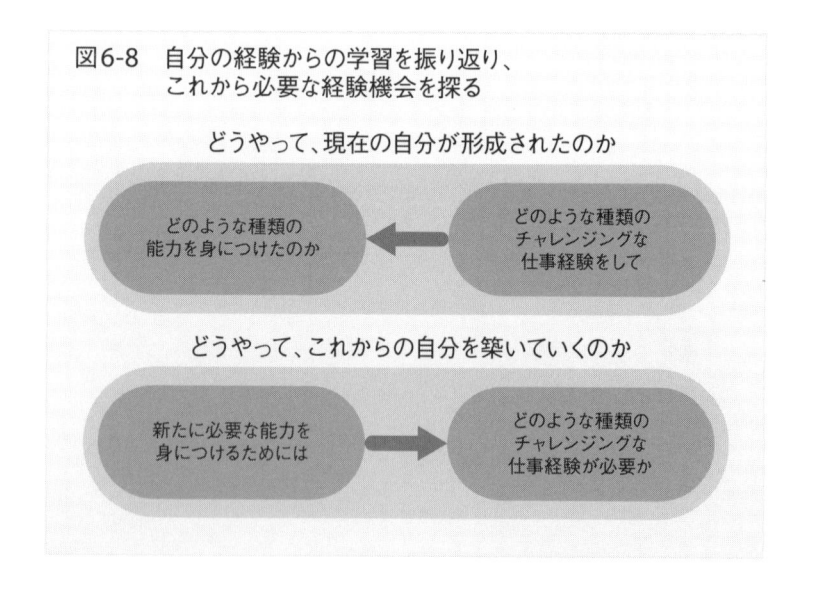

図6-8　自分の経験からの学習を振り返り、これから必要な経験機会を探る

どうやって、現在の自分が形成されたのか

どのような種類の能力を身につけたのか　←　どのような種類のチャレンジングな仕事経験をして

どうやって、これからの自分を築いていくのか

新たに必要な能力を身につけるためには　→　どのような種類のチャレンジングな仕事経験が必要か

と呼び「第五水準の指導者は　成功を収めたときは窓の外を見て、成功をもたらした要因を見つけ出す……。結果が悪かったときは鏡を見て自分に責任があると考える……」(『ビジョナリーカンパニー②飛躍の法則』)と記している。これは、よい企業を偉大な企業に変えたリーダーたちは、常に自分を振り返り、自分の問題点を見出し、自分自身についても、よい状態から偉大な状態へと自己変革し続ける特性を備えていることを示したものと言えるだろう。

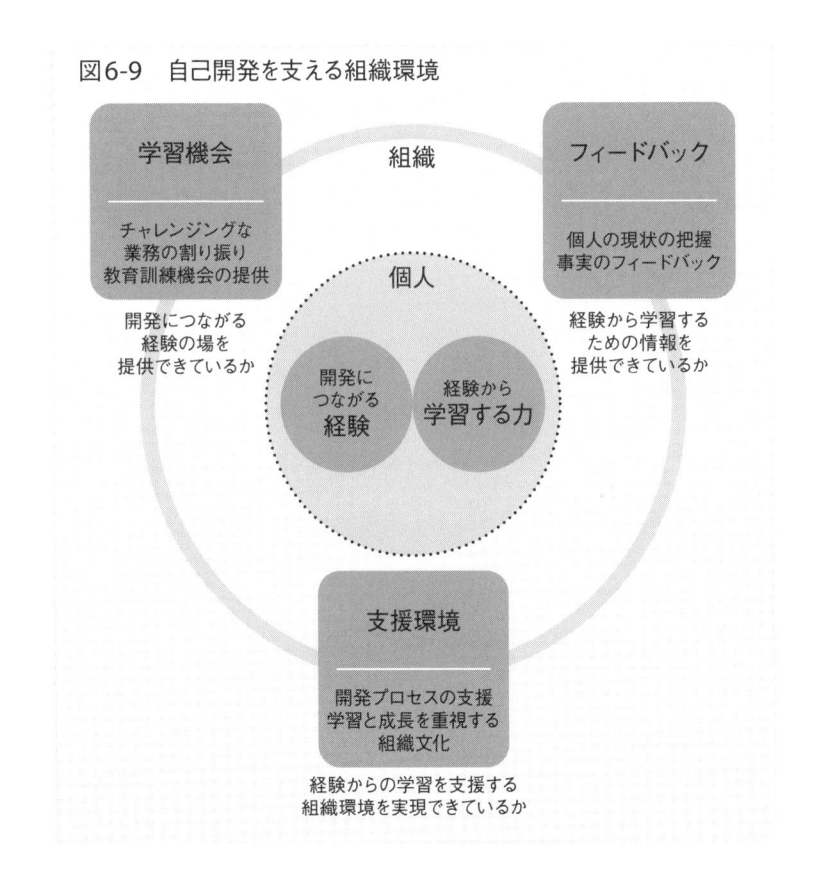

図6-9　自己開発を支える組織環境

学習機会
チャレンジングな業務の割り振り
教育訓練機会の提供

開発につながる経験の場を提供できているか

組織

個人
- 開発につながる経験
- 経験から学習する力

フィードバック
個人の現状の把握
事実のフィードバック

経験から学習するための情報を提供できているか

支援環境
開発プロセスの支援
学習と成長を重視する組織文化

経験からの学習を支援する組織環境を実現できているか

ここで大切なことは、困難な経験を学習機会としてとらえ、自分の経験を振り返る中で新たな教訓を得、それを自分の行動変容へとつなげていくという視点だ。困難で生まれがちな不安や抵抗の感情を分離し、経験に学ぶという考え方を持って困難に直面できるか否かが、経験を通じた学習能力の差となって表れてくる。

　しかしながら、ひとりですべての困難を抱えるのは容易なことではない。人を育てる組織の側から見れば、個人が困難から学べる組織環境を実現することが重要だ。個人がより効果的に経験から学ぶためには、学習機会としての仕事の割り振りを行い、自己認識のためのフィードバックを行い、本人の気づきと学びを促す支援を提供することがポイントとなる（図6-9）。

　リーダーシップを発揮することは、未知への挑戦であり、常にリスクを伴うチャレンジだ。だが、こうした困難に挑むことは、リーダーシップを発揮するために必要なだけではない。同時に、さらなる飛躍に向けて自分のリーダーシップを磨いていくためにも欠くことのできない重要なプロセスだとみることができるだろう。

POINT

【経験からの学習】
人は経験を通じて数多くの事柄を学んでいる。リーダーシップを開発するためには、効果的な学習機会としての経験と、経験から学ぶ力が欠かせない。

【学習機会としての経験】
困難でチャレンジングな経験こそが、リーダーシップ開発を行

うのに効果的な学習機会である。

【経験から学ぶ力】
経験から学ぶ力は、自分の経験を振り返り、そこから出てくる自己への意味合いを引き出す力である。

振り返り

◎これまでの経験を振り返り、現在のあなたにとって貴重だと考える経験を思い起こしてください。あなたはその経験から何を学びましたか。

◎あなたがその経験から学んだことは、現在のあなたが仕事をする上で、どのように役立っていますか。

◎これからさらに自分を成長させるためには、あなた自身、どのような経験を積んでいくとよいと思いますか。そういった経験から、あなたは何を得ることができると思いますか。

あとがき

　企業の抱える問題の中で、人に関するものほど、理解は易しく実行が難しいものはない。言われてみれば誰もがそのとおりだと考えるような問題が大半であるにもかかわらず、実際にそれを実行する立場になると、人間の複雑な感情が絡んで、なかなか進むことができない。そこには、当事者の呪縛とでもいうべき状況が発生してしまうのだ。

　管理職をめぐる問題についても、同様のことがいえる。理屈で考えれば、当たり前だと理解できることでも、本人の立場にたつと、なかなか理解したとおりに実行できない。こうした状況を克服するためには、他人があれこれ言っても始まらない。仮に、第三者から言われて一時的にできたとしても、継続性には疑問符がつく。ここで、理解と実行の溝を克服するための一番のポイントは、本人が自ら気づくことだ。

　本書では、こうした認識から、「管理職の心得」として、「何をすべきか」ということに直接触れることを意図的に避けてきた。そうではなくて、「何をすべきか」ということを自ら考えるために有効と思われるさまざまな"視点"を示すことに焦点をあてようと試みた。というのも、人は視点が変わることで、新たなものの見方や考え方に効果的に気づくことができるからだ。

　自己変革へ向けての鍵は、日常の自分とは異なる視点を持って、現状を振り返ることができるかどうかにかかっている。実際、自分を客観視することができれば、他人に言われなくても、人は自分の至らないところを直そうと、新たな行動を起こしていく。

このような考えに基づき、多面的な視点を持つことで、より効果的に気づきを得ることができるよう、本書は、以下の３つの工夫をこらしている。

　第一に、管理職としてのリーダーシップを、自己、他者、組織という３つの視点から立体的にとらえるフレームワークを提示し、その全体像を体系的かつ構造的に理解できるようにした。これによって、リーダーシップのあり方を、企業の現場で置かれた自分の状況に照らして、読者が自ら考えていけるようになることを目指した。

　第二に、自己、他者、組織という視点ごとに、リーダーシップに関わる理論や概念の中から、普遍性が高く、かつ、管理職にとって有用性の高いものを厳選し、その実践的な意味合いを平易に示した。ここで選んだ理論や概念は、筆者の企業向け教育の現場での実体験に基づいたもので、いずれも人間の本質をとらえたシンプルな原則や考え方であり、現実の場面で適用が可能なものばかりである。これによって、理論的裏付けに基づいたリーダーシップ論の実践的な活用が可能となっている。

　第三に、提示した理論や概念を、現実の職場のイメージに引き寄せて理解することができるよう、テーマごとに起こりがちな事例を盛り込んだ。また、自分の姿を客観的に見つめ直すことができるよう、自己診断のための質問を挿入し、各章各節の終わりには、本書で触れた視点を応用し、自己のあり方を振り返るための"POINT"と"振り返り"をまとめている。

　各々の事例は、これまでコンサルティングおよびコーチングを通じて筆者が直接関わった多数の実例の中から、企業の管理職が直面しがちな共通項を持った事例を複数抽出し、新たに書き下ろしたものである（当然、部署名および登場する人物名はすべて仮名である）。

したがって、いずれの事例も現実の職場で起こりがちなものばかりであり、読者の多くは、自分の周りで類似した実例に遭遇したことがあると感じるかもしれない。

　ここで、管理職にリーダーシップが求められているという現実に加え、本書を執筆するきっかけとなった2つの背景について触れておきたい。

　ひとつは、管理職を対象としたリーダーシップの全体像を示した書籍が、ほとんど見当たらないという点である。リーダーシップについては、歴史上名を残した偉大なリーダーについての解説、あるいは、名経営者の持論を示した書籍があまた存在する。一方、管理職向けには、部下指導、コミュニケーション、あるいは、上司としての心構えなど、その一部の側面について説いた書物は数多い。しかしながら、リーダーシップというテーマについて、企業経営という枠組みの中で、管理職の目線から体系的に扱ったものは数少ない。

　こうした状況においては、成功した経営者やリーダーの持論を金科玉条とするか、あるいは木を見て森を見ず、ハウツーばかりに注目する状況が生まれやすい。だとすれば、管理職が自らの文脈に合わせ、さまざまな持論やハウツーを咀嚼し、自分の中に位置づけていくための俯瞰的な視点を示すことができれば、管理職にとっての新たな道標となるのではないか。このことが、背景にあった第一の問題意識だ。

　もうひとつは、日本の企業における経営管理職育成の動向だ。筆者が経営管理者教育に関わり始めた10年前は、ちょうど「日本企業には戦略がない」とのアメリカからの指摘に多くの日本企業が強く反応し、正しい戦略を立案できる経営幹部の早期育成へ向けて、

それまでの階層別一律教育から経営候補者の選抜型教育へと、経営管理者教育の流れがシフトし始めた時期だった。いわゆるMBA型の教育が注目を浴び始めたのも、この頃だ。

　ところが、2000年代も半ばにさしかかると、多くの企業が戦略を描けど現場がついてこないという現実に直面していく。こうした問題への対応として、中間管理職層を核とする現場力強化への動きが活発化していく。ここで、一旦縮小の傾向にあった管理者向け教育も復活していくが、実際には、こうした打ち手が効果をあげているとは必ずしもいえない。

　その理由のひとつは、管理者層強化の方向性が、かつてのマネジメント力強化の域を出ず、時代の変化に対応するリーダーシップの本質を取りこんだ打ち手になっていないからではないか。だとすれば、現代の管理職層が進むべき方向性を改めて示し直すことは、こうした現実を乗り越えていくきっかけになるのではないか。これが、第二の問題意識である。

　本書の内容は、過去10年にわたり80社を超える企業の経営者および管理者、あるいは、経営企画部門や人事部門の方々と、ともに考え、探究し、議論し、実践してきたことが基盤となっている。こうした方々の示唆に富んだ現場の知恵がなければ、本書の存在はなかったといえる。コンサルティング、コーチング、教育と場面はさまざまだが、これまで人材組織開発の機会を与えていただいたすべての方々に、心から感謝申し上げたい。

　また、これらの活動を進めるにあたっては、人間の持つ可能性を信じ、人と組織の潜在力を解き放とうと同様の活動を行っている数多くの仲間が協力し、支えてくれた。こうした仲間ひとりひとりに

も、感謝の意を表したい。

　最後に、本書の執筆にあたり、ダイヤモンド社DIAMONDハーバード・ビジネス・レビュー編集部副編集長の木山政行氏から、数多くの支援とアドバイスをいただいた。この場を借りて、お礼申し上げる。

　企業が人と組織を通じた持続的競争優位を築いていくことを支援するために、今後も、できる限りの努力を続けていきたいと考えている。

2010年1月
大島　洋

補 管理職がリーダーシップを立体的に鍛えるための 読書案内

管理職として自分のリーダーシップをさらに立体的に高めていこうと考える読者のために、本書で触れた各章の視点をさらに深め、その本質を見極めていくために有用な書籍を、テーマごとに紹介しておきたい。

リーダーシップ全般を概観する（第1・2章）

- 金井壽宏『リーダーシップ入門』日本経済新聞社（2005年）
  主要なリーダーシップ研究を踏まえ、リーダーシップの見方、考え方を概観した入門書

- ジョン・P・コッター著、黒田由貴子監訳『リーダーシップ論』ダイヤモンド社（1999年）
  リーダーシップの本質について探究したコッターの主要論文集

- ハーバード・ビジネス・レビュー編、ダイヤモンド・ハーバード・ビジネス・レビュー編集部訳『リーダーシップ』ダイヤモンド社（2002年）
  リーダーシップに関するハーバード・ビジネス・レビュー掲載の主要論文集

自己のあり方を考える（第3章）

- ジェフリー・フェファー著、奥村哲史訳『影響力のマネジメント』東洋経済新報社（2008年）
  組織におけるパワーの本質とその活用について、多彩な事例とともに解説

- マーシャル・ゴールドスミス他著、斎藤聖美訳『コーチングの神様が教える「できる人」の法則』日本経済新聞出版社（2007年）
  エグゼクティブが陥りがちな20の悪癖とその克服法について、コーチングの視点から解説

- ウォレン・ベニス著、伊東奈美子訳『リーダーになる』[増補改訂版]海と月社（2008年）

インタビュー調査に基づき、リーダーとなるために必要な多面的な視点を提示

- ダニエル・ゴールマン他著、土屋京子訳『EQリーダーシップ』日本経済新聞社（2002年）
EQの概念を軸に、リーダーシップのあり方について提示

- デイビッド・R・カルーソ他著、渡辺徹監訳『EQマネージャー』東洋経済新報社（2004年）
感情を理解し活用するための視点について、EQの概念に基づいて解説

他者との関わり方を考える（第4章）

- 山岸俊男『信頼の構造』東京大学出版会（1998年）
他者との関係構築の基礎である「信頼」の本質について、アカデミックな視点から考察

- ロバート・B・チャルディーニ著、社会行動研究会訳『影響力の武器』[第2版]誠信書房（2007年）
心理学的視点から他者に影響力を与えるための基本原則について解説

- ウィルソン・ラーニング・ライブラリー　枝廣淳子訳『「心の合い鍵」の見つけ方』東洋経済新報社（2008年）
ソーシャル・スタイルズ・モデルの考え方について、セールス場面への活用を中心に解説

- ローラ・ウィットワース他著、CTIジャパン訳『コーチング・バイブル』[第2版]東洋経済新報社（2008年）
コーチングのコミュニケーション手法について、単なるスキルではなくその根源を探究

- E・H・シャイン著、稲葉元吉他訳『プロセス・コンサルテーション』白桃書房（2002年）
他者に対する支援とは何か、その本質と支援関係の築き方について提示

組織の築き方を考える（第5章）

- 高橋俊介『人材マネジメント論』東洋経済新報社（1998年）
事業環境および戦略の違いによって、あるべき人と組織がどう変わるのかについて考察

- ジェームズ・C・コリンズ他著、山岡洋一訳『ビジョナリーカンパニー』日経BP社（1995年）
  時代を超えて続く卓越した企業についての条件を提示

- ジェームズ・C・コリンズ著、山岡洋一訳『ビジョナリーカンパニー②飛躍の法則』日経BP社（2001年）
  よい企業が偉大な企業へと飛躍を遂げるための成功の法則について提示

- スマントラ・ゴシャール他著、グロービス経営大学院訳『個を活かす企業』[新装版] ダイヤモンド社（2007年）
  自己変革を続ける新しい企業モデルの構築について考察

- ピーター・M・センゲ著、守部信之訳『最強組織の法則』徳間書店（1995年）
  学習する組織を実現するための5つのディシプリンを提示

自己の磨き方を考える（第6章）

- ラム・チャラン他著、グロービス・マネジメント・インスティテュート訳『リーダーを育てる会社つぶす会社』英治出版（2004年）
  企業の職位レベルに応じた役割転換に注目しリーダー育成の考え方を提示

- H・ミンツバーグ著、池村千秋訳『MBAが会社を滅ぼす』日経BP社（2006年）
  独自の視点からMBA教育の功罪を指摘、ビジネスリーダー育成のあり方を考察

- モーガン・マッコール著、金井壽宏監訳『ハイ・フライヤー』プレジデント社（2002年）
  経験からの学習を通じたリーダーシップ開発の考え方について解説

- ジョセフ・L・バダラッコ著、金井壽宏監訳『「決定的瞬間」の思考法』東洋経済新報社（2004年）
  正しい選択肢と正しい選択肢の間での意思決定とリーダーシップ形成について考察

参考文献

- ヘンリー・ミンツバーグ著、奥村哲史他訳『マネジャーの仕事』白桃書房（1993年）
- ヘンリー・ミンツバーグ著、池村千秋訳『MBAが会社を滅ぼす』日経BP社（2006年）
- ジョン・P・コッター著、黒田由貴子監訳『リーダーシップ論』ダイヤモンド社（1999年）
- ジョン・P・コッター著、梅津祐良訳『変革するリーダーシップ』ダイヤモンド社（1991年）
- ハーバード・ビジネス・レビュー編、ダイヤモンド・ハーバード・ビジネス・レビュー編集部訳『リーダーシップ』ダイヤモンド社（2002年）
- 金井壽宏『リーダーシップ入門』日本経済新聞社（2005年）
- ジェフリー・フェファー著、奥村哲史訳『影響力のマネジメント』東洋経済新報社（2008年）
- マーシャル・ゴールドスミス他著、斎藤聖美訳『コーチングの神様が教える「できる人」の法則』日本経済新聞出版社（2007年）
- ウォレン・ベニス著、伊東奈美子訳『リーダーになる』［増補改訂版］海と月社（2008年）
- ダニエル・ゴールマン他著、土屋京子訳『EQリーダーシップ』日本経済新聞社（2002年）
- デイビッド・R・カルーソ他著、渡辺徹監訳『EQマネージャー』東洋経済新報社（2004年）
- ビル・ジョージ著、梅津祐良訳『ミッション・リーダーシップ』生産性出版（2004年）
- 山岸俊男『信頼の構造』東京大学出版会（1998年）
- ロバート・B・チャルディーニ著、社会行動研究会訳『影響力の武器』誠信書房（1991年）および ［第2版］（2007年）
- ウィルソン・ラーニング・ライブラリー、枝廣淳子訳『「心の合い鍵」の見つけ方』東洋経済新報社（2008年）
- ローラ・ウィットワース他著、CTIジャパン訳『コーチング・バイブル』［第2版］東洋経済新報社（2008年）
- E・H・シャイン著、稲葉元吉他訳『プロセス・コンサルテーション』白桃書房（2002年）
- 高橋俊介『人材マネジメント論』東洋経済新報社（1998年）
- リチャード・L・ダフト著、髙木晴夫訳『組織の経営学』ダイヤモンド社（2002年）
- アルフレッド・D・チャンドラー著、有賀裕子訳『組織は戦略に従う』ダイヤモンド社（2004年）
- ジェームズ・C・コリンズ他著、山岡洋一訳『ビジョナリーカンパニー』日経BP社（1995年）
- ジェームズ・C・コリンズ著、山岡洋一訳『ビジョナリーカンパニー②飛躍の法則』日経BP社（2001年）
- スマントラ・ゴシャール他著、グロービス経営大学院訳『個を活かす企業』［新装版］ダイヤモンド社（2007年）
- ピーター・M・センゲ著、守部信之訳『最強組織の法則』徳間書店（1995年）
- ロバート・K・グリーンリーフ著、金井壽宏監訳『サーバント・リーダーシップ』英治出版（2008年）
- ラム・チャラン他著、グロービス・マネジメント・インスティテュート訳『リーダーを育てる会社つぶす会社』英治出版（2004年）
- モーガン・マッコール著、金井壽宏監訳『ハイ・フライヤー』プレジデント社（2002年）
- R・R・ベアマン他著、園田由紀訳『MBTIへの招待』金子書房（2002年）

- ケン・ブランチャード他著、山村宜子他訳『リーダーシップ行動の源泉』ダイヤモンド社（2009年）
- マーカス・バッキンガム他著、田口俊樹訳『さあ、才能（自分）に目覚めよう』日本経済新聞社（2001年）
- シンシア・D・マッコーリー他著、グロービス・マネジメント・インスティテュート訳『仕事を通じたリーダーシップ開発1 －成長機会の探求－』英治出版（2004年）
- マキシン・ダルトン著、グロービス・マネジメント・インスティテュート訳『仕事を通じたリーダーシップ開発2 －学習方法の考察－』英治出版（2004年）
- ノエル・M・ティシー著、一條和生訳『リーダーシップ・エンジン』東洋経済新報社（1999年）
- ジョセフ・L・バダラッコ著、金井壽宏監訳『「決定的瞬間」の思考法』東洋経済新報社（2004年）
- ジョセフ・L・バダラッコ著、夏里尚子訳『静かなリーダーシップ』翔泳社（2002年）
- アブラハム・ザレズニック「マネジャーとリーダー：似て非なるその役割と成長条件」ダイヤモンド・ハーバード・ビジネス、1997年5-6月号 (Abraham Zaleznik, "Managers and Leaders: Are They Different?" *Harvard Business Review* September-October 1977)
- ダニエル・ゴールマン「EQリーダーシップ」 ダイヤモンド・ハーバード・ビジネス、2000年8-9月号（Daniel Goleman, "Leadership that gets results", *Harvard Business Review* March-April 2000）
- ロバート・B・チャルディーニ 「『説得』の心理学」 ダイヤモンド・ハーバード・ビジネス、2002年3月号 (Robert B. Cialdini, "Harnessing the Science of Persuasion", *Harvard Business Review* October 2001)
- Gary Yukl (2006) *Leadership in Organizations*, 6th Edition, Pearson Education
- Richard L. Daft (1992) *The Leadership Experience*, 3rd Edition, South-Western, Thomson Corporation
- Richard L. Hughes, Robert C. Ginnett, Gordon J. Curphy (2009) *Leadership: Enhancing the Lessons of Experience*, International Edition, McGraw-Hill Education
- Luis R. Gomez-Mejia, David B. Balkin, Robert L. Cardy (2008) *Management: People, Performance, Change*, McGraw-Hill Irwin
- S.P. Robbins, T.A. Judge (2007) *Organizational Behavior*, 12th Edition, Pearson Education
- Henry Mintzberg (2009) *Managing*, Berrett-Koehler Publishers, Inc.
- Jeffrey Pfeffer (1994) *Competitive Advantage Through People*, Harvard Business School Press
- Gretchen M. Spreitzer, Robert E. Quinn (2001) *A Company of Leaders*, Jossey-Bass
- Cynthia D. McCauley, Russ S. Moxley, Ellen Van Velsor, Editors (1988) *The Center for Creative Leadership Handbook of Leadership Development*, Jossey-Bass Publishers
- Morgan W. McCall, Jr., Michael M. Lombardo, Ann M. Morrison (1988) *The Lessons of Experience*, The Free Press

- Robert L. Katz, "Skills of an Effective Administrator", *Harvard Business Review* September-October 1974
- Paula J. Caproni, *Managing Relationships for Greater Productivity: Using the Social Styles Model*, University of Michigan Business School
- Jerry I. Porras, *Built To Last: Beyond Charismatic Visionary Leaders*, Faculty Seminar Series 2004, Harvard Business School

［著者］
大島 洋（おおしま・よう）
ＩＬＤ代表。早稲田大学大学院経営管理研究科（早稲田大学ビジネススクール）客員教授。
慶應義塾大学法学部政治学科卒業。米国デューク大学経営学修士（ＭＢＡ）。ＮＥＣ、グロービスを経て、ＩＬＤ（Institute for Leadership Development）を設立。現在、同社代表として、"人材組織を通じた持続的競争優位の確立"をテーマに、人材組織開発コンサルティング、エグゼクティブコーチング、ならびに、経営管理者教育を展開。早稲田大学ビジネススクールでは人材組織関連科目を担当。専門は経営組織論およびリーダーシップ論。
共著書に『個を活かし企業を変える』（東洋経済新報社）、『標準ＭＯＴガイド』（日経ＢＰ社）、訳書に『仕事を通じたリーダーシップ開発1―成長機会の探求―』『仕事を通じたリーダーシップ開発2―学習方法の考察―』（いずれも英治出版）がある。

管理職の心得
――リーダーシップを立体的に鍛える

2010年 2月 4日　第1刷発行
2023年10月12日　第12刷発行

著　者――大島　洋
発行所――ダイヤモンド社
　　　　　〒150-8409　東京都渋谷区神宮前6-12-17
　　　　　https://www.diamond.co.jp/
　　　　　電話／03・5778・7228（編集）　03・5778・7240（販売）
装丁――――斉藤重之
編集協力――安藤柾樹（クロスロード）
本文DTP――中西成嘉(nikiti)
製作進行――ダイヤモンド・グラフィック社
印刷――――八光印刷（本文）・加藤文明社（カバー）
製本――――本間製本
編集担当――木山政行

Ⓒ2010 Yo Oshima
ISBN 978-4-478-01182-9
落丁・乱丁本はお手数ですが小社営業局宛にお送りください。送料小社負担にてお取替えいたします。但し、古書店で購入されたものについてはお取替えできません。
無断転載・複製を禁ず
Printed in Japan

Harvard Business Review
DIAMOND ハーバード・ビジネス・レビュー

［世界50カ国以上の
ビジネス・リーダーが
読んでいる］

世界最高峰のビジネススクール、ハーバード・ビジネス・スクールが
発行する『Harvard Business Review』と全面提携。
「最新の経営戦略」や「実践的なケーススタディ」など
グローバル時代の知識と知恵を提供する総合マネジメント誌です

**戦略としての
コスト管理**

削減ばかりを
考えていないか

毎月10日発売／定価2300円（本体2091円＋税10%）

バックナンバー・予約購読等の詳しい情報は
https://dhbr.diamond.jp

本誌ならではの豪華執筆陣
最新論考がいち早く読める

◎マネジャー必読の大家

"競争戦略"から"CSV"へ
マイケル E. ポーター

"イノベーションのジレンマ"の
クレイトン M. クリステンセン

"ブルー・オーシャン戦略"の
W. チャン・キム＋レネ・モボルニュ

"リーダーシップ論"の
ジョン P. コッター

"コア・コンピタンス経営"の
ゲイリー・ハメル

"戦略的マーケティング"の
フィリップ・コトラー

"マーケティングの父"
セオドア・レビット

"プロフェッショナル・マネジャー"の行動原理
ピーター F. ドラッカー

◎いま注目される論者

"リバース・イノベーション"の
ビジャイ・ゴビンダラジャン

"ライフ・シフト"の
リンダ・グラットン

日本独自のコンテンツも注目！